भगत की जेल डायरी

प्रभाकर प्रकाशन

HB ISBN : 978-93-56821-34-7
PB ISBN: 978-93-56821-33-0
eISBN: 978-93-56821-35-4

प्रकाशक: प्रभाकर प्रकाशन
प्लॉट नं.-55, मेन मदर डेयरी रोड
पांडव नगर, ईस्ट दिल्ली-110092
फोन: 011-40395855
व्हाट्स ऐप: +91 8368220032
ई-मेल: sales@pharosbooks.in
वेबसाइट: www.prabhakarprakashan.com

प्रथम संस्करण: 2023

भगतसिंह की जेल डायरी
भगतसिंह

क्रांति परिश्रमी विचारकों और परिश्रमी कार्यकर्ताओं की पैदावार होती है। दुर्भाग्य से भारतीय क्रांति का बौद्धिक पक्ष हमेशा दुर्बल रहा है। इसलिए क्रांति की आवश्यक चीज़ों और किये गये काम के प्रभाव पर ध्यान नहीं दिया गया। इसलिए एक क्रांतिकारी को अध्ययन-मनन को अपनी पवित्र जिम्मेदारी बना लेना चाहिए।

–भगतसिंह

अनुक्रम

भगतसिंह की जेल डायरी
एक महान विचारयात्रा का दुर्लभ साक्ष्य

अक्टूबर, 1967 में एक वयोवृद्ध भारतीय क्रांतिकारी विजय कुमार सिन्हा से मेरी भेंट हुई। 1929 में अंग्रेज़ सरकार ने उन्हें उस मुक़दमे में सज़ा दिलवायी थी, जो इतिहास में लाहौर षड्यंत्र केस के नाम से जाना जाता है। उन दिनों की घटनाओं को याद करते हुए श्री सिन्हा ने महान भारतीय क्रांतिकारी भगतसिंह के बारे में बताया, जो फाँसी के तख़्ते पर चढ़ने से कुछ घंटे पहले तक लेनिन की जीवनी पढ़ते रहे थे।

कैसा अनुपम इच्छा-बल था उस वीर का! उन अकथनीय परिस्थितियों में, फाँसी से पहले एक पुस्तक पढ़ना परंतु लेनिन के व्यक्तित्व का प्रभाव इतना प्रबल था कि सुदूर औपनिवेशिक भारत में मृत्युदण्ड प्राप्त क़ैदी उनके जीवन का वर्णन करने वाली पंक्तियों को यों पढ़ते थे, मानो जीवनदायी स्रोत से घूँट भर रहे हों।

...सुबह का वक़्त था। इस दिन भगतसिंह तेईस वर्ष पाँच महीने और छब्बीस दिन के हुए थे। लाहौर का एक अख़बार देखते हुए भगतसिंह की नज़र हाल ही में छपी लेनिन की जीवनी के बारे में एक लेख पर पड़ी।

लेनिन पर एक किताब...वह हर हालत में उसे पढ़ना चाहते थे। भगतसिंह जानते थे कि औपनिवेशिक "न्यायालय" अपना फैसला सुना चुका है और उन्हें फाँसी मिलकर रहेगी। ये ऐसे क्षण होते हैं, जब आदमी की सबसे बड़ी इच्छा होती है कि अपने प्रियजनों के अंतिम दर्शन पा ले।

'युगदृष्टा भगतसिंह और उनके मृत्युंजय पुरखे' पुस्तक में भगतसिंह की भतीजी वीरेन्द्र सिंधु ने उनके अंतिम दिनों का वर्णन इस प्रकार किया है। वह लिखती हैं–"भगतसिंह के लिए लेनिन से अधिक करीबी और कौन था? वह अपनी मृत्यु

से पहले उनसे मिलने को उत्सुक थे और उनके लिए लेनिन की जीवनी पढ़ने का अर्थ लेनिन से मिलना था।"

एक विलक्षण क्रांतिकारी और भारत के राष्ट्रीय नायक भगतसिंह का जीवन, जिन्हें ब्रिटिश औपनिवेशिक अधिकारियों ने 1931 में फाँसी दे दी, एक वीर का जीवन था। भारत के अलावा उनके बारे में सोवियत संघ और दूसरे देशों में भी पुस्तकें लिखी गयी हैं। मेरी पुस्तक 'लेनिन के बारे में भारत' में एक पूरा अध्याय 'वह पुस्तक जो भगतसिंह ने पढ़ीं' इस वीर के जेल के जीवन को समर्पित है। और अब दस साल बाद मुझे नये दस्तावेज़ों के होने का पता चला, जो भगतसिंह के भाई कुलबीर सिंह ने कृपापूर्वक मुझे दिखाये। उनका सारा परिवार अपने रिश्तेदार से, संबंधित सभी दस्तावेज़ जमा करता और सँभालकर रखता है। इन दस्तावेज़ों से इस बात पर नया प्रकाश पड़ता है कि किस प्रकार भगतसिंह एक आतंकवादी से विकसित होते हुए एक आस्थावान मार्क्सवादी बने। इनसे उनके साथियों पर भगतसिंह के प्रभाव तथा उनके विचारधारात्मक विकास में भगतसिंह की भूमिका का पता चलता है।

ये दस्तावेज़ हैं भगतसिंह की जेल डायरी, उन्होंने जो पुस्तकें पढ़ीं, उनके सारांश और उद्धरण। इनके अस्तित्व का ज्ञान भारतीय पत्र-पत्रिकाओं से हुआ। 1968 में भारतीय इतिहासकार जी. देवल ने 'पीपुल्स पाथ' पत्रिका के लिए 'शहीद भगतसिंह' लेख लिखा, जिसमें उन्होंने 200 पृष्ठों की एक कॉपी का ज़िक्र किया और बताया कि उसमें अनेक विषयों पर भगतसिंह के नोट हैं, जिनसे उनकी रुचि की व्यापकता का पता चलता है। कॉपी में पूँजीवाद, समाजवाद, राज्य की उत्पत्ति, कम्युनिज़्म, धर्म, समाजविज्ञान, भारत, फ्रांस की क्रांति, मार्क्सवाद, सरकार के रूपों, परिवार और अंतरराष्ट्रीयतावाद पर नोट हैं। देवल ने ये नोट पढ़े और इस बात पर जोर दिया कि इन्हें प्रकाशित किया जाना चाहिए, हालाँकि उनकी यह इच्छा अभी तक साकार नहीं हो पायी है।

यह डायरी, जिसके बारे में श्री देवल ने लिखा, क्रांतिकारी के दूसरे क़ागज़ात के साथ जेल अधिकारियों ने 23 मार्च, 1931 को भगतसिंह को फाँसी देने के बाद उनके परिवार वालों को सौंप दी और अब फरीदाबाद में रह रहे उनके भाई कुलबीर सिंह के पास है।

इन दस्तावेज़ों की प्रामाणिकता की न केवल इस तथ्य से पुष्टि होती है कि वे क्रांतिकारी के परिवार में सुरक्षित रखे गये हैं; डायरी के पृष्ठ भगतसिंह की छोटे अक्षरों की लिखाई से भरे हुए हैं, वह अंग्रेज़ी में लिखते थे, कहीं-कहीं उर्दू का

भी इस्तेमाल उन्होंने किया। पृष्ठ 68 पर तिथि अंकित है: 12.7.1930 और हस्ताक्षर हैं: 'भगतसिंह'।

ये दस्तावेज़ युवा क्रांतिकारी के समृद्ध आत्मिक जीवन पर, आत्मशिक्षा के लिए उनके घोर परिश्रम तथा जेल में क़ैद के दौरान उनकी विचारधारात्मक खोज पर प्रकाश डालते हैं। इन काग़ज़ों को सरसरी तौर पर देखने पर भी यह पता चलता है कि इनका लेखक प्रखरबुद्धि का धनी व्यक्ति था, जो सोचने के आदतन ढंग को त्यागने में सफल रहा और जिसने प्रगतिशील पश्चिमी चिंतकों के विचारों को आत्मसात किया। इन टिप्पणियों में, मार्क्सवाद में भगतसिंह की रुचि ही शायद सबसे अधिक महत्त्वपूर्ण है। उनके दृष्टिकोण के इस पहलू को ही भारत और दूसरे देशों के बुर्जुआ इतिहासकार छिपाने का यत्न करते हैं। अमेरिकी इतिहासकारों जी.डी. ओवरस्ट्रीट और एम. विंडमिलर का दावा है कि "ज्यादातर इस संबंध के आधार पर ही भारतीय कम्युनिस्ट पार्टी ने भगतसिंह को पार्टी का हीरो दिखाने की कोशिश की है।"

भगतसिंह के नोट, जो उन्होंने संक्षिप्त, सारगर्भित शीर्षकों के साथ लिखे उनकी व्यक्तिगत भावनाओं को भी प्रतिबिम्बित करते हैं। वह आज़ादी के लिए तड़प रहे थे, इसीलिए उन्होंने बायरन, व्हिटमैन और वड्र्सवर्थ की स्वतंत्रता के विषय पर पंक्तियाँ अपनी डायरी में उतारीं। उन्होंने इब्सन के नाटक, दोस्तोयेव्स्की का 'अपराध और दंड' और ह्युगो का 'पददलित' उपन्यास पढ़े। रूसी क्रांतिकारी वेरा फिग्नर तथा रूसी विद्वान और क्रांतिकारी न. मोरोज़ोव की रचनाओं से जेल जीवन की कठिनाइयों के जो उद्धरण उतारे, वे उनकी मनोभावनाओं के अनुरूप थे। उमर खय्याम की पंक्तियाँ भी थीं, जो यह दिखाती हैं कि किस प्रकार भगतसिंह ने जीवन और मृत्यु के प्रश्नों पर मनन किया, जबकि वे औपनिवेशिक अदालत के फैसले की प्रतीक्षा कर रहे थे। भगतसिंह ने अपने को मुक़दमे के लिए तैयार करने के उद्देश्य से क़ानून का भी अध्ययन किया।

जेल में पुस्तकें भगतसिंह की चिंता का प्रमुख विषय थीं। जुलाई, 1930 में उन्होंने अपने मित्र जयदेव गुप्ता को लिखा–"कृपया लाहौर के द्वारकादास पुस्तकालय के लाइब्रेरियन से पूछना कि बोर्स्टल जेल में क़ैदियों को किताबें भेजी गयी हैं या नहीं। उन्हें किताबों की बहुत तंगी है। उन्होंने सुखदेव के भाई जयदेव के हाथ सूची भेजी थी, मगर किताबें उन्हें नहीं मिलीं। अगर सूची खो गयी है, तो ज़रा लाला फिरोजचंद से विनती करना कि उसके बदले अपनी पसंद से कुछ रोचक पुस्तकें भेज दें। इस इतवार को उन्हें किताबें मिल जानी चाहिए थीं। कृपया विनती करना कि किताबें जरूर भेज दें।"

16 सितम्बर, 1930 को उन्होंने दुखी मन से अपने भाई कुलबीर सिंह को लिखा कि–"फैसला सुनाये जाने तक उनसे मिलने कोई नहीं आ सकता; इसलिए मेरी विनती है कि तुम खान साहब के दफ़्तर जाना और वहाँ से मेरी किताबें और दूसरी जो चीज़ें मैंने वहाँ छोड़ी हैं, ले लेना। मुझे लाइब्रेरी की पुस्तकों की बड़ी चिंता है। फिलहाल मेरे लिए कोई किताबें लाने की जरूरत नहीं है, क्योंकि मेरे पास अभी कुछ हैं। अच्छा हो, अगर तुम लाइब्रेरी से उन किताबों की सूची माँग लो, जो मैंने वहाँ से निकलवायी थीं।"

क्रांतिकारी जे. सान्याल ने, जो कुछ समय तक भगतसिंह के साथ जेल में रहे थे, इस बात पर जोर दिया है कि वह बड़े ध्यान से पढ़ने के लिए पुस्तकें चुनते थे, डिकंस, सिंक्लेयर, वाइल्ड और गोर्की उन्हें अधिक पसंद थे।

जेल में उन्होंने जिस राजनीतिक और वैज्ञानिक साहित्य की माँग की, उससे उनकी रुचियों का पता चलता है। जुलाई, 1930 में उन्होंने दूसरे इण्टरनेशनल का पतन और "वामपंथी" कम्युनिज़्म ("वामपंथी" कम्युनिज़्म : एक बचकाना मर्ज–प्रत्यक्षत: ये दोनों पुस्तकें लेनिन की थीं), पं. क्रोपोत्किन की 'परस्पर सहायता' तथा मार्क्स की 'फ्रांस में गृहयुद्ध' रचनाएँ मँगवायीं।

भगतसिंह के कुछ नोट उनकी जीवनी का आदर्शवाक्य हो सकते हैं। उदाहरण के लिए, अमेरिकी समाजवादी यूजीन वी. डेब्स का निम्न कथन–"जब तक निम्न वर्ग है, मैं उसमें हूँ। जब तक कोई अपराधी तत्त्व है, मैं उसमें हूँ। जब तक कोई जेल में है, मैं स्वतंत्र नहीं हूँ" (भगतसिंह की डायरी का पृष्ठ 21. आगे उनकी डायरी की पंक्तियों के बाद उसका पृष्ठ इंगित किया गया है)। पृ. 29 पर उन्होंने लिखा–"निरर्थक घृणा की खातिर नहीं, सम्मान, यश और आत्मप्रशंसा की खातिर नहीं, बल्कि अपने ध्येय की कीर्ति की खातिर तुमने ऐसा कुछ किया है, जो कभी भुलाया नहीं जायेगा।"

स्वतंत्रता के लिए संघर्ष और दूसरों के लिए आत्मबलिदान के विचार हम उनकी डायरी के हर पृष्ठ पर पाते हैं। पृ. 23 पर भगतसिंह ने थॉमस जैफरसन के ये प्रसिद्ध शब्द लिखे–"आज़ादी के बिरवे को समय-समय पर देशभक्तों और तानाशाहों के खून से ताजा किया जाना चाहिए। यह कुदरती खाद है।" इतिहास, दर्शन और अर्थशास्त्र के विभिन्न विद्वानों की पुस्तकों से जो उद्धरण भगतसिंह ने अपनी डायरी में उतारे, वे अत्यन्त रोचक हैं। कहना न होगा कि जेल के हालात में वह कोई सुव्यवस्थित अध्ययन नहीं कर सकते थे, उनके लिए तो बाहर से किताबें पाना तक मुश्किल था। उनके नोट पढ़ते हुए एक बात की ओर ध्यान जाता है,

उन्होंने ठेठ भारतीय समस्याओं की ओर कहीं कम ध्यान दिया। केवल कुछेक बार ही लाला लाजपत राय, बिपिन चन्द्र पाल और मदन मोहन मालवीय जैसे स्वतंत्रता सेनानियों का उल्लेख किया। एक ब्रिटिश लेखक की पुस्तक में से उन्होंने महात्मा गांधी का केवल एक उद्धरण उतारा। वर्षों तक अंग्रेज़ों द्वारा भारत के शोषण की विधियों का विश्लेषण और औपनिवेशिक राज्यतंत्र के निरंकुश उपायों का भंडाफोड़ भारतीय देशभक्तों के अध्ययन का परंपरागत विषय रहा था। भगतसिंह ने केवल दो-तीन बार इसका ज़िक्र किया है, शायद यह मानते हुए कि इस विषय पर बहुत कुछ लिखा जा चुका है, कि औपनिवेशिक दासता से उनके देश को मुक्त कराने की आवश्यकता सबके लिए स्पष्ट और प्रमाणित बात हो गयी है। उस समय उनका ध्यान समाज के विकास की आम समस्याओं में अधिक था, सो वह भारतीय चिंतकों की अपेक्षा पश्चिमी चिंतकों की ओर अधिक उन्मुख हुए। जहाँ उनके पूर्ववर्ती राष्ट्रीय क्रांतिकारी, भारत को ही विश्व के अंतर्विरोधों का केंद्र मानते थे, वहीं भगतसिंह संकीर्ण राष्ट्रीयतावादी पूर्वाग्रहों से पूरी तरह ऊपर उठ गये थे और यह मानते थे कि भारत की समस्याएँ विश्व के विकास की परिधि में ही हल की जा सकती हैं।

जिन लेखकों के उद्धरण भगतसिंह ने अपनी डायरी में उतारे, उनके प्रति उनके रुख में पूरी सुसंगति है। शुरू में वह 18वीं सदी की अमेरिकी और फ्रांसिसी क्रांतियों तथा विचारकों के प्रति भारतीय क्रांतिकारियों का परंपरागत लगाव दर्शाते हैं। उन्होंने रूसो, थॉमस पेन, थॉमस जैफरसन और पैट्रिक हैनरी के स्वतंत्रता तथा मानव के जन्मसिद्ध अधिकारों पर विचार नोट किये। पृ. 16 पर उन्होंने पैट्रिक हैनरी का निम्न भावपूर्ण कथन नोट किया–"क्या ज़िंदगी इतनी प्यारी और चैन इतना मीठा है कि बेड़ियों और दासता की कीमत पर उन्हें खरीदा जाये। क्षमा करो, सर्वशक्तिमान प्रभु! मैं नहीं जानता कि वे क्या रास्ता अपनायेंगे, मुझे तो बस, 'स्वतंत्रता या मौत' दो।"

तानाशाही की भर्त्सना करने के लिए भगतसिंह दर्शन की रचनाओं का ही नहीं, ललित साहित्य का भी सहारा लेते हैं। मार्क ट्वेन के निम्न शब्द उन्होंने अपनी डायरी में उतारे–"हम इस बात को भयानक मानते हैं कि लोगों की गर्दनें उड़ायी जाती हैं, लेकिन हमें यह देखना नहीं सिखाया गया है कि ज़िंदगी भर लम्बी वह मौत कितनी भयानक है, जो गरीबी और तानाशाही पूरी आबादी पर लादती है।"

पूँजीवादी विकास के नियमों को समझने के भगतसिंह के प्रयासों को प्रदर्शित करती भी बहुत सारी सामग्री है। उन्होंने इस विषय को गंभीरता से लिया और सांख्यिक सामग्रियों का अध्ययन किया। ज्वलंत सामाजिक अंतर्विरोधों को दिखाते

आँकड़ों की ओर उन्होंने सबसे पहले ध्यान दिया। विभिन्न लेखकों से जो उद्धरण उन्होंने लिये वे संक्षिप्त, किन्तु प्रभावोत्पादक हैं। उदाहरण के लिए वह लिखते हैं कि ब्रिटेन की आबादी का नौवाँ हिस्सा वहाँ के आधे उत्पाद को हथियाता है और इस उत्पाद का केवल सातवाँ हिस्सा दो-तिहाई आबादी के हिस्से में आता है; कि अमेरिका की आबादी का एक प्रतिशत से कम अंश वह धनिक वर्ग है, जिसके पास 67 अरब डॉलर तक की संपत्ति है, जबकि 70 प्रतिशत आबादी सर्वहाराओं की है, जो राष्ट्रीय उत्पाद के केवल चार प्रतिशत पर दावा कर सकती हैं।

बहुत से उद्धरण यह दिखाते हैं कि श्रमिकों के प्रति उनके मन में गहरी सद्भावना थी और पूँजीवादी व्यवस्था के प्रति उनका रुख आलोचनात्मक था। उदाहरणत: फूरिये का एक उद्धरण उन्होंने नोट किया और उसका शीर्षक रखा–'सबके ख़िलाफ़ अकेला', "वर्तमान सामाजिक व्यवस्था एक बेहूदा कार्यतंत्र है, जिसमें समग्र के अंश एक-दूसरे के विपरीत हैं और समग्र के ख़िलाफ़ काम करते हैं। हम देखते हैं कि समाज में प्रत्येक वर्ग अपने स्वार्थ के कारण दूसरे वर्गों का अहित चाहता है, हर तरह से व्यक्तिगत हित को जन कल्याण के ख़िलाफ़ रखता है" (और आगे यह लिखते हैं कि डॉक्टर का स्वार्थ यह है कि समाज में ज्यादा-से-ज्यादा रोग हों, वकील ज्यादा-से-ज्यादा मुक़दमे चाहता है, वास्तुकार और बढ़ई चाहते हैं कि मकान जलें, इत्यादि)। इसी भावना में रवीन्द्रनाथ ठाकुर के जापानी विद्यार्थियों के समक्ष उस भाषण का उद्धरण है, जिसमें ठाकुर ने जापान में पैसे के पीछे दौड़ को "मानवजाति के लिए भयानक खतरा" बताया, जो "शक्ति के आदर्श को परिष्कार के ऊपर रखती हैं।" ये सभी उद्धरण दिखाते हैं कि भगतसिंह पूँजीवाद को अस्वीकार करते हैं। इसीलिए उन्होंने यह निष्कर्ष निकाला–"सवाल यह नहीं है कि वर्तमान सभ्यता को बदला जाना चाहिए या नहीं, बल्कि यह कि उसे कैसे बदला जायेगा।"

भगतसिंह ने पूँजीवाद की आलोचना सामाजिक और राजकीय दोनों व्यवस्थाओं के प्रसंग में की। पृ. 46 पर लेनिन का नाम पहली बार आया है। यहाँ भगतसिंह ने अमेरिकी समाजवादी मारिस हिलक्वीट की पुस्तक 'मार्क्स से लेनिन तक' से बुर्जुआ लोकतंत्र के सीमित स्वरूप पर उद्धरण लिया–"पूँजीवाद में लोकतंत्र एक सार्विक अमूर्त लोकतंत्र नहीं था, बल्कि विशिष्ट बुर्जुआ लोकतंत्र, या जैसा कि लेनिन ने इसे कहा था, बुर्जुआ वर्ग के लिए लोकतंत्र।" आगे वह लिखते हैं–"लोकतंत्र सिद्धांतत: राजनीतिक और क़ानूनी समानता की व्यवस्था है, किन्तु ठोस और व्यावहारिक रूप में यह झूठ है, क्योंकि जब तक आर्थिक सत्ता में भारी असमानता है, तब तक कोई समानता नहीं हो सकती, न राजनीति में और न ही क़ानून के सामने।....पूँजीवादी

शासन में लोकतंत्र की सारी मशीनरी शासक अल्पमत को श्रमिक बहुमत की यातनाओं के जरिये सत्ता में बनाये रखने के लिए काम करती है।"

भगतसिंह ने बुर्जुआ व्यवस्था की विचारधारात्मक संरचना की ओर भी ध्यान दिया और इस सिलसिले में बुर्जुआ समाज में धर्म की भूमिका में रुचि ली। अपने लिए वह धर्म का प्रश्न हल कर चुके थे, इस समय तक वह एक पक्के निरीश्वरवादी बन चुके थे। लेकिन उन्होंने भारतीय समाज में धर्म की भूमिका और स्थान को तथा अपने साथियों, राष्ट्रीय क्रांतिकारियों की विचारधारा पर इसके प्रभाव को समझना चाहा।

धर्म-स्थापित व्यवस्था का समर्थक : 'दासता' शीर्षक से उन्होंने अमेरिका के प्रेसबिटेरियन चर्च की महासभा (1835) के प्रस्ताव का यह उद्धरण नोट किया कि "दासता को बाइबिल के पुराने और नये धर्मग्रंथों में मान्यता प्राप्त है और ईश्वर की सत्ता उसकी निन्दा नहीं करती।" भगतसिंह आगे लिखते हैं कि उसी वर्ष चार्ल्सटन बैपटिस्ट एसोसियेशन ने "अपने दासों के समय का उपयोग करने के मालिकों के अधिकार" की पुष्टि की। इस सिलसिले में भगतसिंह ने इस बात पर जोर दिया कि धर्म ने "पूँजीवाद का समर्थन" किया है।

धर्म की उत्पत्ति के कारणों और उसके मर्म को समझने की चेष्टा में वह मार्क्स की ओर उन्मुख हुए। पृ. 40 पर हम मार्क्स की रचना 'हेगेल के न्याय-दर्शन की समालोचना का प्रयास' से 'धर्म के बारे में मार्क्स के विचार' शीर्षक का एक उद्धरण पाते हैं–"...मनुष्य धर्म की रचना करता है, धर्म मनुष्य की रचना नहीं करता।...मनुष्य का अर्थ है मनुष्य का संसार, राज्य, समाज। यह राज्य, यह समाज धर्म को, एक विकृत विश्वदृष्टिकोण को जन्म देते हैं, क्योंकि वे स्वयं एक विकृत संसार है। धर्म इस संसार का सामान्य सिद्धांत उसका सार-संग्रह, सुबोध रूप में उसका तर्क है।...धर्म के विरुद्ध संघर्ष परोक्ष रूप से उस संसार के विरुद्ध संघर्ष है, जिसका आध्यात्मिक संतोष धर्म है।...धर्म जनता के लिए अफीम है।" उल्लेखनीय है कि पृ. 192 पर भगतसिंह ने अंतिम वाक्य दोहराया है।

सो, अपने नोटों में भगतसिंह ने पूँजीवाद के उन्मूलन के पक्ष में ठोस तर्क पेश किये। मार्क्सवाद-लेनिनवाद के संस्थापकों की भाँति वह भी यही मानते थे कि भावी समाज केवल समाजवादी समाज ही हो सकता है। उनके नोटों में भावी समाज का कोई विस्तृत विवरण तो नहीं है, किन्तु कुछ विचार यह दिखाते हैं कि वह समाजवाद की धारणा का वैज्ञानिक अर्थ लगाते थे। उन्होंने भावी समाज के दक्षिणपंथी सामाजिक-जनवादियों के आदर्श को अस्वीकार किया तथा पूँजीवाद के

स्थान पर समाजवाद लाने की समस्या के प्रति सामाजिक-सुधारवादी रुख को भी उन्होंने पश्चिम के दक्षिणपंथी समाजवादियों की भर्त्सना की और आर मैकडोनाल्ड को "ब्रिटिश लेबर पार्टी का समाजवादी नेता" कहा (पृ. 13)। पृ. 52 पर दूसरे इंटरनेशनल के नेताओं द्वारा मजदूर वर्ग के ध्येय से की गई गद्दारी के बारे में हिलक्वीट की पुस्तक से एक उद्धरण है।

जेल में वह पूरी तरह पूँजीवादी व्यवस्था का तख़्ता पलटने तथा सारी मानवजाति के हित में अर्थव्यवस्था और सारी प्राकृतिक संपदा पर नियंत्रण स्थापित करने की ओर लक्षित विश्व समाजवादी क्रांति के विचार में तल्लीन रहे। पृ. 190 पर उन्होंने लिखा–"समाजवादी व्यवस्था : प्रत्येक से उसकी योग्यता के अनुसार, प्रत्येक को उसकी आवश्यकता के अनुसार।" भगतसिंह समाजवाद में संक्रमण को सर्वहारा के संघर्ष के साथ जोड़ते थे, जो भावी समाज में शासक वर्ग बनेगा। पृ. 69 पर 'कम्युनिस्ट पार्टी के घोषणापत्र' का एक उद्धरण है–"...मजदूर वर्ग की क्रांति का पहला कदम सर्वहारा वर्ग को उठाकर शासक वर्ग के आसन पर बैठाना और जनवाद के लिए होने वाली लड़ाई को जीतना है।"

"सर्वहारा वर्ग अपना राजनीतिक प्रभुत्व पूँजीपति वर्ग से धीरे-धीरे कर सारी पूँजी छीनने के लिए, उत्पादन के सारे औज़ारों को राज्य अर्थात शासक वर्ग के रूप में संगठित सर्वहारा वर्ग के हाथों में केंद्रीकृत करने के लिए तथा समग्र उत्पादक शक्तियों में यथाशीघ्र वृद्धि के लिए इस्तेमाल करेगा।"

भगतसिंह ने यह भी इंगित किया कि यदि सर्वहारा का पथप्रदर्शन उसका हरावल दस्ता, उसकी पार्टी, जो सर्वहारा क्रांति का अनिवार्य उपकरण है, न कर रही हो, तो कोई क्रांति नहीं हो सकती। उन्होंने सर्वहारा गीत 'इंटरनेशनल' के शब्द अपनी डायरी में उतारे।

यह तर्कसंगत ही था कि भगतसिंह क्रांति के आरम्भ के नाते सशस्त्र विद्रोह के प्रश्न पर पहुँचे। ऐसा विद्रोह भारतीय क्रांतिकारियों की अनेक पीढ़ियों का लक्ष्य रहा था, परंतु वे इसे ला पाने में सफल नहीं रहे थे। यही कारण है कि भगतसिंह ने इस विषय पर मार्क्सवादी रचनाओं में खास दिलचस्पी ली। उन्होंने एंगेल्स की रचना 'जर्मनी में क्रांति तथा प्रतिक्रांति' से लम्बे उद्धरण उतारे हालाँकि ऐसा उन्होंने मूल रचना से नहीं, बल्कि एक अन्य पुस्तक से किया था और इसीलिए वह इस भ्रम में रहे कि वह मार्क्स को उद्धृत कर रहे हैं–"पहली चीज़-विद्रोह से तब तक खिलवाड़ न करें, जब तक आप उस खेल के परिणामों का सामना करने के लिए पूरी तरह तैयार नहीं होते। विद्रोह तो एक ऐसा कलन है, जिसके परिमाण सर्वथा

अनिश्चित होते हैं, जिनका मूल्य रोज बदल सकता है। मुक़ाबले में खड़ी शक्तियों को संगठन, अनुशासन तथा परंपरागत प्रतिष्ठा के सारे लाभ उपलब्ध होते हैं। यदि विद्रोही अपने दुश्मनों के ख़िलाफ़ और बड़ी ताकत के साथ मैदान में नहीं उतरेंगे, तो वे हार जायेंगे और बरबाद हो जायेंगे। दूसरी चीज़–एक बार विद्रोह शुरू होने पर अधिकतम दृढ़-संकल्प के साथ काम करने तथा प्रहार करने की जरूरत होती है। प्रतिरक्षा की स्थिति प्रत्येक सशस्त्र विद्रोह की मौत हुआ करती है; अपने शत्रु से मुक़ाबला होने से पहले ही मैदान हाथ से निकल जाता है।"

इस उद्धरण में प्रत्येक शब्द विद्रोह के प्रश्न पर भगतसिंह के साथियों के सतही रुख के ख़िलाफ़ तथा कुछ हद तक क्रांतिकारी गतिविधियों के आरम्भ में स्वयं भगतसिंह के दृष्टिकोण के ख़िलाफ़ चेतावनी देता है।

काफी लम्बे समय तक भारतीय क्रांतिकारियों ने न तो भावी स्वतंत्र भारत में सत्ता के स्वरूप पर और न ही उसकी सरकार की सामाजिक-आर्थिक नीति के प्रश्न पर विचार किया। वे यह सोचते थे कि स्वतंत्रता ही एक "रामबाण" होगी। मार्क्सवादी साहित्य से प्रभावित होकर भगतसिंह ने इन सभी प्रश्नों में गहरी दिलचस्पी ली। उनके कुछ नोट यह दिखाते हैं कि उन्होंने सर्वहारा अधिनायकत्व के विचार को स्वीकार कर लिया था। शुरू में उन्होंने एंगेल्स का यह कथन नोट किया कि विजयी सर्वहारा, को वर्ग-शत्रु को कुचलने के लिए अधिनायकत्व की जरूरत है और इसलिए एक "स्वतंत्र लोक राज्य" की बात करना बेतुका है (पृ. 62)। इसके आगे उन्होंने लेनिन की परिभाषा जोड़ी–"अधिनायकत्व प्रत्यक्ष रूप से हिंसा पर आधारित और किसी भी क़ानून से न बँधी हुई सत्ता है।"

"सर्वहारा वर्ग का क्रांतिकारी अधिनायकत्व सर्वहारा वर्ग द्वारा बुर्जुआ वर्ग के विरुद्ध हिंसा द्वारा हासिल की जाने वाली और बरकरार रखी जाने वाली सत्ता है, किसी भी क़ानून से न बँधी हुई सत्ता है।"

भगतसिंह के नोटों में सर्वहारा अधिनायकत्व के सार पर संशोधनवादी रुखों की आलोचना हम पाते हैं। उन्होंने लेनिन की रचना 'सर्वहारा क्रांति और गद्दार काउत्स्की' से लम्बे उद्धरण उतारे और लेनिन के इस विचार पर खास ध्यान दिया कि बुर्जुआ निन्दक "शुद्ध लोकतंत्र" के नारे का सहारा लेकर सोवियत सरकार पर अत्याचार का आरोप लगाते हैं–"परंतु अब चूँकि श्रमिक तथा शोषित वर्गों ने साम्राज्यवादी युद्ध के कारण विदेशों के अपने भाइयों से कटे रहकर भी इतिहास में पहली बार स्वयं अपनी सोवियतों की स्थापना कर ली है, उन जन समूहों को राजनीतिक निर्माण के काम में जुटा दिया है, जिनका बुर्जुआ वर्ग उत्पीड़न करता था, जिन्हें वह कुचलता

था और जिन्हें मतिमूढ़ बनाता था, अब चूँकि उन्होंने स्वयं एक नये सर्वहारा राज्य का निर्माण करना आरम्भ कर दिया है, भीषण संघर्ष की ज्वाला के बीच, गृहयुद्ध की ज्वाला के बीच शोषकों से मुक्त राज्य के बुनियादी सिद्धांतों की रूपरेखा तैयार करनी शुरू कर दी है; इसलिए सारे लुच्चे बुर्जुआ जन, खून चूसने वालों का पूरा गिरह 'मनमानेपन' का शोर मचाने लगा है और काउत्स्की भी उन्हीं के स्वर का प्रतिध्वनित कर रहे हैं।"

सर्वहारा अधिनायकत्व को नये समाज के निर्माण का उपकरण मानते हुए भगतसिंह ने ऐसे समाज की स्थापना के पथों की ओर बहुत ध्यान दिया। इस सिलसिले में वह सोवियत रूस के अनुभव और वहाँ कुछ समय पहले हुए क्रांतिकारी पुनर्गठन की ओर निरन्तर उन्मुख होने लगे। डायरी के पृ. 36 पर पहली बार "बोल्शेविक रूस" का ज़िक्र आया है। इसके आगे हाशियों पर विभिन्न लेखकों द्वारा रूस पर लिखी गयी पुस्तकों की सूची है–रेने फुलोप-मिलर की 'बोल्शेविज़्म का चेहरा और दिमाग', एम. ओ'हारा की 'रशिया', लैंसलो लोटन की 'रूसी क्रांति', एंटन कार्लग्रीन की 'बोल्शेविक रूस' और 'मार्क्स, लेनिन तथा क्रांति का विज्ञान' (पृ. 191)। इस सूची में रूस पर वे सभी पुस्तकें नहीं हैं, जिनमें भगतसिंह ने जेल में दिलचस्पी दिखायी थी। जे. सान्याल के अनुसार भगतसिंह ने जॉन रीड की 'दस दिन जब दुनिया हिल उठी', गोर्की की 'माँ' और स. स्तेप्न्याक-क्राव्चीस्की की 'रूसी लोकतंत्र का जन्म' भी पढ़ी थीं।

जे. सान्याल आगे लिखते हैं–"हालाँकि समाजवाद उनका विशेष विषय था, तथापि उन्होंने 19वीं सदी के आरम्भ में रूसी क्रांतिकारी आन्दोलन की उत्पत्ति से लेकर 1917 की अक्टूबर क्रांति तक उसके इतिहास का गहराई से अध्ययन किया। यह माना जाता है कि भारत में बहुत कम लोग ऐसे थे, जिनके इस विषय पर ज्ञान की तुलना भगतसिंह के ज्ञान से की जा सकती है। बोल्शेविक शासन में रूस में हो रहे आर्थिक प्रयोग में भी उनकी गहरी दिलचस्पी थी।" भगतसिंह यह समझते थे कि समाजवादी क्रांति के सम्मुख विराट सृजनात्मक कार्यभार हैं, जो इसे बुर्जुआ क्रांति से अलग करते हैं। निम्न उद्धरण में इस भेद पर जोर दिया गया है–"बुर्जुआ क्रांति आमतौर पर सत्ता पाने के साथ समाप्त हो जाती है। सर्वहारा क्रांति के लिए सत्ता पाना एक शुरुआत ही है; सत्ता पा लेने पर उसका उपयोग पुरानी अर्थव्यवस्था का कायाकल्प करने और नयी अर्थव्यवस्था गठित करने के लिए किया जाता है।" (पृ. 120)

क्रांति के मार्क्सवादी सिद्धांत का स्वयं ही स्वतंत्र रूप में अध्ययन करते हुए भगतसिंह ने उसके सर्वाधिक महत्त्वपूर्ण तत्त्व पहचाने। उन्होंने पुरानी राजकीय मशीनरी को तोड़ने और नयी मशीनरी बनाने की आवश्यकता पर लेनिन के विचार नोट किये और यह इंगित किया कि आन्तरिक कार्यों के अलावा समाजवादी क्रांति के सामने अंतरराष्ट्रीय कार्यभार भी होते हैं क्योंकि विश्व क्रांति के बिना किसी एक देश में कम्युनिस्ट शासन खतरे से मुक्त नहीं हो सकता, क्योंकि अंतरराष्ट्रीय पूँजीवादी हस्तक्षेप का खतरा उसके सिर पर सदा मँडराता रहेगा। (पृ. 120)

भारतीय क्रांतिकारी हरावल ने, जिसका जनसाधारण के साथ पहले कोई संपर्क नहीं रहा, प्रतिनिधि के नाते भगतसिंह द्वारा लेनिन के इस विचार को स्वीकार किया जाना एक बहुत बड़ी बात थी कि जनता पर पार्टी का प्रभाव बहुत महत्त्वपूर्ण है। पृ. 121 पर उनके नोट लेनिन के इस विचार को प्रतिबिम्बित करते हैं कि सर्वहारा को आबादी के बड़े भाग को अपने पक्ष में लाना होता है और साथ ही वर्ग-सहयोग की वकालत करने वाले बुर्जुआ और टुटपुंजिया तत्त्वों के श्रमिकों पर प्रभाव को मिटाना होता है।

इस तरह हम देखते हैं कि जेल में थोड़े समय में ही भगतसिंह ने मार्क्सवादी शिक्षा के प्रमुख सिद्धांतों को समझ लिया और आत्मसात कर लिया। उनके जीवन का ऐसे क्षण में त्रासद अंत हो गया जबकि वह मार्क्सवाद के ज्ञान का उपयोग करने के लिए तैयार हो गये थे।

परंतु जेल में उन्होंने जो भगीरथ परिश्रम किया, वह निरर्थक नहीं था। भगतसिंह ने स्वयं जो कुछ जाना-समझा, उसे उन्होंने अपने मित्रों और साथियों तक पहुँचाने की कोशिश की, यह समझते हुए कि भारत में क्रांतिकारी आन्दोलन का विकास करने के लिए मार्क्सवादी सिद्धांत कितना महत्त्वपूर्ण है। यह कोई संयोग की बात नहीं कि अपने एक पत्र में उन्होंने अपने को एक स्वतंत्रता सेनानी नहीं, समाजवादी विचारों का प्रचारक कहा।

जेल में भगतसिंह ने अपने क्रांतिकारी साथियों के साथ ही नहीं, बल्कि गदर पार्टी के बहुत से सदस्यों के साथ भी संपर्क स्थापित किये, जो प्रथम विश्वयुद्ध के दिनों से जेल में बन्द थे। राष्ट्रीय मुक्ति आन्दोलन की समस्याओं पर उन्होंने गदर पार्टी वालों से लम्बी बातें कीं। जी. देवल ने गदर पार्टी के सदस्यों के साथ भगतसिंह के संबंधों के बारे में एक लेख लिखा है। जेल में वह गदर पार्टी के एक नेता सोहन सिंह भकना से मिले, जो कालान्तर में भारत में कम्युनिस्ट आन्दोलन के एक प्रमुख नेता बने।

भगतसिंह अपने साथियों को सलाह देते थे कि वे मार्क्सवाद का अध्ययन करें। उदाहरण के लिए उन्होंने मार्क्स की 'पूँजी' के अध्ययन की आवश्यकता पर जोर दिया। जयदेव प्रसाद गुप्त को 24 जुलाई, 1930 को लिखे पत्र में उन्होंने अपने लिए किताबें मँगवायी थीं और कहा था कि अपने साथियों के लिए किताबों की सूची पहले भेज चुके हैं और विनती की थी कि उनका यह अनुरोध जल्दी पूरा किया जाये, क्योंकि उन्हें किताबों की सख़्त तंगी है।

इस बात के भी प्रमाण मिलते हैं कि जो साथी सौभाग्यवश जेल जाने से बच गये, उनके साथ भी भगतसिंह ने संपर्क बनाये रखे। अपनी काल कोठरी से भी वह 1929 में लाहौर में हुई नौजवान भारत सभा की कांग्रेस को एक महत्त्वपूर्ण संदेश भेजने में सफल रहे। अपनी क्रांतिकारी पुस्तिकाओं की, जिनमें 'बम का दर्शन' भी था, पांडुलिपियाँ उन्होंने जेल से बाहर भिजवा दीं। फाँसी पर चढ़ने से कुछ दिन पहले ही उन्होंने युवा राजनीतिक कार्यकर्ताओं के नाम अपनी घोषणा लिखी और बाहर भिजवायी, जिसे उनकी अंतिम इच्छा और वसीयतनामा कहा जा सकता है।

जेल में उन्होंने कुछ पुस्तकें भी लिखीं–'आत्मकथा', 'समाजवाद का आदर्श' और 'भारत में क्रांतिकारी आन्दोलन'। दुर्भाग्यवश, इन पुस्तकों की पांडुलिपियाँ नहीं बची रहीं, हालाँकि उनके व्यक्तिगत और राजनीतिक पत्र बचे रहे। इन पत्रों से भगतसिंह के इस आत्म-मूल्यांकन की पुष्टि होती है कि वह समाजवादी विचारों के प्रचारक हैं और इस बात की भी कि उन्होंने अपने साथियों की मार्क्सवादी रुख अपनाने में मदद करने की कोशिश की।

सुखदेव को, जिन्हें भगतसिंह के साथ ही फाँसी दी गयी, उनका एक पत्र प्रकाशित हुआ है। इससे इस बात की पुष्टि होती है कि भगतसिंह इस सच्चाई को समझने लगे थे कि भारत में व्याप्त परिस्थितियों में समाजवाद एक तर्कसंगत रास्ता है। इससे यह भी पता चलता है कि भगतसिंह भारत के सामाजिक जीवन पर अपने प्रभाव को समझते थे।

उन्होंने लिखा कि अपने साथियों के साथ उन्होंने (राजनीतिक) वातावरण को काफी बदला और वे अपने समय की पैदाइश थे। मार्क्स का हवाला देते हुए जिन्होंने भगतसिंह के शब्दों में, औद्योगिक क्रांति से जन्मी विचारधारा को निरूपित किया, उन्होंने लिखा कि उन्होंने और उनके साथियों ने भारत में समाजवादी और कम्युनिस्ट विचारों की रचना नहीं की है, वे तो काल और परिस्थितियों के प्रभाव का परिणाम है। परंतु इसमें कोई सन्देह नहीं कि उन्होंने यथाशक्ति इन विचारों का प्रचार करने में मदद की है।

भगतसिंह अपने जीवन के अंतिम क्षण तक मार्क्सवादी विचारों का प्रचार करते रहे! 'बम का दर्शन' पुस्तिका में उन्होंने वर्ग रहित समाज और सर्वहारा-अधिनायकत्व का समर्थन किया। फाँसी की सज़ा सुनायी जा चुकने के बाद पंजाब के गवर्नर को भेजे एक पत्र में भगतसिंह ने लिखा कि भारत में मेहनतकश जनसाधारण और उनके उत्पीड़कों के बीच लम्बा संघर्ष चल रहा है, यह संघर्ष दुगने उत्साह साहस और अटूट संकल्प के साथ तब तक चलता रहेगा, जब तक कि एक समाजवादी गणतंत्र की स्थापना नहीं हो जाती, वर्तमान व्यवस्था का स्थान एक नयी व्यवस्था नहीं ले लेती, जिसका उद्देश्य जनकल्याण होगा और जिसमें हर तरह के शोषण का अंत हो जायेगा और मानवजाति सच्ची और विश्वव्यापी शान्ति के युग में पदार्पण करेगी। *(इस पत्र की एक नकल मुझे भगतसिंह के साथी विजय कुमार सिन्हा ने दी।)*

भारत की स्वतंत्रता के अदम्य सेनानी भगतसिंह ने अपना तन-मन देश की आज़ादी के संघर्ष की समस्याओं में तथा राष्ट्रीय क्रांतिकारी संगठनों को सुदृढ़ करने में लगाया! व्यक्तिगत आतंक की नीति से उन्होंने पूरी तरह इनकार कर दिया। उन्होंने सारी पेचीदगियों, अप्रत्याशित मोड़ और उतार-चढ़ावों के साथ राजनीतिक संघर्ष के महत्त्व को स्वीकार किया और वह इस बात के लिए उत्सुक थे कि उनके जो साथी जेल जाने से बच गये हैं, वे ठीक ऐसे संघर्ष में जुटें। 2 फरवरी, 1931 के अपने पत्र में साथियों को यह सलाह देते हुए उन्होंने लेनिन के अनुभव को ध्यान में रखा। इससे पता चलता है कि उन्होंने तत्कालीन भारतीय क्रांतिकारियों के लिए लाक्षणिक बहुत से "वामपंथी" दृष्टिकोणों से छुटकारा पा लिया था। उन्हें इस बात का कायल करने के लिए कि संघर्ष की कुछ मंजिलों में शत्रु के साथ बातचीत की जा सकती है, उन्होंने लिखा कि समझौता अपने-आप में कोई बुरी बात नहीं है और अपना उद्देश्य पाने में आरम्भ में उसका उपयोग किया जा सकता है। सन् 1905-1907 में दूमा के प्रति लेनिन की नीति का हवाला देते हुए उन्होंने लिखा कि "समझौता" एक ऐसा हथियार है, जिसका राजनीतिक संघर्ष में इस्तेमाल किया जाना चाहिए, ताकि राष्ट्र को थोड़ी देर के लिए आराम मिल सके और वह अपने को आगे के संघर्ष के लिए तैयार कर सके। भगतसिंह ने क्रांतिकारियों का आह्वान किया कि वे अपने अंतिम लक्ष्य को कभी न भूलें।

मई 1931 में यह पत्र भारतीय प्रेस में छप गया था। इसे प्रकाशित करने वालों में इलाहाबाद का साप्ताहिक 'अभ्युदय' और पंजाब का 'केसरी' था। इस तरह भारतीय जनता इससे अवगत हो पायी और इसने वह प्रयोजन पूरा किया, जिसके लिए लेखक ने इसे लिखा था।

भगतसिंह की अप्रकाशित रचनाओं में वह भूमिका ध्यान देने योग्य है, जो उन्होंने गदर पार्टी के लाला रामशरण की यूटोपियाई रचना 'स्वप्नलोक' (ड्रीमलैण्ड) के लिए 15 जनवरी, 1931 को लिखी थी। यह पुस्तक तो नहीं छपी, लेकिन इसकी भूमिका भगतसिंह के परिवार वालों ने सँभालकर रखी हुई है। इस भूमिका की अंतर्वस्तु पुस्तक के विषय से कहीं अधिक व्यापक है, भगतसिंह ने घनीभूत रूप में अपने विचार व्यक्त करने के लिए तथा अपने साथियों को सलाह देने के लिए इस अवसर का लाभ उठाया।

भूमिका इस कथन से आरम्भ होती है कि भारत के राजनीतिक आन्दोलन का कोई सुस्पष्ट आदर्श नहीं है और इस दृष्टि से क्रांतिकारी आन्दोलन भी कोई अपवाद नहीं है। केवल गदर पार्टी ने ही अपना आदर्श स्पष्टत: निरूपित किया था, शासन के गणतंत्रीय रूप का समर्थन किया था। भगतसिंह ने लिखा कि यह साफ-साफ समझना चाहिए कि क्रांति का अर्थ उथल-पुथल या खूनी युद्ध मात्र नहीं है। क्रांति का आशय अनिवार्यत: एक ऐसे कार्यक्रम को लागू करना है, जो नये तथा अधिक अच्छे आधार पर समाज का पुनर्गठन करे। उन्होंने कहा कि न केवल वामपंथी कांग्रेसी, बल्कि राष्ट्रीय क्रांतिकारी आन्दोलन के प्रतिनिधि भी "क्रांतिकारी" कहलाने के अधिकारी नहीं हैं, क्योंकि संघर्ष के उग्र उपायों को मानना ही इसके लिए पर्याप्त नहीं है।

लाला रामशरण की पुस्तक की चर्चा करते हुए भगतसिंह ने लिखा कि लेखक उस दर्शन के विवेचन से शुरू करता है, जिसे वह बंगाल और पंजाब के सारे क्रांतिकारी आन्दोलन का आधार मानता है। उन्होंने कहा कि वह लेखक से सहमत नहीं हैं, क्योंकि लेखक संसार की प्रयोजनपरक और अधिभूतवादी व्याख्या करता है, जबकि वह स्वयं भौतिकवादी हैं। उन्होंने ईश्वर में विश्वास और रहस्यवाद के लिए लेखक की आलोचना की अलग-अलग धर्मों में सामंजस्य बिठाने के लेखक के प्रयासों को अस्वीकार किया और इस प्रश्न पर अपना रुख मार्क्स के शब्दों में व्यक्त किया-"धर्म जनता के लिए अफीम है।"

लेखक द्वारा चित्रित भावी समाज का विश्लेषण करते हुए भगतसिंह ने सामाजिक प्रगति में यूरोपियाई सिद्धांतों की उपयोगी भूमिका को स्वीकार किया -"सेंट-सिमों, फूरिये और राबर्ट ओवेन और उनके सिद्धांतों के बिना मार्क्स का वैज्ञानिक समाजवाद निरूपित नहीं हो सकता था।" उन्होंने इस बात पर जोर दिया कि भावी समाज कम्युनिस्ट समाज होगा, जिसके निर्माण के लिए वह और उनके साथी प्रयत्नशील हैं। एकाधिक बार वह सोवियत रूस के इतिहास की

ओर उन्मुख हुए शारीरिक और बौद्धिक श्रम के लिए समान पारिश्रमिक तथा जन शिक्षा के क्षेत्र में उसकी नीति का उदाहरण दिया। भावी समाज में युद्धों के उन्मूलन की भविष्यवाणी करते हुए उन्होंने लिखा कि सोवियत रूस को सर्वहारा अधिनायकत्व का देश होने के कारण पूँजीवादी समाज से अपनी रक्षा के लिए फौज रखनी पड़ रही है।

भगतसिंह की जेल की डायरी और दूसरी सामग्रियाँ, जिन पर यहाँ ग़ौर किया गया है, इस युवा क्रांतिकारी के दृष्टिकोण का विकास दिखाती हैं। साथ ही वे इस लिहाज से भी अमूल्य हैं कि इनमें हमें भगतसिंह की विचारधारात्मक खोजों का पता चलता है, हम देखते हैं कि भारतीय राष्ट्रीय क्रांतिकारियों का मार्क्सवाद की ओर रुझान था और वे लेनिन तथा अक्टूबर क्रांति के विचारों से प्रभावित हुए थे।

भगतसिंह तत्कालीन मध्यवर्गीय नौजवानों की जो कांग्रेस के बुर्जुआ नेताओं से निराश थे, भावनाओं का मृत रूप हैं। इन नौजवानों को भगतसिंह ने यह दिखाया कि उन्हें कौन-सा रास्ता पकड़ना चाहिए। जब इस क्रांतिकारी को फाँसी दे दी गयी, तो उनके उदाहरण का अनुसरण करते हुए क्रांतिकारी दलों ने जेल में ही मार्क्सवाद के अध्ययन के लिए पाठ्यक्रमों का प्रबंध किया।

सोवियत संघ में हो रहे क्रांतिकारी कायाकल्प तथा पार्टी कार्यकर्ताओं को शिक्षित करने की उसकी विचारधारात्मक और राजनीतिक प्रणाली से भगतसिंह बहुत आकर्षित हुए। वह अक्टूबर क्रांति के अनुभव का प्रत्यक्ष अध्ययन करना चाहते थे और उन्होंने अपने साथियों से ऐसे योग्य उम्मीदवार चुनने को भी कहा, जिन्हें इस उद्देश्य से मास्को भेजा जा सके।

सुविख्यात स्वतंत्रता सेनानी बाबा पृथ्वी सिंह आज़ाद ने 'लेनिन की धरती में' नामक अपनी पुस्तक में लिखा है–"उन दिनों भगतसिंह जेल में मार्क्सवाद-लेनिनवाद का अध्ययन कर रहे थे और उनकी क्रांतिकारी दृष्टि को एक नया, अधिक परिपक्व आयाम प्राप्त हो रहा था। वह भारत की स्वतंत्रता तथा जनसाधारण की शोषण से मुक्ति की समस्या पर अधिक व्यापक परिप्रेक्ष्य में पुनर्विचार कर रहे थे। वह भली-भाँति जानते थे कि उन्हें फाँसी होगी। परंतु शहीद होने से पहले वह आश्वस्त हो जाना चाहते थे कि भारत में क्रांतिकारी आन्दोलन उस नयी अवस्था में पदार्पण कर ले, जिसकी कल्पना उन्होंने मार्क्सवादी सिद्धांतों और सोवियत क्रांति के अध्ययन के आधार पर की थी।"

आगे वह लिखते हैं–"चन्द्रशेखर और धनवन्तरि ने मुझसे कहा–'सरदार भगतसिंह जेल में मार्क्स और लेनिन के कम्युनिस्ट दर्शन का गहरा अध्ययन करते

रहे थे और अपने साथियों को भी इसकी प्रेरणा देते रहे थे।'...उन्होंने ही तुमसे मिलने और तुम्हें इण्डियन सोशलिस्ट रिपब्लिकन आर्मी का सदस्य बनाकर सोवियत संघ में अध्ययन के लिए भेजने को कहा था।"

गिरफ़्तारी से पहले भगतसिंह ख़ुद भी सोवियत संघ जाकर समाजवादी देश को अपनी आँखों से देखना चाहते थे। 'सोवियत संघ में नव मानव' पुस्तक में विजय कुमार सिन्हा लिखते हैं–"उन दिनों ही शौकत उस्मानी, जो कुछ दूसरे लोगों के साथ तीसरे कम्युनिस्ट इंटरनेशनल की छठी कांग्रेस में भाग लेने के लिए चोरी-छिपे मास्को जा रहे थे, कानपुर में मुझसे मिले और अपने साथ चलने को कहा!...मैंने भगतसिंह से बात की, हमें लगा कि यह उचित समय नहीं है। हमने तय किया कि हम दोनों कुछ समय बाद मास्को जायेंगे।" दुर्भाग्यवश, यह योजना कभी साकार नहीं हो पायी।

कुलबीर सिंह ने, जिनकी कृपा से मैं उनके बड़े भाई भगतसिंह की जेल डायरी का अध्ययन कर और उसकी नकल उतार सका, उनके जीवन तथा कार्यकलाप पर अद्वितीय सामग्री जमा की है, जिसका बारीकी से अध्ययन किया जाना चाहिए। उनके विचार में भगतसिंह जेल में कृत्य भाषा में भी एक डायरी रखते थे, जो अभी तक नहीं मिल पायी है।

भगतसिंह के दूसरे भाई कुलतार सिंह भी बड़े सौहार्द से मुझसे मिले। उनकी सुपुत्री वीरेन्द्र सिंधू ने उपरोक्त पुस्तक लिखी है। इसमें वह बताती हैं कि जुलाई, 1929 में दिल्ली में मुक़दमे की सुनवाई में भगतसिंह ने कहा था–"हम उस ऐतिहासिक निष्कर्ष पर जोर देते हैं, जिस पर हम पहुँचे हैं।" ...जिस तरह फाँसी के तख़्ते और साइबेरिया की खानों के डर से रूम में क्रांति की ज्वाला नहीं बुझी, उसी तरह सरकार के आदेश और "असाधारण" क़ानून भारत में स्वतंत्रता संग्राम की ज्वाला नहीं बुझा सकते।

21 जनवरी, 1930 को लेनिन की पुण्य तिथि पर भगतसिंह और उनके साथी लाल रूमाल गले में बाँधकर अदालत में आये। कटघरे में पहुँचते ही उन्होंने नारे लगाये–"समाजवादी क्रांति जिन्दाबाद", "कम्युनिस्ट इंटरनेशनल जिन्दाबाद", "लेनिन का नाम अमर है", "जनता जिन्दाबाद", "साम्राज्यवाद मुर्दाबाद"।

इसके बाद भगतसिंह ने वह तार पढ़ा, जो उन्होंने और उनके साथियों ने तीसरे इंटरनेशनल को भेजने के लिए अदालत को दिया था। इसमें कहा गया था–"लेनिन दिवस पर हम उन सब लोगों का हार्दिक अभिवादन करते हैं, जो महान लेनिन के विचारों को आगे ले जाने के लिए प्रयत्नशील है। रूस जो महान प्रयोग कर रहा

है, उसमें सफलता की कामना हम करते हैं। हम अंतरराष्ट्रीय मजदूर आन्दोलन की आवाज़-में-आवाज़ मिलाते हैं। सर्वहारा की जीत होकर रहेगी, पूँजीवाद की हार होगी। साम्राज्यवाद मुर्दाबाद।

भारत में एक ऐसे व्यक्ति से भी मेरी मुलाकात हुई, जो भगतसिंह को फाँसी दिये जाने से कुछ घंटे पहले ही उनसे मिले थे। यह थे प्राणनाथ मेहता, भगतसिंह के मित्र और वकील। उन्होंने मुझे बताया–"उन दिनों मैं डायरी रखता था (अपने काम के लिए भी मुझे इसकी जरूरत होती थी)। बद्किस्मती से 1947 में पार्टिशन के वक़्त मुझे लाहौर छोड़ना पड़ा, मेरे क़ागज़ात वहीं रह गये, कुछ पता नहीं उनका क्या हुआ।"

"बहरहाल डायरियाँ तो खो गयी हैं, मगर उन दिनों की घटनाओं ने मेरे दिमाग पर इतनी गहरी छाप छोड़ी है कि उसे न वक़्त मिटा सका है, न कोई दूसरी घटनाएँ।..."

"23 मार्च, 1931 को मुझे वह किताब मिल गयी, जो भगतसिंह ने मँगवायी थी। मैं उससे मिलने गया। जेल के गेट पर मुझे बताया गया कि भगतसिंह और उसके दोस्तों ने किसी से भी मिलने से इनकार कर दिया है। वजह यह थी कि जेल के अधिकारियों ने करीबी रिश्तेदारों को छोड़कर और किसी से मिलने पर पाबंदी लगा दी थी। इसके विरोध में भगतसिंह और उसके साथियों ने कहा कि वे किसी से भी नहीं मिलेंगे।"

कुछ करना चाहिए था। मैं जेल के अधिकारियों से मिलने गया। उनमें एक मि. पुरी नेक इनसान निकला। उसने मुझे सलाह दी कि तीन क़ैदियों के वकील के नाते मैं अर्ज़ी दूँ कि मुझे उनकी आख़िरी इच्छा लिखने के लिए उनसे मिलना है। फिर उसने मुझे भगतसिंह की काल कोठरी में ही उससे मिलने की इजाज़त दे दी। थोड़ी देर बाद राजगुरु और सुखदेव को भी वहाँ लाया गया।

"उस वक़्त मुझे यह पता नहीं था कि लाहौर जेल के इन तीन क़ैदियों से यह मेरी आख़िरी मुलाकात है कि दो घंटे बाद इन्हें फाँसी दे दी जायेगी।"

"भगतसिंह ने मुझसे पूछा कि मैं किताब लाया हूँ या नहीं। मैंने उसे किताब दी, तो वह बड़ा ख़ुश हुआ। किताब लेते हुए बोला–"आज रात को ही इसे ख़तम कर दूँगा, इससे पहले कि वे..." उस बेचारे को क्या पता था कि वह किताब आख़िर तक कभी नहीं पढ़ पायेगा।"

मैंने प्राणनाथ मेहता से पूछा कि उन्हें उस किताब का नाम याद है, जो वह भगतसिंह के लिए ले गये थे। उनका जवाब था–"सच पूछें, तो मुझे याद नहीं कि यह लेनिन के बारे में किताब थी या लेनिन की। एक छोटी-सी किताब थी।...अगले दिन जेल के संतरी ने मुझे बताया कि जब भगतसिंह को लिवाने आये थे, तो वह

यह किताब पढ़ रहा था। बाद में भगतसिंह मेरे लिए जो चीज़ें छोड़ गये थे, उनके साथ मुझे वह किताब भी मिली।"

शायद उसी संतरी ने मेहता से आगे कहा—"भगतसिंह के रिश्तेदारों को उनके अंतिम क्षणों के बारे में बताया।"

वीरेन्द्र सिंधू ने अपनी पुस्तक में लिखा है कि भगतसिंह प्राणनाथ मेहता की लायी, लेनिन की जीवनी पढ़ रहे थे, जब दरवाज़ा खुला। दहलीज़ पर अफ़सर खड़ा था।

'सरदार जी,' उसने कहा—'फाँसी लगाने का हुक्म आ गया है। तैयार हो जाइये!'

"भगतसिंह के दायें हाथ में किताब थी, उससे नज़रें उठाये बिना ही उन्होंने बायाँ हाथ उठाकर कहा—'ठहरिये। यहाँ एक क्रांतिकारी दूसरे क्रांतिकारी से मिल रहा है!'

कुछ पंक्तियाँ और पढ़कर उन्होंने किताब एक तरफ रख दी और उठ खड़े हुए बोले—'चलिए!'

भगतसिंह के क्रांतिकारी दल में से एक और कर्मठ क्रांतिकारी निकला, जो आगे चलकर भारतीय कम्युनिस्ट पार्टी का महासचिव बना। यह थे अजय कुमार घोष।

'भगतसिंह और उनके साथी' नामक पुस्तक में अजय घोष ने लिखा कि भगतसिंह भारत के राजनीतिक क्षितिज पर अल्पांश के लिए एक उल्का पिंड की तरह चमके और लुप्त होने से पहले वह लाखों लोगों के लिए एक नये भारत की आत्मा और आशाओं का प्रतीक बन गये, उन लोगों के लिए, जिन्हें मृत्यु का डर नहीं था, जो साम्राज्यवादी जुए को उतार फेंकने और अपने महान देश में एक स्वतंत्र राज्य का भवन खड़ा करने के लिए कृतसंकल्प थे।

भगतसिंह और उनके साथियों, जैसे निडर क्रांतिकारियों का बलिदान व्यर्थ नहीं था। उनके दल के सर्वश्रेष्ठ प्रतिनिधि इस निष्कर्ष पर पहुँचे कि मुट्ठी भर नौजवान क्रांति नहीं ला सकते कि बड़े धीरज और परिश्रम के साथ जनसाधारण के बीच काम करना चाहिए, लोगों को संघर्ष के लिए संगठित करना चाहिए, ठोस कार्यनीतियाँ तैयार करना, उन पर अमल करना तथा लोगों को सत्ता के अंतिम संघर्ष की ओर ले जाना चाहिए।

एल. वी. मित्रोखिन

भगतसिंह की जेल डायरी

भगतसिंह द्वारा जेल में (1929–31)
अध्ययन के दौरान लिखे गये
नोट्स और उद्धरण

नोटबुक खोलते ही पहले पेज़ (टाइटिल पेज़) पर अंग्रेज़ी में लिखा है:

"भगतसिंह के लिए

चार सौ चार (404) पृष्ठ..."

नीचे एक हस्ताक्षर है मगर 12.9.29 की तिथि दी गई है। स्पष्ट है कि यह प्रविष्ट जेल अधिकारियों द्वारा भगतसिंह को कॉपी देते समय की गई है।

इसके नीचे भगतसिंह के दो पूरे और दो लघु हस्ताक्षर हैं।

पृष्ठ के ऊपरी दायें किनारे पर भी अंग्रेज़ी में भगतसिंह का नाम लिखा है।

(देखें सामने का पृष्ठ)

जेल मैनुअल/नियमावली के जानकार जानते होंगे कि जब भी कोई क़ैदी लिखने के लिए कॉपी माँगता है तो जेल अधिकारी को कॉपी के शुरू और अंत में ऐसा लिखना होता है और क़ैदी को भी प्राप्त करते समय वहाँ हस्ताक्षर करना होता है। भगतसिंह के हस्ताक्षर (अंग्रेज़ी में) टाइटिल पेज़ पर भी मौजूद हैं और 12.9.29 की तिथि के साथ कॉपी के अंत में भी।

नोटबुक की जो डुप्लीकेटेड/हस्तलिखित प्रतिलिपि जी.बी. कुमार हूजा को गुरुकुल इन्द्रप्रस्थ में मिली, उसमें नीचे बायें कोने पर अंग्रेज़ी में यह भी लिखा हुआ था–"प्रतिलिपि शहीद भगतसिंह के भतीजे अभय कुमार सिंह द्वारा तैयार।"

नोटबुक आम स्कूली कॉपी के आकार की थी, लगभग 6.75 x 8.50 इंच या 17.50 x 21 से.मी.।

–संपादक

Bhagat Singh Paper

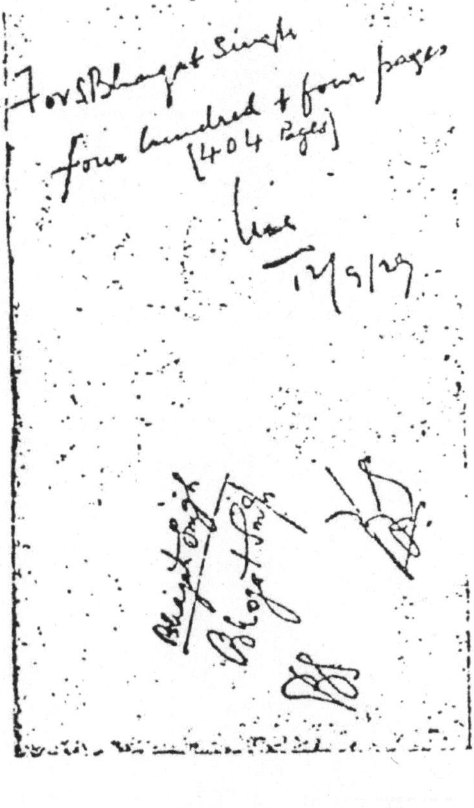
For S Bhagat Singh
four hundred + four pages
[404 Pages]
12/9/29

Copy by Abhey Kumar Singh
Nephew of Shaheed Bhagat Singh

पृष्ठ 2 (2) [1]

ज़मीन के माप [2]:

जर्मन 20 हेक्टेयर–50 एकड़ अर्थात 1 हेक्टेयर = 2½ एकड़

1. नोटबुक की पृष्ठ संख्या टाइटिल पृष्ठ से गिनी गई है। कोष्ठक में दी गई संख्या उन पृष्ठों की है, जिन पर लिखा हुआ है। उदाहरण के लिए पृष्ठ संख्या 2 (2) के बाएँ तीन पृष्ठ सादे हैं और अगली लिखावट पृष्ठ संख्या 6 (3) पर है। नोटबुक में बीच-बीच में कुछ पृष्ठ नहीं हैं तथा कई पृष्ठ खाली छोड़े हुए हैं। कुल 145 पृष्ठों पर भगतसिंह ने नोट्स लिखे हैं।
2. नोटबुक के पृष्ठ दो पर ज़मीन की माप संबंधी सिर्फ़ इन्हीं दो इकाइयों-हेक्टेयर और एकड़ की आपसी तुलना अंकित है।

पृष्ठ 6 (3)

संपत्ति से मुक्ति–"संपत्ति की स्वतंत्रता"...जहाँ तक छोटे पूँजीपति और किसान संपत्तिधारकों का सवाल है, "संपत्ति से मुक्ति" बन गयी।

विवाह अपने आप में पहले की भाँति ही वेश्यावृत्ति का क़ानूनी तौर पर स्वीकृत रूप औपचारिक आवरण बना रहा...।

(सोशलिज़्म, साइण्टिफिक एण्ड यूटोपिया) [1]

• • •

दिमागी गुलामी–"एक शाश्वत सत्ता ने मानव समाज को वैसा ही रचा, जैसा आज वह है तथा 'श्रेष्ठतर' और 'सत्ता' के प्रति समर्पण दैवी इच्छा से ही 'निम्नतर' वर्गों पर लागू किया गया है।" उपदेशक गण उपदेश मंच और प्रेस की ओर से दिये जाने वाले इस संदेश ने आदमी के दिमाग को सम्मोहित कर रखा है और यह शोषण के सबसे मजबूत स्तम्भों में से एक है।

(ओरिजिन ऑफ द फैमिली में अनुवादक की भूमिका) [2]

पृष्ठ 7 (4)

एंगेल्स कृत द *ओरिजिन ऑफ द फैमिली...*

आदिम समाज के इतिहास में एक तर्कसंगत व्यवस्था प्रस्तुत करने का प्रयास सबसे पहले मार्गन ने किया। [3]

वह इसे तीन मुख्य युगों में बाँटता है–

1. असभ्यता, 2. बर्बरता, 3. सभ्यता

1. असभ्यता पुनः तीन अवस्थाओं में विभाजित–

1. निम्नतर; 2. मध्य; 3. उच्चतर

---

1. फ्रेडरिक एंगेल्स की रचना, समाजवाद, काल्पनिक एवं वैज्ञानिक।
2. फ्रेडरिक एंगेल्स की रचना परिवार, व्यक्तिगत संपत्ति और राज्यसत्ता की उत्पत्ति।
3. लुइस एच. मार्गन (1818-1881) अमेरिकी समाजशास्त्री, जिन्होंने 1877 में प्रकाशित अपनी पुस्तक प्राचीन समाज (Ancient Society, or Researches in the Lines of Human Progress from Savagery through Barbarism to Civilization) में विस्तृत सामाजिक अध्ययन के आधार पर इतिहास विकास की भौतिकवादी धारणा को पुष्ट किया था। एंगेल्स ने अपनी पुस्तक परिवार, व्यक्तिगत संपत्ति और राज्यसत्ता की उत्पत्ति लिखने में मुख्य रूप से मार्गन द्वारा प्रस्तुत सामग्री को आधार बनाया था।

1. **असभ्यता की निम्नतर अवस्था**–मानव जाति की शैशवावस्था। 1. पेड़ों पर रहना। 2. भोजन था–फल गिरीफल और कंदमूल। 3. सुसंगत बोली का विकास इस काल की प्रधान उपलब्धि।
2. **मध्य अवस्था**–1. आग की खोज। 2. मछली भोजन के रूप में प्रयुक्त। 3. शिकार के लिए पत्थर के औज़ार आविष्कृत। 4. मानव-मांसभक्षण अस्तित्व में आ जाता है।[1]
3. **उच्चतर अवस्था**–1. धनुष और बाण, कुल्हाड़ी नहीं। 2 ग्रामीण बस्तियाँ। 3. घर बनाने में इमारती लकड़ी का इस्तेमाल। 4. कपड़े बुने जाने लगे।

असभ्यता की अवस्था में धनुष और बाण वैसे ही थे, जैसे बर्बरता की अवस्था में लोहे की तलवार और सभ्यता की अवस्था में आग्नेयास्त्र–यानी प्रभुत्व के हथियार।

पृष्ठ 8 (5)

2. बर्बरता–

1. निम्नतर अवस्था–

1. कुम्हारी का आरम्भ। पहले लकड़ी के बर्तनों पर मिट्टी की परतें चढ़ायी जाती थीं, लेकिन बाद में चलकर मिट्टी के बर्तन आविष्कृत कर लिये गये।
2. मानव जातियाँ दो स्पष्ट वर्गों में विभाजित–
   (i) पूर्वी जो जानवर पालती थीं और अनाज पैदा करती थीं;
   (ii) पश्चिमी जिनके पास सिर्फ़ 'मक्का' था।

2. मध्य अवस्था

(अ) *पश्चिमी गोलार्ध* : अर्थात अमेरिका में वे खाद्य-फसलें उगाते थे (खेती और सिंचाई) और घर बनाने के लिए ईंट पकाते थे।

(ब) *पूर्वी* : वे दूध और माँस के लिए पशुपालन करती थीं। इस अवस्था में कोई खेती नहीं।

3. उच्चतर अवस्था

1. कच्चे लोहे को गलाना।
2. दस्तावेज़ लिखने के लिए अक्षर-लिपि का विकास और उसका इस्तेमाल इस अवस्था में अनेक आविष्कार होते हैं। यूनानी नायकों का यही काल है।
3. बड़े पैमाने पर मक्का की खेती करने के लिए पशुओं द्वारा लोहे के हल खींचे जाते हैं।

---

1. यहाँ भगतसिंह ने हाशिये पर लिखा है : वेनिसन = शिकार से प्राप्त पशु-मांस।

4. जंगलों की कटाई तथा लोहे की कुल्हाड़ियाँ एवं लोहे की कुदालें इस्तेमाल में आने लगीं।
5. **महान उपलब्धियाँ**– (i) लोहे के उन्नत औज़ार, (ii) भाथियाँ, (iii) जाँता, (iv) कुम्हार का चाक, (v) तेल और शराब निकालना, (vi) धातुओं की ढलाई, (vii) गाड़ी और रथ, (viii) जहाज-निर्माण। [पृष्ठ 9 (6)]
(ix) कलात्मक वास्तु-शिल्प, (x) शहर और किलों का निर्माण (xi) होमर युग और सम्पूर्ण मिथकशास्त्र।

इन उपलब्धियों के साथ ही, यूनानी तीसरी अवस्था–"सभ्यता" में प्रवेश कर जाते हैं।

संक्षेप में :

1. **असभ्यता**–मुख्य तौर पर तैयारशुदा प्राकृतिक उत्पादों के विनियोजन का काल; मानवीय बुद्धि-कुशलता मुख्यत: इस विनियोजन में सहायक सिद्ध होने वाले उपयोगी औज़ारों का आविष्कार करती है।
2. **बर्बरता**–पशुपालन, कृषि एवं मानवीय अभिकर्ता द्वारा प्रकृति की उत्पादकता बढ़ाने के नये-नये तरीकों का ज्ञान हासिल करने का काल।
3 **सभ्यता**–प्राकृतिक उत्पादों के व्यापकतर उपयोग सीखने का, मैन्युफैक्चरिंग का, तथा कला का काल।

• • •

इस प्रकार, हमें, मानव-विकास की तीन मुख्य अवस्थाओं से आमतौर पर मेल खाते हुए परिवार के तीन मुख्य रूप मिलते हैं–

1. असभ्यता के काल में : "यूथ विवाह"
2. बर्बरता के काल में : युग्म परिवार
3. सभ्यता के काल में : एकनिष्ठ विवाह के साथ-साथ व्यभिचार और वेश्यावृत्ति। युग्म परिवार और एकनिष्ठ विवाह के दरम्यान, बर्बरता की उच्चतर अवस्था में, दासियों के ऊपर पुरुषों के शासन और बहुपत्नी-विवाह का प्रवेश। (पृ. 90)

पृष्ठ 10 (7)

विवाह के दोष

खासतौर से एक दीर्घकालिक लगाव दस मामलों में से नौ में, व्यभिचार का एक पक्का प्रशिक्षण स्कूल होता है। (पृ. 91)

• • •

समाजवादी क्रांति और विवाह संस्था

अब हम एक ऐसी सामाजिक क्रांति की ओर अग्रसर हो रहे हैं, जिसके परिणामस्वरूप एकनिष्ठ विवाह का वर्तमान आर्थिक आधार उतने ही निश्चित रूप से मिट जायेगा, जितने निश्चित रूप से एकनिष्ठ विवाह के अनुपूरक का वेश्यावृत्ति का आर्थिक आधार मिट जायेगा। एकनिष्ठ विवाह की प्रथा एक व्यक्ति के, और वह भी एक पुरुष के हाथों में बहुत-सा धन एकत्रित हो जाने के कारण और इस इच्छा के फलस्वरूप उत्पन्न हुई थी कि वह यह धन किसी दूसरे की संतान के लिए नहीं, केवल अपनी संतान के लिए छोड़ जाये। इस उद्देश्य के लिए स्त्री की एकनिष्ठता आवश्यक थी, पुरुष की नहीं। इसलिए नारी की एकनिष्ठता से पुरुष के खुले या छिपे बहुपत्नीत्व में कोई बाधा नहीं पड़ती थी।

परंतु आने वाली सामाजिक क्रांति स्थायी दायाद्य धन-संपदा के अधिकतर भाग को, यानी उत्पादन के साधनों को-सामाजिक संपत्ति बना देगी और ऐसा करके संपत्ति की विरासत के बारे में इस सारी चिंता को अल्पतम कर देगी। पर एकनिष्ठ विवाह चूँकि आर्थिक कारणों से उत्पन्न हुआ था, इसलिए क्या इन कारणों के मिट जाने पर वह भी मिट जायेगा? (पृ. 91)[1]

• • •

पृष्ठ 11 (8)

"भर दो प्याला हे प्रिय मेरे, जो दूर करे
आज विगत के दुख औ' आगत के भय को-
कल?-क्यों, कल हो सकता मैं हो जाऊँ
सात हज़ार वर्षों के कल का अतीत।

... ...

यहाँ घने गाछ के नीचे, साथ में रोटी,
मदिरा की सुराही, शायरी की किताब-और तुम
गा रही बग़ल में मेरे इस निर्जन बीहड़ में!
अब तो स्वर्ग बना यह निर्जन बीहड़ ही!

"उमर खय्याम"

---

1. परिवार, व्यक्तिगत संपत्ति और राज्यसत्ता की उत्पत्ति-एंगेल्स।

राज्य

राज्य की पूर्वापेक्षा है बल प्रयोग की एक सार्वजनिक सत्ता, जो अपने सदस्यों के सम्पूर्ण निकाय से पृथक हो चुकी हो।

-(एंगेल्स) (पृष्ठ 116)[1]

• • •

राज्य की उत्पत्ति

...पुराने जमाने में कबीलों के बीच होने वाले युद्धों द्वारा भ्रष्ट होते हुए नया रूप धारण–जीविकोपार्जन के साधन के रूप में ढोर, दास और धन–दौलत लूटने के लिए ज़मीन और पानी के रास्ते से बाकायदा धावे; संक्षेप में, धन–दौलत को दुनिया में सबसे बड़ी चीज़ समझा जाने लगा, उसे प्रशंसा और आदर की दृष्टि से देखा जाने लगा और पुराने गोत्र-समाज की संस्थाओं और प्रथाओं को भ्रष्ट किया जाने लगा ताकि धन–दौलत को जबर्दस्ती लूटना उचित ठहराया जा सके। अब केवल एक चीज़ की दरकार थी–ऐसी संस्था की, जो न केवल अलग–अलग व्यक्तियों की नयी हासिल की हुई संपत्ति को गोत्र-व्यवस्था की पुरानी सामुदायिक परंपराओं से बचा सके, जो निजी स्वामित्व को, जिसकी पहले अधिक प्रतिष्ठा नहीं थी, न केवल पवित्र करार दे और इस पवित्रता को मानव समाज का चरम लक्ष्य घोषित कर दे, बल्कि जो संपत्ति प्राप्त करने और इसलिए धन–दौलत को लगातार बढ़ाते रहने के नये और विकसित होते हुए तरीकों पर सार्वजनिक मान्यता की मुहर भी लगा दे; ऐसी संस्था की, जो न केवल समाज के नवजात वर्ग–विभाजन को, बल्कि संपत्तिवान वर्ग द्वारा संपत्तिहीन वर्ग के शोषण किये जाने के अधिकार को और संपत्तिहीन वर्ग पर संपत्तिवान वर्ग के शासन को भी स्थायी बना दे।

और यह संस्था भी आ पहुँची। राज्य का आविष्कार हुआ।

(पृष्ठ 129-130)[2]

पृष्ठ 12 (9)

एक अच्छी सरकार की परिभाषा : "अच्छी सरकार स्व–शासन का विकल्प कभी नहीं हो सकती।"

"हेनरी कैम्पबेल बैनरमैन"[3]

---

1. वही।
2. परिवार, व्यक्तिगत संपत्ति और राज्यसत्ता की उत्पत्ति-एंगेल्स।
3. अज्ञात।

• • •

"हमें यकीन है कि सरकार का केवल एक ही रूप है, चाहे इसे जिस नाम से भी पुकारा जाये, जिसमें अंतिम नियंत्रण जनता के हाथों में होता है।"

"अर्ल ऑफ बालफोर" [1]

• • •

धर्म–"धर्म के प्रति मेरा अपना दृष्टिकोण वही है, जो लुक्रेतिउस का है। मैं इसे भय से पैदा हुई एक बीमारी के रूप में और मानव-जाति के लिए अकथनीय दुख के एक स्रोत के रूप में मानता हूँ। लेकिन मैं इससे इनकार नहीं कर सकता कि इसने सभ्यता में कुछ योगदान भी किया है। इसने आरम्भिक काल में पंचांग-निर्धारण में मदद की, और इसी के चलते मिस्र के पुरोहितों ने ग्रहणों का लेखा-जोखा इतनी सावधानी के साथ रखा कि बाद में वे इनके बारे में भविष्यवाणी कर सकने में समर्थ हो गये। इन दो सेवाओं को तो मैं मानने के लिए तैयार हूँ, लेकिन और किसी के बारे में मैं नहीं जानता।"

"बर्ट्रेण्ड रसेल" [2]

पृष्ठ 13 (10)

परोपकारी निरंकुशता–माण्टेग्यू-चेम्सफोर्ड[3] ने ब्रिटिश सरकार को एक 'परोपकारी निरंकुशता' कहा है और, ब्रिटिश लेबर पार्टी के साम्राज्यवादी नेता, रैम्जे मैक्डोनाल्ड[4] के अनुसार–"एक 'परोपकारी निरंकुशता' द्वारा किसी देश पर शासन करने के सभी प्रयासों में शासितों को कुचल डाला जाता है। वे व्यवहारशील नागरिक नहीं, आज्ञाकारी प्रजा बन जाते हैं। उनका साहित्य, उनकी कला, उनकी आत्मिक अभिव्यक्ति मर जाती है।"

1. संभवत: आर्थर जेम्स, प्रथम अर्ल ऑफ बालफोर (1848-1930), ब्रिटिश राजनयिक एवं प्रधानमंत्री (1902-1905)।
2. महान गणितज्ञ और दार्शनिक बर्ट्रेण्ड आर्थर विलियम रसेल (1872-1972)।
3. भारत में संवैधानिक सुधारों के संबंध में माण्टेग्यू-चेम्सफोर्ड रिपोर्ट (1918) जिसके आधार पर भारत सरकार अधिनियम, 1919 के तहत दोहरा शासन लागू हुआ। एडविन सैमुअल माण्टेग्यू (1877-1924) 1917 से 1922 तक भारत के मामलों का प्रभारी ब्रिटिश विदेशमंत्री और लार्ड चेम्सफोर्ड 1916 से 1920 तक भारत का वायसराय रहा।
4. जेम्स रैम्जे मैक्डोनाल्ड (1866-1937)–ब्रिटिश राजनयिक और ब्रिटिश लेबर पार्टी का संस्थापक सदस्य। 1923-24 में तथा 1929-35 में ब्रिटेन का प्रधानमंत्री रहा।

• • •

भारत सरकार

भारत के प्रभारी विदेशमंत्री, आनरेबल एस. माण्टेग्यू ने हाउस ऑफ कॉमन्स में 1917 में कहा–"भारत सरकार, आधुनिक उद्देश्यों के लिए किसी भी काम लायक होने की दृष्टि से बेहद जड़, बेहद निर्मम, बेहद आदिम और बेहद दकियानूस है। भारत सरकार असमर्थनीय है।"

• • •

भारत में ब्रिटिश शासन

डॉ. रथफोर्ड[1] के शब्द–"भारत में ब्रिटिश शासन जैसे चलाया जा रहा है, वह दुनिया में सरकार की सबसे निकृष्ट और सबसे अनैतिक प्रणाली, एक राष्ट्र द्वारा दूसरे का शोषण है।"

• • •

आज़ादी और अंग्रेज़ लोग

"अंग्रेज़ लोग आज़ादी को स्वयं अपनी खातिर ही प्यार करते हैं। वे अन्याय की सभी कार्रवाइयों से घृणा करते हैं, सिवाय उनके जो वे स्वयं करते हैं। वे ऐसे आज़ादी-प्रेमी लोग हैं कि कांगो में दखलंदाज़ी करते हैं और बेल्जियनों पर "शर्म-शर्म" चिल्लाते हैं। लेकिन वे भूल जाते हैं कि उनकी एड़ियाँ भारत की गर्दन पर हैं।"

"एक आयरिश लेखक" [2]

पृष्ठ 14 (11)

भीड़ का प्रतिशोध

"अब आइए हम देखें कि कैसे लोग इस ढंग से सज़ा देने के विचार के कायल हुए।

"वे इसे उन्हीं सरकारों से सीखते हैं, जिनके अंतर्गत वे जी रहे होते हैं, और बदले में वही सज़ा देते हैं, जिसको भोगने के वे आदी हो चुके होते हैं। सूली पर टँगे सिर, जो वर्षों तक टेम्पल बार के ऊपर लगे रहे, पेरिस में सूली

1. अज्ञात।
2. अज्ञात।

पर टाँगे जाने वाले सिरों के दृश्य की भयावहता से तनिक भी भिन्न नहीं थे; फिर भी अंग्रेज़ सरकार ने यही किया। शायद कहा जा सकता है कि इससे आदमी को कोई खास फर्क नहीं पड़ता कि मरने के बाद उसके साथ क्या किया जाता है; लेकिन जीवितों को इससे काफी फर्क पड़ता है, इससे या तो उनकी भावनाएँ विदीर्ण हो जाती हैं या उनके दिल पत्थर हो जाते हैं और दोनों ही सूरतों में, यह उन्हें शिक्षित करता है कि जब सत्ता उनके हाथ में आये तो वे कैसे सज़ा दें।

"तब कुल्हाड़ी से जड़ पर ही प्रहार करो और सरकारों को मानवता सिखा दो। ये उनकी खूँखार सज़ाएँ ही हैं जो मानव-जाति को भ्रष्ट करती हैं...। जनसामान्य के सामने प्रदर्शित इन क्रूर दृश्यों का प्रभाव संवेदनशीलता को ख़तम करने या प्रतिशोध भड़काने के रूप में सामने आता है, तथा विवेक के बजाय आतंक के द्वारा लोगों पर शासन करने की इसी निकृष्ट और झूठी धारणा के जरिए वे मिसाल बनते हैं।"

(राइट्स ऑफ मैन, (पृ. 32) टी. पेन)[1]

पृष्ठ 15 (12)

राजा और राजतंत्र

राष्ट्र ने लुई सोलहवें के विरुद्ध नहीं, बल्कि सरकार के निरंकुश सिद्धांतों के विरुद्ध विद्रोह किया। ये सिद्धांत मूलतः उससे नहीं, बल्कि कई सदी पहले स्थापित आरंभिक व्यवस्था से पैदा हुए थे और इतनी गहराई में जड़ जमा चुके थे कि ख़तम नहीं किये जा सके थे तथा परजीवियों एवं लुटेरों का गंदगी से भरा हुआ अस्तबल भी इतने घृणास्पद रूप से गंदा था कि एक सम्पूर्ण क्रांति ही उसे साफ कर सकती थी। जब कोई काम करना जरूरी हो जाता है, तो उसे दत्त-चित्त होकर करना चाहिए, या उसे करने की कोशिश ही नहीं करनी चाहिए...। राजा और राजतंत्र दो अलग-अलग भिन्न चीज़ें थीं; और पूर्वोक्त

1. थॉमस पेन की कृति, द राइट्स ऑफ मैन; अंग्रेज़ लेखक और प्रचारक टॉमस पेन (1737-1809) अमेरिकी स्वतंत्रता-संग्राम और फ्रांसीसी क्रांति में अपनी अविस्मरणीय भूमिका के लिए सारी दुनिया में विख्यात है; उसका पर्चा कामन सेंस तथा यह कृति राइट्स ऑफ मैन, इतिहास की अमूल्य धरोहर हैं। अमेरिकी स्वतंत्रता-संग्राम के दौरान लिखा गया राइट्स ऑफ मैन अमेरिकी संविधान का मुख्य आधार बना।

(यानी राजा-सं.) या उसके सिद्धांतों के ही विरोध में यह विद्रोह हुआ और क्रांति की गयी।

(पृ. 19) [1]

● ● ●

प्राकृतिक और नागरिक अधिकार

मनुष्य ने समाज में प्रवेश इसलिए नहीं किया कि वह पहले से भी बदतर हो जाये, बल्कि इसलिए कि उसके अधिकार पहले से बेहतर ढंग से सुरक्षित हों। उसके प्राकृतिक अधिकार ही उसके सभी नागरिक अधिकारों की आधारशिला हैं।

प्राकृतिक अधिकार वे हैं, जो मनुष्य के जीने के अधिकार से संबंधित हैं (बौद्धिक-मानसिक आदि)।

नागरिक अधिकार वे हैं, जो मनुष्य के समाज का एक सदस्य होने से संबंधित हैं।

(पृ.-44) [2]

पृष्ठ 16 (13)

राजा की तनख्वाह

एक व्यक्ति के भरण-पोषण के लिए, किसी देश के सार्वजनिक टैक्सों में से दस लाख स्टर्लिंग सालाना देने की बात करना अमानवीय है, जबकि हज़ारों लोग जो इसमें योगदान करने के लिए मजबूर किये जाते हैं, अभाव से त्रस्त और बदहाली से जूझ रहे हैं। सरकार जेलों और राजमहलों के बीच, या कंगाली और शान-शौकत के बीच किसी समझौते के रूप में नहीं होती; यह इसलिए नहीं गठित की जाती कि जरूरतमंद से उसकी दमड़ी भी लूट ली जाये और खस्ताहालों की दुर्दशा और बढ़ा दी जाये।

(पृ. 204) [3]

● ● ●

"मुझे आज़ादी दो या मौत"

"...मामले को हलका बनाना बेकार है, महाशय! शरीफ लोग शान्ति-शान्ति चिल्ला सकते हैं, लेकिन कोई शान्ति नहीं है। युद्ध तो वास्तव में शुरू ही हो चुका है। अब अगला झंझावात जो उत्तर से उठकर...हमारे कानों तक पहुँच रहा है,

---

1. द राइट्स ऑफ मैन से।
2. वही।
3. स्रोत अज्ञात।

गुंजायमान हथियारों की टकराहटों का है। हमारे बंधु-बांधव तो पहले ही से लड़ाई के मैदान में हैं। हम यहाँ बेकार क्यों खड़े हैं? आख़िर शरीफ लोग चाहते क्या हैं? वे क्या करेंगे? क्या जीवन इतना प्यारा या शान्ति इतनी मीठी है कि उसे बेड़ियों और गुलामी की कीमत पर भी खरीद लिया जाये?"

रोको इसे, हे सर्वशक्तिमान ईश्वर! मैं नहीं जानता कि और लोग कौन-सा रास्ता अख़्तियार करेंगे। लेकिन जहाँ तक मेरी बात है, मुझे "आज़ादी" दो या "मौत"।

"पैट्रिक हनेरी"[1]

मजदूर का अधिकार

"जो कोई भी कठिन श्रम से कोई चीज़ पैदा करता है उसे यह बताने के लिए किसी ख़ुदाई पैग़ाम की जरूरत नहीं कि पैदा की गई चीज़ पर उसी का अधिकार है।"

"राबर्ट जी. इंगरसोल"[2]

पृष्ठ 17 (14)

"लोगों के सिर कलम कर दिये जाने को तो हम भयंकर मानते हैं, पर हमें जीवन-पर्यन्त बरकरार रहने वाली मृत्यु की उस भयंकरता को देखना नहीं सिखाया गया है, जो गरीबी और अत्याचार द्वारा व्यापक आबादी पर थोप दी गयी है।"

"मार्क ट्वेन"[3]

• • •

अराजकतावादी

"...साहित्य के चयन में अराजकतावादियों और विद्रोह भड़काने वालों को भी स्थान मिल जाता है; और यदि उसकी कुछ चीज़ें पाठक को महज आक्रोश का उद्‌गार ही लगें, तो भी मैं कहना चाहूँगा कि इसके लिए साहित्य के समर्पित चयनकर्ता को दोष नहीं देना चाहिए, यहाँ तक कि रचनाकार को भी दोष नहीं देना चाहिए, उसे (यानी पाठक को-सं.) को स्वयं अपने आपको ही दोष देना चाहिए

---

1. पैट्रिक हेनरी (1736-1790)-अमेरिकी स्वतंत्रता संग्राम के नेताओं में से एक, प्रखर वक्ता और सांसद।
2. अमेरिकी वकील, वक्ता और लेखक (1832-1899)।
3. असली नाम सैमुअल लैंग्हॉर्न क्लीमेंस (1835-1910), मशहूर अमेरिकी उपन्यासकार और व्यंग्यकार।

कि उसने उन परिस्थितियों की मौजूदगी में चुप्पी साध ली है, जिनके चलते उसके देश-समाज के लोग पागलपन और निराशा की चरम सीमा पर जा पहुँचे हैं।"

"अप्टन सिंक्लेयर"[1], *(भूमिका, प्र. 19)*
क्राइ फॉर जस्टिस

• • •

बूढ़ा मजदूर

"... वह (बेरोजगार बूढ़ा मजदूर) उम्र से, प्रकृति से और परिस्थितियों से जूझ रहा था; समाज, क़ानून और व्यवस्था का सारा बोझ उसके ऊपर भारी पड़ता हुआ, उसे अपना आत्म-सम्मान और आज़ादी खो देने पर मजबूर कर रहा था...। उसने फार्मों के दरवाज़े खटखटाये और वह सिर्फ़ मनुष्य में ही अच्छाई पा सका-क़ानून और व्यवस्था में नहीं, बल्कि सिर्फ़ मनुष्य में ही।"

"रिचर्ड जेफरीज" (पृ. 80)[2]

पृष्ठ 18 (15)

गरीब मजदूर

"...और हम लोग, जिन्होंने इस काम को अंजाम देने का बीड़ा उठाया, इस दुनिया में कुजात ही रहे। एक अंधी किस्मत, एक विराट निर्मम तंत्र ने काट-छाँटकर हमारे अस्तित्व का ढाँचा निर्धारित कर दिया। हम उस वक़्त तिरस्कृत हुए, जब हम सबसे अधिक उपयोगी थे, हमें उस वक़्त दुत्कार दिया गया, जब हमारी जरूरत नहीं थी और हमें उस वक़्त भुला दिया गया, जब हमारे ऊपर विपत्तियों का पहाड़ टूटा हुआ था। हमें बीहड़-बंजर साफ करने के लिए, उसकी सारी आदिम भयंकरताओं को दूर करने के लिए तथा उसके विश्व-पुरातन अवरोधों को छिन्न-भिन्न कर डालने के लिए भेज दिया जाता। हम जहाँ भी काम करते, वहाँ एक दिन एक नया शहर जन्म ले लेता; और जब यह जन्म ले ही रहा होता, तब यदि हममें से कोई वहाँ चला जाता, तो उसे 'बिना निश्चित पते का आदमी' कहकर पकड़ लिया जाता और सिरफिरा-आवारा कहकर उस पर मुक़दमा चलाया जाता।"

(पैट्रिक मैकगिल की कृति,
चिल्ड्रेन ऑफ व डेड एण्ड, सी.जे. पृ. 48)[3]

---

1. मशहूर अमेरिकी उपन्यासकार और समाजवादी-सुधारक (1878-1968)।
2. अंग्रेज़ प्रकृतिवादी और उपन्यासकार (1848-1887)।
3. अज्ञात।

• • •

नैतिकता

"नैतिकता और धर्म उस व्यक्ति के लिए महज शब्द भर हैं, जो आजीविका का जुगाड़ करने के लिए गंदे नाले में मछली मारता है और जाड़े की रात में कड़ाके की शीतलहरी से बचने के लिए सड़कों पर पीपों के पीछे पनाह लेता है।"

"होरेस ग्रीले" (पृ. 128) [1]

• • •

भूख

"शासक के लिए उचित यही है कि उसके शासन में कोई भी आदमी ठंड और भूख से पीड़ित न रहे। आदमी के पास जब जीने के मामूली साधन भी नहीं रहते, तो वह अपने नैतिक स्तर को बनाये नहीं रख सकता।"

"कोंको होशी"
(जापान का बौद्ध भिक्षु, 14वीं सदी, पृ. 135)

पृष्ठ 19 (16)

मुक्ति

अरे मनुष्यो! करते हो गर्वोक्ति
कि तुम संतति हो मुक्त और वीर पितरों के,
पर यदि लेता साँस एक भी दास धरा पर,
तो क्या सचमुच तुम हो मुक्त और वीर?

यदि तुमको एहसास नहीं जब
बेड़ी पीड़ा देती एक भाई को,
तो क्या सचमुच तुम नहीं अधम दास
जो काकिल नहीं मुक्त होने के?

क्या है वह सच्ची मुक्ति, जो तोड़े
जंजीरें बस अपनी खातिर,
और भुला दे संगदिल होकर
कि मानवता का कर्ज़ है हम पर?

1. अमेरिकी पत्रकार और राजनीतिज्ञ (1811-1872)।

नहीं, सच्ची मुक्ति तभी जब हम बाँटे
सब जंजीरें, जो पहने हैं अपने भाई,
और भाव औ' कर्म से लगकर
हों औरों की मुक्ति में तत्पर!

दास तो वे जो भय खाते हैं स्वर देने में
गिरे हुए और दुर्बल की खातिर;
दास तो वे जो नहीं चुनेंगे
घृणा, डाँट और गाली
और दुबक कर मुँह मोड़ेंगे
सच से, इस पर सोच जरूरी;
दास तो वे जो हिम्मत न करें
दो या तीन भी हों गर सच के हक में।

"जेम्स रसले लॉवेल" (पृ. 189)[1]

पृष्ठ 20 (17)

भरे पड़े हैं शुभ्र और निर्मल आभा के रत्न घनेरे
सागर के गहन अगाध गह्वर में,
खिलते हैं बहुतेरे फूल अनदेखे लज्जारुण होते,
और लुटा देते अपनी सुगंध निर्जन बयार में।[2]

• • •

आविष्कार

अब तक यह सवाल कायम है कि क्या अब तक किये गये सारे-के-सारे यांत्रिक आविष्कार किसी भी आदमी की रोजमर्रा की कड़ी मशक्कत भरी ज़िंदगी को आसान बना पाये हैं।

"जे. एस. मिल"[3] *(पृ. 199)*

1. अमेरिकी कवि, निबंधकार और संपादक (1819-91)।
2. अंग्रेज़ कवि टॉमस ग्रे (1716-7) की रचना "एलिजी रिटेन इन एक कण्ट्री चर्चयार्ड" से।
3. जॉन स्टुअर्ट मिल, अंग्रेज़ निबंधकार और उदारवादी दार्शनिक (1808-73)।

भीख

"धरती पर उस आदमी से अधिक घृणास्पद और अरुचिकर और कोई नहीं है जो भीख देता है। और वैसे ही उस आदमी से अधिक दयनीय और कोई नहीं है जो उसे स्वीकार करता है।"

"मक्सिम गोर्की"[1], *(पृ. 204)*

● ● ●

स्वतंत्रता

वे मृत शरीर नवयुवकों के,
वे शहीद जो झूल गये फाँसी के फंदे से
वे दिल जो छलनी हो गये भूरे सीसे से,
सर्द और निष्पन्द जो वे लगते हैं, जीवित हैं और कहीं
अबाधित ओज के साथ।
वे जीवित हैं अन्य युवा-जन में, ओ राजाओ!
वे जीवित हैं अन्य बन्धु-जन में, फिर से तुम्हें चुनौती देने को तैयार।
वे पवित्र हो गये मृत्यु से-
शिक्षित और समुन्नत।

पृष्ठ 21 (18)

दफ़न न होते आज़ादी पर मरने वाले
पैदा करते हैं मुक्ति-बीज, फिर और बीज पैदा करने को।
जिसे ले जाती दूर हवा और फिर बोती है और जिसे
पोषित करते हैं वर्षा जल और हिम।
देहमुक्त जो हुई आत्मा उसे न कर सकते विच्छिन्न
अस्त्र-शस्त्र अत्याचारी के
बल्कि हो अजेय रमती धरती पर, मरमर करती,
बतियाती, चौकस करती।

"वाल्ट व्हिटमैन"[2] *(पृ. 268)*

● ● ●

1. प्रसिद्ध रूसी सर्वहारा क्रांतिकारी लेखक।
2. वाल व्हिटमैन (1819-92) : प्रसिद्ध अमेरिकी कवि; उद्धृत कविता का स्रोत अज्ञात।

मुक्त चिन्तन

"यदि कोई ऐसी चीज़ हो, जो मुक्त चिंतन को बर्दाश्त न कर सके, तो वह भाड़ में जाय।"

"विण्डले फिलिप"[1] *(पृ. 271)*

राज्य–

"राज्य दफा हो जाय! मैं ऐसी क्रांति में भाग लूँगा। राज्य की समूची अवधारणा का मूलोच्छेदन कर दो, मुक्त चयन और आत्मिक बंधुता को ही किसी एकता की एकमात्र सर्वाधिक महत्त्वपूर्ण शर्तें होने की घोषणा करो, और तभी तुम एक ऐसी आज़ादी की शुरुआत करोगे, जिसकी कोई सार्थकता होगी।"

"हेनरिक इब्सन"[2] *(पृ. 273)*

• • •

उत्पीड़न

"उत्पीड़न निश्चय ही एक समझदार आदमी को पागल बना देता है।"

(पृ. 278)[3]

• • •

पृष्ठ 22 (19)

शहीद

जो आदमी अपने साथी मनुष्यों द्वारा किये जाने वाले अत्याचार का विरोध करने के प्रयास में, अपनी जान पर खेलते हुए, अपनी सारी ज़िंदगी निछावर कर देता है, वह अत्याचार और अन्याय के सक्रिय और निष्क्रिय समर्थकों की तुलना में एक संत है, भले ही उसके विरोध से उसकी अपनी ज़िंदगी के साथ-साथ अन्य जिन्दगियाँ भी क्यों न नष्ट हो जाती हों। ऐसे व्यक्ति पर पहला पत्थर वही मारने का हकदार हो सकता है, जिसने कभी कोई पाप न किया हो।

(पृ. 287)[4]

• • •

---

1. विण्डेल फिलिप्स (1811-1884) : अमेरिकी वक्ता, सुधारक, और दासता विरोधी आन्दोलन का सक्रिय कार्यकर्ता।
2. हेनरिक इब्सन (1828-1906) : नार्वे के प्रसिद्ध नाटककार।
3. अज्ञात।
4. अज्ञात।

निचला वर्ग

जब तक कोई निचला वर्ग है, मैं उसमें ही हूँ।
जब तक कोई अपराधी तत्त्व है, मैं उसमें ही हूँ।
जब तक कोई जेल में क़ैद है, मैं आज़ाद नहीं हूँ।

"यूजीन बी. डेब्स"[1] *(पृ. 144)*

• • •

सबके विरुद्ध एक

वर्तमान सामाजिक व्यवस्था एक हास्यास्पद तंत्र है, जिसमें सम्पूर्ण के अंश, इस सम्पूर्ण के विरुद्ध एक टकराव में सक्रिय हैं। हम देखते हैं कि समाज का प्रत्येक वर्ग, सार्वजनिक हित के स्थान पर हर तरह से अपने निजी हित को आगे रखते हुए, दूसरे वर्ग के दुर्भाग्य की कीमत पर, अपने हित की कामना करता है। वकील, खासतौर से धनिकों के बीच मुक़दमेबाज़ी और मुक़दमों की कामना करता है; डॉक्टर बीमारी की कामना करता है। (यदि हर कोई बिना बीमारी के मरने लगे तो ये (डॉक्टर) वैसे ही बर्बाद हो जायेंगे, जैसे यदि सारे झगड़े बातचीत से हल होने लगें तो (वकील) हो जायेंगे।) सैनिक लड़ाई चाहता है, ताकि उसके आधे साथी मर जायें और उसकी तरक्की सुनिश्चित हो जाय; अंत्येष्टि कराने वाला कफन-दफन की कामना करता है; इज्ज़तदार और जमाखोर, अनाज की कीमत दुगुनी या तिगुनी करने के लिए, अकाल चाहते हैं, वास्तुकार, बढ़ई, राजगीर आगजनी चाहते हैं, ताकि सैकड़ों घर जलकर भस्म हो जायें और उनकी अपनी-अपनी शाखाओं का कारोबार चलता रहे।

"चार्ल्स फूरिए : 1772-1837"[2] *(पृ. 202)*

पृष्ठ 23 (20)

नया सिद्धांत :

समाज हत्या, व्यभिचार या ठगी को नज़रअंदाज़ कर सकता है; पर वह एक नये सिद्धांत के प्रचार को कभी माफ नहीं करता।

"फ्रेडरिक हैरिसन"[3] *(पृ. 327)*

• • •

1. यूजीन डेब्स (1855-1925) : अमेरिकी समाजवादी नेता, उद्धरण का स्रोत अज्ञात।
2. फ्रांस्वा मेरी चार्ल्स फूरिए (1772-1837) : फ्रांसिसी समाजवादी लेखक; उद्धरण का स्रोत अज्ञात।
3. फ्रेडरिक हैरिसन (1831-1923) : प्रसिद्ध विधिवेत्ता; इतिहास, राजनीति और साहित्य पर कई पुस्तकों के लेखक।

आज़ादी का बिरवा

आज़ादी के बिरवे का समय-समय पर देशभक्तों और अत्याचारियों के खून से सींचा जाना आवश्यक है। यही इसकी कुदरती खाद है।

"थॉमस जेफरसन"[1] *(पृ. 332)*

शिकागो के शहीद

अब कोई भले ही यह कहे कि उसने भारी गलती की, परंतु यदि उनकी गलती दस गुना भी अधिक बड़ी होती, तो भी इसे उसकी कुर्बानी मानव-स्मृति पटल से पोंछ ही डालेगी...।

चलिए हम यह पूरी तरह मान लेते हैं। कि उन्होंने अपनी नज़र में विरोध का जो सबसे अच्छा तरीका अपनाया, उसकी धारणा पूरी तरह गलत और असंभव थी, मान लिया कि उन्होंने कार्रवाई का सबसे अच्छा रास्ता नहीं अपनाया। लेकिन वह क्या चीज़ थी जिसने उन्हें अपनी मौजूदा सामाजिक व्यवस्था के विरुद्ध धावा बोलने के लिए उकसाया? वे और हज़ारों लोग जो उनके साथ उठ खड़े हुए, बुरे आदमी नहीं थे, भ्रष्ट नहीं थे, खून के प्यासे नहीं थे, संगदिल नहीं थे, अपराधी नहीं थे और न ही स्वार्थी या पागल थे। तब वह क्या चीज़ थी, जिसने इतने तीखे और गहरे प्रतिवाद को उकसावा दिया...?

किसी ने भी इस सरल-सीधी बात पर गौर नहीं किया कि मनुष्य अपने आपको किसी विरोध के लिए बिना इस विश्वास के एकजुट नहीं करते कि कोई-न-कोई चीज़ ऐसी है, जिसका उन्हें विरोध करना है और कि किसी भी संगठित समाज में व्यापक विरोध एक ऐसी चीज़ है, जो गहरी छानबीन की दरकार रखती है।

"चार्ल्स एडवर्ड रसेल"[2] *(पृ. 333)*

पृष्ठ 24 (21)

क्रांतिकारी की वसीयत

"मैं अपने दोस्तों से यह भी कहना चाहूँगा कि वे मेरे बारे में कम-से-कम चर्चा करेंगे या बिलकुल ही चर्चा नहीं करेंगे, क्योंकि जब आदमी की तारीफ होने लगती है, तो उसे इनसान के बजाय देवप्रतिमा-सा बना दिया जाता है और यह

---

1. थामस जेफरसन (1743-1826) : अमेरिका के तीसरे राष्ट्रपति, अमेरिकी स्वतंत्रता संग्राम के अग्रणी नेता और संविधान निर्माताओं में प्रमुख।
2. अज्ञात।

मानव-जाति के भविष्य के लिए बहुत बुरी बात है...। सिर्फ़ कर्मों पर ही गौर करना चाहिए, उन्हीं की तारीफ या निंदा होनी चाहिए, चाहे वे किसी के द्वारा किये गये हों। अगर लोगों को इनसे सार्वजनिक हित के लिए प्रेरणा मिलती दिखायी दे, तो वे इनकी तारीफ कर सकते हैं, ताकि इनका अनुकरण किया जा सके, लेकिन अगर ये सामान्य हित के लिए हानिकर लगें तो वे इनकी निन्दा भी कर सकते हैं, ताकि फिर इनकी पुनरावृत्ति न हो सके।

"मैं चाहूँगा कि किसी भी अवसर पर, मेरी क़ब्र के निकट या दूर, किसी भी किस्म के राजनीतिक या धार्मिक प्रदर्शन न किये जायें, क्योंकि मैं समझता हूँ कि मरे हुए के लिए खर्च किये जाने वाले समय का बेहतर इस्तेमाल उन लोगों की जीवन-दशाओं को सुधारने में किया जा सकता है, जिनमें से बहुतेरों को इसकी भारी आवश्यकता है।"

"फ्रासिंस्को फेरेरे की वसीयत" [1]

स्पेनी शिक्षक (1859-1909), जिसे धर्म-पुरोहितों द्वारा बार्सिलना दंगों के बाद दुश्मनीवश एक षड्यंत्र के तहत फाँसी दे दी गयी?

पृष्ठ 25 (22)

दान

"मेरे पीछे आओ", ईसा मसीह ने धनी युवक को कहा। लेकिन अपने व्यवसाय में लगे रहना और अपनी कुछ दौलत को दान-कर्म में लगाना तुलनात्मक रूप से आसान था। परोपकार हरेक युग का चलन रहा है। दान गरीबी के विद्रोही तेवर को नष्ट कर देता है। अत: परोपकारी धनी आदमी अपने सरीखे दौलतमंदों का ही हितैषी होता है और उन्हीं की एहसानमंदी महसूस करता है; उसके लिए सभ्य समाज के सारे दरवाज़े खुले होते हैं। इसीलिए उन्होंने (यानी ईसा मसीह ने-सं.) भिक्षा-दान को सामाजिक काया के गहरे घावों की मरहम-पट्टी के रूप में स्वीकार्यता देने से इनकार कर दिया...। परोपकार को न्याय के एक विकल्प के रूप में उन्होंने कतई तरजीह नहीं दी।

दान दोहरा अभिशाप है, यह दाता को संगदिल और प्राप्तकर्ता को नरमदिल बनाता है। यह गरीबों का शोषण से कहीं अधिक नुकसान करता है, क्योंकि यह

---

1 पूरा नाम फ्रांसिस्को फेरेर गुआर्दिया (1859-1909) : स्पेनी शिक्षाशास्त्री, जो बाद में समाजवादी बन गये; यद्यपि उन्होंने हिंसा का विरोध किया था फिर भी उन्हें गिरफ़्तार करके मुक़दमा चलाया गया और फाँसी दे दी गयी, जिसे बाद में चलकर "अदालती हत्या" नाम दिया गया।

उन्हें शोषित होने का इच्छुक बनाता है। यह दास भावना को जन्म देता है, जो नैतिक आत्महत्या ही है। ईसा मसीह ने अथाह दौलत के लिए सिर्फ़ एक ही इजाज़त दी थी और वह यह थी कि उसे क्रांतिकारी प्रचार के लिए समर्पित कर दिया जाय, ताकि बाद में अथाह दौलत का जमा होना ही हमेशा के लिए असंभव हो जाय...।

बक व्हाइट, पादरी, जन्म 1870, यू.एस.ए. (पृ. 353) [1]

मुक्ति-युद्ध

फौजों की ताकत एक दिखायी देने वाली चीज़ है
सुस्पष्ट, और देश काल में आबद्ध,
लेकिन कौन खोज सकता उस शक्ति की सीमाओं को
जिसे एक बहादुर जनता ही प्रकट कर सकती है
या चाहे तो, छिपा सकती है—मुक्ति-युद्ध में।
भड़क उठे न्यायसंगत प्रतिरोध का-कोई पाँव पीछा नहीं कर सकता,
कोई आँख नहीं देख सकती उस जानलेवा जगह को,
यह ताकत चाहे तो उड़ान भरे पंख लगाकर
प्रचण्ड वायु की भाँति, या सोये मंद वायु की भाँति
अपनी डरावनी गुफाओं में, साल-दर-साल
फैलती मिट्टी से जन्मे इस विचार को निकट और दूर,
नहीं बाँध सकती कोई भी कला, इस सूक्ष्म ताकत को
जो फूटती ज़मीन से जलधारा की भाँति,
और पा लेती हर कोने में एक होंठ
जो इसकी कद्र करे।

"डब्ल्यू. वड्र्सवर्थ" [2]

पृष्ठ 26 (23)

लाइट ब्रिगेड का धावा

आधा लीग आधा लीग,
आधा लीग और
मौत की घाटी में
बढ़ चले छः सौ वीर।

1. विवरण अनुपलब्ध।
2. विलियम वड्र्सवर्थ (1750- 1850) : प्रसिद्ध अंग्रेज़ कवि।

'बढ़े चलो लाइट ब्रिगेड!
भर लो बन्दूकें!' वह बोला,
मौत की घाटी में
बढ़ चले छः सौ वीर।
'बढ़े चलो लाइट ब्रिगेड!'

क्या कोई था घबराया?
नहीं, गोकि मालूम था सैनिकों को
किसी ने कर दी थी भारी भूल,

उनका काम नहीं था उत्तर देना,
उनका काम नहीं था सवाल पूछना,
उन्हें था बस लड़ना और मर जाना
मौत की घाटी में
बढ़ चले छः सौ वीर।

तोपें उनके दायें बाजू,
तोपें उनके बायें बाजू,
तोपें उनके ठीक सामने,
दगतीं और गरजतीं,
गोलाबारी की आँधी में,
बढ़ चले निडर वे सीधे

मौत के जबड़ों के भीतर,
नर्क के मुँह के भीतर,
बढ़ चले छः सौ वीर।
चमकाते सब नंगी तलवारें,
हवा में जब उनको लहराते
काटते जाते तोपचियों को
हमला करते सेना पर, जबकि
सारी दुनिया चकराती,

पृष्ठ 27 (24)

पिल पड़े तोप के धुएँ में
बढ़ चले तोड़कर मोर्चा
कज्जाक और रूसी सिपाही
खाकर तलवार की चोटें
छिन्न-भिन्न हो जाते।

तोपें उनके दायें बाजू,
तोपें उनके बायें बाजू,
तोपें उनके पीछे से,
दगतीं और गरजतीं,
गोलाबारी की आँधी में,
भले गिरे अश्व और नायक
फिर भी वे इतना अच्छा जूझे
कि होकर मौत के जबड़ों से
लौटे वे नर्क के मुँह से,
जो भी थे बचे रह गये
छः सौ में से बचे रह गये।

कब हो सकता धूमिल उनका यश?
अरे वह उनकी विकट चढ़ाई!
सारी दुनिया चकराती।
आदर, उस हमले को
आदर, लाइट ब्रिगेड को!
श्रेष्ठ छः सौ वीरों को।

"लार्ड टेनीसन"[1]

1. लार्ड अल्फ्रेड टेनीसन (1809-1897) : प्रसिद्ध अंग्रेज़ राष्ट्रवादी कवि।

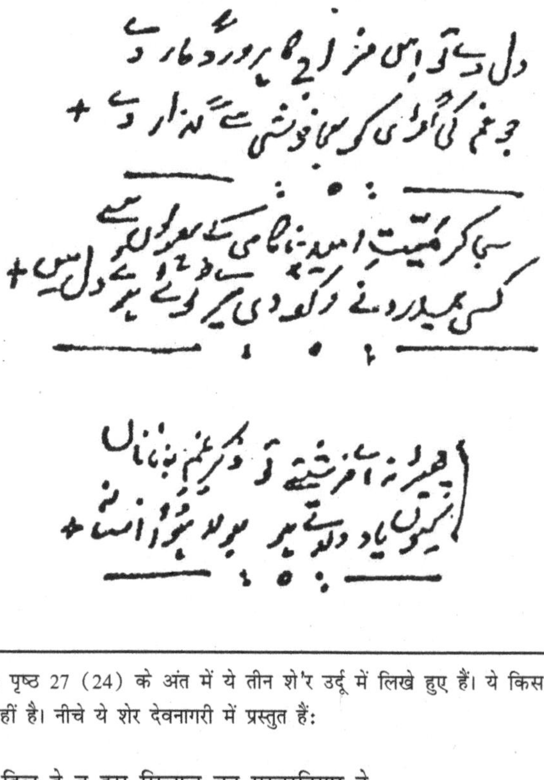

नोट : पृष्ठ 27 (24) के अंत में ये तीन शे'र उर्दू में लिखे हुए हैं। ये किस शायर के हैं, यह स्पष्ट नहीं है। नीचे ये शेर देवनागरी में प्रस्तुत हैं:

दिल दे तू इस मिज़ाज का परवरदिगार दे
जो ग़म की घड़ी को भी ख़ुशी से गुज़ार दे।

... ...

सजा कर मय्यत-ए-उम्मीद नाकामी के फूलों से
किसी हमदर्द ने रख दी मेरे टूटे हुए दिल में।

... ...

छेड़ ना ऐ फरिश्ते! तू ज़िक्र ग़ामे-जाना।
क्यों याद दिलाते हो भूला हुआ अफ़साना।

... ...

पृष्ठ 28 (25)

जन्मसिद्ध अधिकार

हम बेटे हैं उन पितरों के जिन्होंने मात दी थी
तख़्तो-ताज और बलशाली[1] के अत्याचार को;
उन्होंने दी थी चुनौती मैदाने-जंग में और फाँसी के तख़्ते से
अपने जन्मसिद्ध अधिकार के लिए-हम भी यही करेंगे!

"जे. कैम्पबेल"[2]

● ● ●

लक्ष्य की महिमा

अरे! बेकार की नफ़रत के लिए नहीं,
न सम्मान के लिए, न ही अपनी शाबासी के लिए
बल्कि लक्ष्य की महिमा के लिए,
किया जो तुमसे, भुलाया नहीं जायेगा।

"आर्थर क्लॉग"[3]

● ● ●

आत्मा की अमरता

यदि तुम्हें कभी एक ऐसा आदमी मिल जाये, जो अमरता में विश्वास रखता हो, तो बस समझ लो कि अब तुम्हारी कोई भी कामना शेष नहीं रह जायेगी; तुम उसकी सारी-की-सारी चीज़ें ले सकते हो, अगर तुम चाहो तो जीते-जी उसकी खाल उतार सकते हो और वह इसे एकदम ख़ुशी-ख़ुशी उतार लेने देगा।

"अप्टन सिंक्लेयर" (पृ. 403)

सी.जी. [4]

● ● ●

1. अंग्रेज़ी में शब्द स्पष्ट नहीं।
2. संभवत: आयरिश कवि जोसेफ कैम्पबेल (1879-1944)।
3. आर्थर हज क्लॉग (1819-1861) : एक अंग्रेज़ कवि।
4. संभवत: "क्राइ फॉर जस्टिस" का संक्षिप्त।

ख़ुदाई अत्याचारी

एक अत्याचारी शासक के लिए जरूरी है कि वह जाहिरातौर पर धर्म में असाधारण आस्था दिखाये। जनता एक ऐसे शासक के दुर्व्यवहार के प्रति कम सचेत होती है, जिसे वह ईश्वर से डरने वाला और पवित्र मानती है। दूसरे, वह आसानी से उसके विरोध में भी नहीं जाती, क्योंकि उसे विश्वास रहता है कि देवता भी शासक के साथ हैं।[1]

पृष्ठ 29 (26)

सैनिक और चिन्तन

"यदि मेरे सैनिक सोचना शुरू कर दें, तब तो उनमें से कोई भी सेना में नहीं रहेगा।"

"फ्रेडरिक महान"[2] *(पृ. 562)*

● ● ●

मरे जो सर्वश्रेष्ठ वीर

मारे गये हैं सर्वश्रेष्ठ वीर। दफ़ना दिये गये वे
चुपचाप, एक निर्जन भूमि में,
कोई आँसू नहीं बहे उन पर
अजनबी हाथों ने उन्हें पहुँचा दिया क़ब्र में,
कोई सलीब नहीं, कोई घेरा नहीं, कोई समाधि-लेख नहीं
जो बता सके उनके गौरवशाली नाम।
घास उग रही है उन पर, एक दुर्बल पत्ती
झुकी हुई, जानती है इस रहस्य को
बस एकमात्र साक्षी थीं उफनती लहरें,
जो प्रचण्ड आघात करती हैं तट पर,
लेकिन वे प्रचण्ड लहरें भी नहीं ले जा सकतीं
अलविदा के संदेश
उनके सुदूर घर तक।

"वी. एन. फिग्नर"[3]

● ● ●

1. पृष्ठ का कोना फटा होने के कारण स्रोत का पता नहीं।
2. प्रशा का फ्रेडरिक (1712-1786) : प्रबुद्ध निरंकुश शासक के रूप में प्रसिद्ध
3. वेरा निकोलायेव्ना फिग्नर (1852-1942) रूसी महिला क्रांतिकारी और शहीद, जारशाही के विरुद्ध युद्ध की घोषणा करने वाली प्रथम रूसी महिलाओं में एक।

कारागार

"तारे नहीं, देश नहीं, काल नहीं,
ठहराव नहीं, बदलाव नहीं, नेकी नहीं, बदी नहीं,
बल्कि खामोशी और एक निष्पन्द साँस
जो न जीवन की, न मृत्यु की।

"द प्रिज़नर ऑफ चिलोन"[1]

पृष्ठ 30 (27)

आरोप-सिद्धि के बाद

अपनी सज़ा सुन लेने के तुरन्त बाद के क्षणों में सज़ा के लिए अभिशप्त व्यक्ति का दिमाग कई मायनों में उस आदमी के दिमाग जैसा हो जाता है, जो मौत के कगार पर झूल रहा होता है। चुपचाप और मानो अंत प्रेरित होकर अब वह उन सभी चीज़ों से विरक्त हो जाता है, जिन्हें उसे छोड़ जाना है और वह दृढ़भाव से, अपने सामने देखता हुआ, उस सच्चाई के प्रति पूरी तरह सचेत हो जाता है, जो अपरिहार्यतः घटित होने वाली होती है।

"वी. एन. फिग्नर"

• • •

क़ैदी

"घुटन होती है इस नीची, गंदी छत के नीचे;
निचुड़ती जा रही है मेरी ताकत साल-दर-साल;
उत्पीड़ित करते हैं मुझे—यह पथरीला फर्श,
यह लौह-जंजीरों से बँधीं मेज
यह खाट, यह कुर्सी, बँधी हुई जंजीर से
दीवारों के साथ, ताबूत के पटरों की भाँति,
इस चिरस्थायी, मूक, मुर्दा खामोशी में
ख़ुद को बस एक लाश ही समझा जा सकता है।"

"एन. ए. मोरोज़ोव"[2]

---

1. प्रसिद्ध अंग्रेज़ कवि लार्ड बायन (1788-1824) की इस कविता में जेनेवा झील के पास चिलोन के किले में क़ैद एक देशभक्त फ्रांस्वा दि बोनिवार के जेल-जीवन का वर्णन किया गया है।
2. निकोलाई अलेक्सांद्र मोरोज़ोव (1854-1946) : रूसी क्रांतिकारी, लेखक, कवि और वैज्ञानिक; 1880 में लन्दन में मार्क्स से मुलाकात और कम्युनिस्ट घोषणापत्र के रूसी में अनुवाद का जिम्मा, 1875 से 1878 तक, तथा 1881 से 1905 तक, करीब 25 वर्षों तक जेल की सज़ा के दौरान, रसायन, विज्ञान, भौतिकी, गणित और खगोल विज्ञान पर 28 पुस्तकों के अलावा कविताएँ और कहानियाँ भी लिखीं।

नंगी दीवारें, जेल के ख़यालात,
कितने अँधियारे और उदास हो तुम,
कितना मुश्किल है कि बंदी हो निष्क्रिय रहना
और देखना सपने आज़ादी के दिनों के।

"मोरोज़ोव"

● ● ●

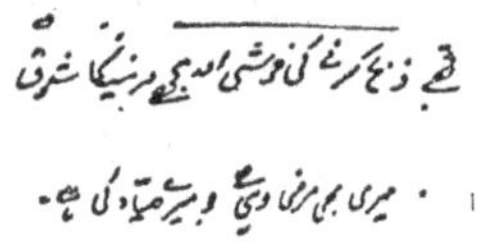
[1]

पृष्ठ 31 (28)

"हर चीज़ यहाँ है कितनी खामोश, बेजान, फीकी,
वर्षों गुजर जाते हैं यों ही, कुछ पता नहीं चलता,
हफ़्ते और दिन कटते हैं बड़ी मुश्किल से,
देता है सिर्फ़ बोरियत इनका यह सिलसिला।"

"मोरोज़ोव"

● ● ●

लम्बी क़ैद से हमारे ख़याल हो जाते हैं मनहूस;
भारीपन महसूस होता है हमारी हड्डियों में;
यंत्रणा की पीड़ा से लम्हे लगते हैं अंतहीन
चार डग चौड़ी इस कोठरी में।

● ● ●

हमें जीना है पूरी तरह अपने हमसफर भाइयों के लिए,
हमें देना होगा अपना सर्वस्व उनके लिए,
और उन्हीं की खातिर लड़ना होगा बदनसीबी के ख़िलाफ़!

"मोरोज़ोव"

---

1 मूल में उर्दू में यह शे'र लिखा हुआ है–
तुझे जबह करने की खुशी, मुझे मरने का शौक,
मेरी भी मर्ज़ी वही है, जो मेरे सैयाद की है।

आये मुझे आज़ाद करने

आख़िर लोग आये मुझे आज़ाद करने;
मैंने न पूछा क्यों और न सोचा कहाँ,
मेरे लिए तो कुल मिलाकर एक ही था,
बँधे रहना या बंधनमुक्त होना,
मैंने निराशा से प्यार करना सीख लिया था,
और इस तरह अंततः जब वे प्रकट हुए,
और उतार डाले मेरे सारे बंधन
ये भारी दीवारें बन चुकी थीं मेरे लिए
एक संन्यास-आश्रम–पूरी तरह अपना।

"द प्रिज़नर ऑफ चिलोन"

पृष्ठ 32 (29)

"और हम सम्मानित किये गये हैं एक मिशन देकर!
हमने एक कठिन स्कूल पास किया, लेकिन हासिल कर लिया ऊँचा ज्ञान।
निर्वासन, जेल और मुश्किल दिनों की बदौलत
हम जान गये हैं और कीमत समझते हैं सच्चाई और आज़ाद दुनिया की।"

"प्रिज़नर ऑफ श्लुसेलबर्ग"[1]

• • •

एक शिशु की मृत्यु और पीड़ा

'एक बच्चा पैदा हुआ। उसने सचेत तौर पर न तो कोई बुरा काम किया, न अच्छा काम किया। वह बीमार पड़ गया, वह लम्बे समय तक काफी तकलीफ झेलता रहा, तब तक, जब तक कि उस असह्य वेदना से मर नहीं गया। क्यों? क्या वजह थी? दार्शनिक के लिए यह एक शाश्वत पहेली है।'[2]

---

1. लेनिनग्राद क्षेत्र में स्थित श्लुसेलबर्ग कस्बे के पास एक द्वीप पर पीटर महान की सेना द्वारा 1702 में बनाये गये किले को बाद में एक कारागार में बदल दिया गया था। इस कारागार में अनेक दिसम्बरवादी क्रांतिकारी, अराजकतावादी वाकुनिन, पोलिश देशभक्त लुकासोविस्लाग, मार्शल दोलगोरुकी, और लेनिन के भाई अलेक्सांद्र को क़ैद करके रखा गया था (लेनिन के भाई को यहीं फाँसी दी गयी)।
2. स्रोत अज्ञात।

एक क्रांतिकारी के दिमाग की बनावट

"जो व्यक्ति कभी भी ईसा मसीह के जीवन से प्रभावित रहा है, जिन्होंने एक आदर्श के नाम पर पीड़ा, अपमान और मृत्यु का वरण किया; जिसने उन्हें कभी एक आदर्श तथा उनके जीवन को अनासक्त प्रेम की प्रतिमूर्ति माना है, वही उस क्रांतिकारी के दिमाग की बनावट को समझ सकता है, जिसे सज़ा दी गयी है और जनता की आज़ादी के लिए काम करने के जुर्म में जीवित ही मकबरे में डाल दिया गया है।"

"वेरा एन. फिग्नर"

• • •

अधिकार

अधिकार माँगो नहीं, बढ़कर ले लो। और उन्हें किसी को भी तुम्हें देने मत दो। यदि मुफ्त में तुम्हें कोई अधिकार दिया जाता है, तो समझो कि उसमें कोई-न-कोई राज जरूर है। ज्यादा सम्भावना यही है कि किसी गलत बात को उलट दिया गया है।[1]

पृष्ठ 33 (30)

कोई दुश्मन नहीं?

तुम कहते हो, तुम्हारा कोई दुश्मन नहीं?
अफसोस! मेरे दोस्त, इस शेखी में दम नहीं,
जो शामिल होता है फर्ज की लड़ाई में,
जिसे बहादुर लड़ते ही हैं
उसके दुश्मन होते ही हैं। अगर नहीं हैं तुम्हारे
तो वह काम ही तुच्छ है, जो तुमने किया है।
तुमने किसी गद्दार के कूल्हे पर वार नहीं किया है,
तुमने झूठी कसमें खाने वाले होंठ से प्याला नहीं छीना है,
तुमने कभी किसी गलती को ठीक नहीं किया है,
तुम कायर ही बने रहे लड़ाई में।

"चार्ल्स मैके" (पृ. 747)[2]

1. पन्ना फटा हुआ–स्रोत अज्ञात।
2. संभवतः स्कॉट लेखक व कवि चार्ल्स मैके (1814-1889)।

बाल-श्रम

गौरैये का बच्चा गौरैये को दाना नहीं चुगाता,
चूजा मुर्गी को चुग्गा नहीं कराता,
बिल्ली का बच्चा बिल्ली के लिए चूहे नहीं मारता–
यह महानता तो सिर्फ़ मनुष्य को नसीब है।
हम सबसे बुद्धिमान, सबसे बलवान नस्ल हैं–
हम काबिले तारीफ हैं।
एकमात्र जिन्दा प्राणी
जो जीता है अपने बच्चों की मेहनत पर।

"शार्लोट पर्किन्स गिलमैन"[1]

पृष्ठ 34 (31)

कोई वर्ग नहीं! कोई समझौता नहीं!

समाजवादी आन्दोलन के दौरान एक ऐसा वक़्त आ रहा है और संभव है, वह वक़्त आ चुका है, जब सुधरी हुई दशाएँ या समायोजित उजरतें मजदूरों की माँग का जवाब नहीं रह जायेंगी और तब ये चीज़ें सामान्य बुद्धि के लिए एक अपमान के अलावा और कुछ नहीं सिद्ध होंगी। आज दुनिया भर में जो समाजवादी आन्दोलन चल रहा है वह बेहतर उजरतों, सुधरी हुई पूँजीवादी दशाओं या पूँजीवादी मुनाफे में हिस्सा बँटाने के लिए नहीं चल रहा है; यह चल रहा है उजरतों और मुनाफों के खात्मे के लिए, और पूँजीवाद एवं निजी पूँजीपतियों की समाप्ति के लिए। सुधरी हुई राजनीतिक संस्थाएँ, पूँजी और श्रम के बीच समझौता कराने वाली परिषदें, परोपकार और विशेषाधिकार जो पूँजीपतियों की खैरातों के अलावा और कुछ नहीं हैं–इनमें से कोई भी चीज़ उस सवाल का जवाब नहीं दे सकती, जो मंदिरों, सत्ता के सिंहासनों और संसदों को कँपकँपा रहा है। जो लोग दबे-कुचले हैं और जो लोग उनकी पीठ पर सवार होकर आगे बढ़े हुए हैं, अब इन दोनों के बीच कोई अमन-चैन नहीं रह सकता। अन्य वर्गों के बीच कोई मेल-मिलाप नहीं हो सकता; अब तो वर्गों का सिर्फ़ अंत ही हो सकता है। जब तक पहले न्याय न हो, तब तक सद्भावना की बात करना अनर्गल प्रलाप है और जब तक इस दुनिया का निर्माण करने वालों का अपनी मेहनत पर अधिकार न हो, तब तक न्याय की बात करना बेकार है। दुनिया

1. पन्ने का निचला हिस्सा फटा हुआ–स्रोत अपठनीय।

के मजदूरों की माँग का जबाव उनकी मेहनत की समूची कमाई के अलावा और कुछ नहीं हो सकता।

"जॉर्ज डी. हेरसन"[1]

पृष्ठ 35 (32)

पूँजीवाद की बर्बादियाँ[2]

आस्ट्रेलिया के बारे में आर्थिक अनुमान, थिओडोर हर्टज़का[3] (1886) द्वारा :

प्रत्येक परिवार = 40 वर्ग फुट में 5 कमरों वाला मकान 50 वर्षों तक चलने लायक।[4]

मजदूरों की काम करने की उम्र = 16–50 (वर्ष-स.)

इस प्रकार हमारे पास हैं 5,000,000 (मजदूर-स.)

615,000 मजदूरों का श्रम = श्रम का 12.3 प्रतिशत 22,000,000 लोगों का भोजन पैदा करने के लिए पर्याप्त है।

यातायात-परिवहन की श्रम लागत समेत, विलासिताओं हेतु सिर्फ़ 315,000 = 6.33 प्रतिशत मजदूरों के श्रम की आवश्यकता पड़ती है।

इसका मतलब यह हुआ कि उपलब्ध श्रम का 20 प्रतिशत ही समूचे महाद्वीप के भरण-पोषण के लिए पर्याप्त है। शेष 80 प्रतिशत समाज की पूँजीवादी व्यवस्था के कारण शोषित और बर्बाद हो जाता है।

पृष्ठ 36 (33)

जारशाही शासन और बोल्शेविक शासन[5]

ब्रैजियर हण्ट[6] का कहना है कि बोल्शेविकों ने अपने शासन के पहले चौदह महीनों में, 4500 लोगों को मौत की सज़ा दी, जिनमें से ज्यादातर का जुर्म चोरी और सट्टेबाज़ी

1. अज्ञात।
2. यह शीर्षक बड़े अक्षरों में लिखा हुआ है।
3. स्रोत अज्ञात।
4. मकान के क्षेत्रफल में कुछ गड़बड़ है, आँकड़े स्पष्ट नहीं।
5. स्रोत का पता नहीं।
6. अज्ञात।

था। 1905 की क्रांति के बाद, जार के मंत्री, स्तोलीपिन[1] ने, बारह महीनों के भीतर 32,773 लोगों को मौत की सज़ा दी थी।

(पृ. 390 ब्रास चेक)[2]

• • •

पृष्ठ 37 (34)

सामाजिक संस्थाओं का स्थायित्व

"प्रत्येक पीढ़ी के भ्रमों में से एक भ्रम यह है कि वह जिन सामाजिक संस्थाओं के तहत जी रही होती है, वे कुछ खास अर्थ में, "प्राकृतिक", अपरिवर्तनीय और स्थायी हैं। फिर भी अनगिनत, हज़ार वर्षों से, सामाजिक संस्थाएँ उत्तरोतर पैदा होती रही हैं, विकास करती रही हैं, पतनशील होती रही हैं और समसामयिक आवश्यकताओं के अनुरूप दूसरी बेहतर संस्थाओं द्वारा क्रमशः विस्थापित की जाती रही हैं...। तब, सवाल यह नहीं है कि हमारी वर्तमान सभ्यता बदलेगी या नहीं, बल्कि यह है कि वह कैसे बदलेगी?

यह, सुविचारित अनुकूलन के जरिए, क्रमशः और चुपचाप एक नया रूप ले सकती है। या, यदि अनुकूलन के बजाय कोई उग्र प्रतिरोध उठ खड़ा होता है, तो यह धमाके के साथ ध्वस्त हो सकती है और मानव-जाति को सामाजिक अराजकता और अव्यवस्था की अवस्था के निचले स्तर से एक नयी सभ्यता के निर्माण का कष्टसाध्य कार्यभार सौंप सकती है, जिसमें पिछली व्यवस्था की सिर्फ़ बुराइयाँ ही नहीं, बल्कि उसकी भौतिक, बौद्धिक और नैतिक उपलब्धियाँ भी नहीं रहेंगी।

"पी.आई डिके ऑफ कैप. सिविलाइजशेन"[3]

पृष्ठ 38 (35)

पूँजीवाद और वाणिज्यवाद

जापानी छात्रों की एक सभा में रवीन्द्र नाथ[4] का भाषण–

---

1. प्योत्र अर्कादिएविच स्तोलीपिन (1862-1911) 1906 से 1911 तक जार की मंत्रिपरिषद का अध्यक्ष और गृहमंत्री।
2 . अज्ञात। ऐसी कई टिप्पणियों की तरह यह हाशिए पर ऊपरी किनारे की ओर लिखा हुआ है।
3. संभवतः प्युट्रिफैक्शन एण्ड इण्टनर्ल डिके ऑफ कैपिटलिस्ट सिविलाइज़ेशन, पर ठीक-ठीक स्रोत एवं सन्दर्भ का पता नहीं।
4 रवीन्द्रनाथ ठाकुर (1861-1941) भाषण का स्थान, समय तथा अन्य ब्यौरे उपलब्ध नहीं हैं।

"जापान में आपका अपना उद्योग था; वह कितने कर्तव्यनिष्ठ भाव से ईमानदार और सच्चा था, इसे आप इसके उत्पादों–उनकी स्तरीयता और तादाद से, छोटी-छोटी चीज़ों के प्रति उनके ध्यान देने से जान सकते हैं, जिन पर शायद ही कोई टीका-टिप्पणी की जा सके। परंतु आपकी भूमि पर झूठ की एक लहर दुनिया के उस भाग से बहकर आ चुकी है, जहाँ व्यापार सिर्फ़ व्यापार है और ईमानदारी को सिर्फ़ सबसे अच्छी नीति माना जाता है। क्या आपको कभी शरम नहीं महसूस होती, जब आप उन व्यापारिक विज्ञापनों को देखते हैं, जो सिर्फ़ समूचे शहरी क्षेत्र को ही झूठ और अतिशयोक्तियों से नहीं पाट रहे हैं, बल्कि उन हरित क्षेत्रों पर भी धावा बोलते जा रहे हैं, जहाँ किसान ईमानदारी से मेहनत करते हैं, और उन पर्वत-शिखरों को भी अपने हमले का निशाना बनाते जा रहे हैं, जो भोर के प्रथम निर्मल प्रकाश का स्वागत करते हैं?...। अपनी भद्दी सजावटों की बर्बरता के साथ यह वाणिज्यवाद समूची मानवता के लिए एक भयानक महाविपदा है, क्योंकि यह प्रवीणता के ऊपर ताकत के आदर्श का आरोपण कर रहा है। यह अपनी नग्न बेशर्मी के साथ अपने में ही मगन रहने के चलन को गौरवान्वित कर रहा है। इसकी हरकतें हिंसक हैं और इसका शोर-शराबा बेसुरा और कर्कश है। यह अपने ही सर्वनाश की ओर बढ़ रहा है, क्योंकि यह उसी मानवता को कुचल कर विकृत कर रहा है...जिस पर यह स्वयं खड़ा है।

पृष्ठ 39 (36)

यह आनन्द की कीमत पर धन पैदा करने की कड़ी मशक्कत में लगा हुआ है...। यूरोप की वर्तमान सभ्यता की मुख्य महत्त्वाकांक्षा यही है कि शैतान पर उसी का एकछत्र अधिकार हो।

• • •

पूँजीवादी समाज

"राजनीतिक अर्थशास्त्र की सबसे बड़ी सच्चाई यह है कि हर कोई यथासंभव कम-से-कम त्याग करके व्यक्तिगत संपदा प्राप्त कर लेना चाहता है!"

"नासैन सीनियर" [1]

पृष्ठ 40 (37)

धर्म के बारे में कार्ल मार्क्स का दृष्टिकोण

मनुष्य धर्म को बनाता है; धर्म मनुष्य को नहीं बनाता। धर्म वास्तव में मनुष्य की ही आत्म-चेतना और आत्म-भावना है, जिसने या तो अभी तक अपने आप को पाया

1. अज्ञात।

नहीं है या (यदि अपने आपको पाया भी है तो) अपने आपको फिर से खो दिया है। लेकिन आदमी कोई ऐसी अमूर्त सत्ता नहीं है, जो दुनिया से बाहर कहीं पालथी मारे बैठी हुई हो। मनुष्य की दुनिया मनुष्यों, राज्य, समाज की दुनिया है। यह राज्य, यह समाज धर्म पैदा करता है, एक उलटी विश्व चेतना पैदा करता है, क्योंकि ये ख़ुद एक उलटी दुनिया है। धर्म इसी दुनिया का एक सामान्यीकृत सिद्धांत है, इसका विश्वकोशीय सार-संग्रह है, एक लोकप्रिय रूप में इसका तर्क है...। इसलिए धर्म के विरुद्ध संघर्ष उस दुनिया के विरुद्ध एक प्रत्यक्ष अभियान है, जिसकी आत्मिक सुगंध धर्म है।

पृष्ठ 41 (38)

धर्म पीड़ित प्राणी की आह है, एक हृदयहीन दुनिया का एहसास है, ठीक वैसे ही जैसे कि यह आत्महीन दशाओं की आत्मा है। यह जनता के लिए अफीम है।

लोग वास्तव में तब तक सुखी नहीं हो सकते, जब तक कि वे धर्म का उन्मूलन कर, इसके मिथ्या सुख से निजात नहीं पा लेते। यह अपेक्षा कि लोग इस मरीचिका से अपने आपको स्वयं अपनी ही दशा की खातिर मुक्त करें, यह अपेक्षा है कि वे उस दशा का ही त्याग करें, जिसे इस मरीचिका की जरूरत होती है।

आलोचना का हथियार हथियारों की आलोचना का स्थान नहीं ले सकता। भौतिक शक्तियों को निश्चित रूप से भौतिक शक्तियों द्वारा ही उखाड़ फेंका जाना चाहिए; लेकिन सिद्धांत भी जब जनसमुदायों में रच-बस जाता है, तो एक भौतिक शक्ति बन जाता है।[1]

पृष्ठ 42 (39)

क्रांति यूटोपियाई नहीं

एक आमूलपरिवर्तनवादी क्रांति, यानी मानव-जाति की आम मुक्ति, जर्मनी के लिए कोई यूटोपियाई स्वप्न नहीं है; यूटोपियाई तो एक आंशिक, एक विशुद्ध राजनीतिक क्रांति की धारणा होती है, जो (पूँजीवादी व्यवस्था की-सं.) यूँ इमारत के खम्भों को खड़ा छोड़ देगी।[2]

• • •

"महान इसलिए महान हैं क्योंकि
हम घुटनों पर हैं
आओ उठ खड़े हों!"[3]

1. 'हेगेल के न्याय-दर्शन की समालोचना का प्रयास'–कार्ल मार्क्स, से उद्धृत।
2. स्रोत स्पष्ट नहीं है।
3. मूल में ये पंक्तियाँ पृष्ठ पर तिरछे लिखी हुई हैं।

पृष्ठ 43 (40)

राज्य के बारे में हर्बर्ट स्पेंसर[1] का दृष्टिकोण

"भले ही यह सच हो या न हो कि मनुष्य निष्कलंक पैदा हुआ और पाप में सन गया, लेकिन यह निश्चित रूप से सच है कि सरकार का जन्म आक्रामकता से और आक्रामकता के द्वारा हुआ।"

• • •

मनुष्य और मनुष्यजाति

"मैं एक मनुष्य हूँ,
और उन सभी चीज़ों से मेरा सरोकार है, जो मनुष्यजाति को प्रभावित करती हैं।"

"रोमन नाटककार" [2]

इंग्लैण्ड की स्थिति की समीक्षा

"अच्छे लोगों, इंग्लैण्ड में स्थितियाँ तब तक अच्छी नहीं हो सकतीं हैं, जब तक अच्छाईयाँ आम नहीं हो जातीं और जब तक सज्जन लोगों के साथ दुर्जन लोग भी बने रहते हैं। वे जिन्हें हम लार्ड कहते हैं, किस अधिकार से हमसे महान हैं? किस आधार पर वे इसके काबिल बने हुए हैं? वे क्यों हमें भू-दास बनाये हुए हैं? अगर हम सभी एक ही बाप और माँ आदम और हीब्बा की संतानें हैं, तो वे यह कैसे कहते या साबित करते हैं कि वे हमसे महान या बेहतर हैं? अगर वे अपने फायदे के लिए हमसे मेहनत नहीं करवाते, तो वे अपनी शान-शौकत में क्या खर्च करते? वे ख़ुद तो मखमल पहनते हैं और अपने आपको परकोटों और शाही लबादों से गर्म रखते हैं, जबकि हम चिथड़े लपेटे रहते हैं। उनके पास तो शराब, लजीज खाना और डबलरोटी है, और हमारे पास जई की लिट्टी, घासपात और पानी। उनके पास फुरसत-ही-फुरसत है और बढ़िया घर भी, और हमारे पास है, तकलीफ और मेहनत, खेतों में बारिश और आँधी; फिर भी यह हमारी मेहनत ही है, जिसके बूते पर वे राज कर रहे हैं।"

"फ्रायर ऑफ वाट टेलर्स रिबेल" [3]

---

1. हर्बर्ट स्पेंसर (1820-1903) : अंग्रेज़ दार्शनिक; महत्त्वपूर्ण कृतियाँ : द प्रिसिंपल्स ऑफ साइकोलॉजी और फर्स्ट प्रिसिंपल्स से और आक्रामकता के द्वारा हुआ।
2. अज्ञात।
3. कुछ शब्द स्पष्ट नहीं; आगे पन्ना फटा हुआ। स्रोत अज्ञात।

पृष्ठ 44 (41)

क्रांति और वर्ग

सारे-के-सारे वर्ग सत्ता पाने की कोशिश में क्रांतिकारी ही होते हैं और समानता की बातें करते हैं। और सारे-के-सारे वर्ग जब सत्ता प्राप्त कर लेते हैं तो संकीर्णतावादी हो जाते हैं और मान लेते हैं कि समानता सिर्फ़ एक रंगीन सपना भर है। सारे-के-सारे वर्ग, सिर्फ़ एक को (मजदूर वर्ग को) छोड़कर, क्योंकि जैसा कि कॉम्ते[1] ने कहा है–"सच कहा जाये तो मजदूर वर्ग एक वर्ग होता ही नहीं, बल्कि वह तो समाज के निकाय का संघटक होता है।" लेकिन मजदूर वर्ग का वक़्त, यानी सभी उपयोगी लोगों के एक हो जाने का वक़्त अभी भी नहीं आया है।

"वर्ल्ड हिस्ट्री फॉर वर्कर्स" (पृ. 47), अल्फ्रेड बाटर्न कृत[2]

पृष्ठ 45 (42)

सर हेनरी मेन[3] ने कहा है–"इंग्लैण्ड की अधिकांश भूमि वकीलों की गलती से इसके वर्तमान स्वामियों के हाथ में चली गयी है, जिन गलतियों के परिणामस्वरूप छोटे-छोटे अपराधियों को भी फाँसी की सज़ा दे दी गयी।"

● ● ●

"क़ानून मुजरिम करार कर देता है उस पुरुष या स्त्री को
जो चुराते हैं आम आदमी की मुर्गियाँ,
लेकिन छोड़ देता है बड़े अपराधियों को
जो चुरा लेते हैं मुर्गियों से आम आदमी को ही।'[4]

पृष्ठ 46 (43)

जनतंत्र

जनतंत्र, सैद्धान्तिक तौर पर, राजनीतिक और क़ानूनी समानता की एक प्रणाली है। लेकिन ठोस और व्यावहारिक कार्रवाई में, यह मिथ्या है, क्योंकि इसमें कोई

---

1. आगस्त काम्ते (1798-1857) : फ्रांसिसी विचारक।
2. अज्ञात।
3. संभवतः ब्रिटिश इतिहासकार और विधिवेत्ता सर हेनरी समर मेन (1822-1888), भारत में 1863 से 1869 तक काउंसिल के सदस्य, और कलकत्ता विश्वविद्यालय के वाइस-चांसलर भी रहे।
4. अज्ञात।

समानता तब तक नहीं हो सकती, यहाँ तक कि राजनीति में और क़ानून के समक्ष भी नहीं, जब तक कि आर्थिक शक्ति में असमानता मुँह बाये बरकरार रहेगी; जब तक कि सत्ताधारी वर्ग मजदूरों के रोजगार पर देश के प्रेम और स्कूलों पर तथा जनमत तैयार करने और अभिव्यक्त करने के सभी साधनों पर अपना अधिकार जमाये रखेगा, जब तक कि यह सभी प्रशिक्षित सार्वजनिक कार्यकारी निकायों पर अपना एकाधिकार बनाये रखेगा, और चुनावों को प्रभावित करने के लिए बेशुमार धन खर्च करता रहेगा, जब तक कि क़ानून सत्ताधारी वर्ग द्वारा बनाये जाते रहेंगे और अदालतों में इसी वर्ग के सदस्य अध्यक्षता करते रहेंगे, जब तक वकील प्राइवेट प्रैक्टिशनर बने रहेंगे और अपनी विधि विशेषज्ञता का कौशल सबसे अधिक फीस देने वाले को बेचते रहेंगे तथा अदालती कार्रवाई तकनीकी और महँगी बनी रहेगी, तब तक क़ानून के समक्ष यह नाममात्र की समानता भी एक खोखला मजाक ही बनी रहेगी।

एक पूँजीवादी व्यवस्था में, जनतंत्र की पूरी मशीनरी बहुसंख्यक मजदूर वर्ग को पीड़ित कर, सत्ताधारी अल्पसंख्यक वर्ग को सत्ता में बनाये रखने का काम करती है, और जब बुर्जुआ सरकार को जनतांत्रिक संस्थाओं से खतरा महसूस होता है, तब ऐसी संस्थाओं को अक्सर बड़ी बेरहमी के साथ कुचल दिया जाता है।

"फ्रॉम मार्क्स टु लेनिन"
(मॉरिस हिलक्वीट[1] कृत) (पृ. 58)

• • •

जनतंत्र "हरेक वर्ग या पार्टी से संबंधित हरेक व्यक्ति के लिए समान अधिकार और सभी राजनीतिक अधिकारों में भागीदारी" सुनिश्चित नहीं करता (काउत्स्की)। यह तो मौजूदा आर्थिक असमानताओं के लिए खुले राजनीतिक और क़ानूनी खेल की अनुमति देता है...। इस प्रकार पूँजीवाद के अंतर्गत जनतंत्र सामान्य अमूर्त जनतंत्र नहीं, बल्कि विशिष्ट बुर्जुआ जनतंत्र...या जैसा कि लेनिन ने इसका नाम दिया है, बुर्जुआ वर्ग के लिए जनतंत्र होता है।[2]

पृष्ठ 47 (44)

क्रांति शब्द की परिभाषा

"क्रांति की अवधारणा को इस शब्द की पुलिसिया व्याख्या के अर्थ में, यानी सशस्त्र विद्रोह के अर्थ में नहीं लेना चाहिए। यदि किसी पार्टी के पास दूसरे कम

1. अमेरिकी समाजवादी।
2. पैरे का स्रोत और संदर्भ वाला हिस्सा फटा हुआ। संभवतः मॉरिस हिलक्वीट की ही पुस्तक से उद्धृत।

खर्चीले और अपेक्षाकृत अधिक सुरक्षित तरीके इस्तेमाल करने की गुंजाइश है और तब भी वह सिद्धांत के नाते विद्रोह का ही तरीका अपनाती है, तो उसे पागल ही कहा जायेगा। इस अर्थ में सामाजिक जनवाद कभी भी सिद्धांत के नाते क्रांतिकारी नहीं रहा। ऐसा यह सिर्फ़ इसी अर्थ में है कि यह इस बात को मानता है कि जब इसे राजनीतिक सत्ता हासिल हो जायेगी, तो यह इसका इस्तेमाल वर्तमान व्यवस्था को टिकाये रखने वाली उत्पादन-प्रणाली को ख़तम करने के अलावा और किसी मकसद के लिए नहीं करेगा।"

"कार्ल काउत्स्की"[1]

• • •

संयुक्त राज्य अमेरिका के बारे में कुछ तथ्य और आँकड़े[2]

5 आदमी 1000 लोगों के लिए रोटी पैदा कर सकते हैं।

1 आदमी 250 लोगों के लिए सूती कपड़ा पैदा कर सकता है।

1 आदमी 300 लोगों के लिए ऊनी कपड़ा पैदा कर सकता है।

1 आदमी 18000 लोगों के लिए बूट और जूते पैदा कर सकता है।

"आयरन हील"[3] *(पृ. 78)*

15,000,000 लोग बेपनाह गरीबी (में) जी रहे हैं, जो अपनी श्रम-दक्षता को भी बनाये नहीं रख सकते।

3,000,000 बाल-श्रमिक।

• • •

पुनश्चः इंग्लैंड[4]

युद्ध-पूर्व अनुमान

---

1. कार्ल काउत्स्की (1854-1938) जर्मन सामाजिक-जनवादी आन्दोलन तथा दूसरे इंटरनेशनल के एक नेता। शुरू में मार्क्सवादी थे, पर बाद में मार्क्सवाद के साथ गद्दारी की और मजदूर आन्दोलन में मौजूद एक अवसरवादी प्रवृत्ति (काउत्स्कीवाद) के सिद्धांतकार बन गये।
2. यह तथा नीचे आया इंग्लैण्ड संबंधी शीर्षक मोटे अक्षरों में लिखे हुए हैं।
3. जैक (जान) ग्रिफिथ लण्डन (1876-1916) का उपन्यास 'आयरन हील', जो 1908 में प्रकाशित हुआ। इस उपन्यास में पूँजीवाद के रक्तपिपासु और दमनकारी चरित्र तथा इसके विरुद्ध मजदूरों के संघर्ष का अत्यन्त प्रभावशाली चित्रण है।
4. स्रोत का पता नहीं।

इंग्लैण्ड का कुल उत्पादन प्रतिवर्ष	£ 2000,000,000
विदेशी निवेशों से लाभ	£ 2000,000,000
	£ 2200,000,000

जनसंख्या के 1/9वें भाग ने ले लिया ½	= £ 1100,000,000
जनसंख्या के 2/9वें भाग ने ले लिया शेष	= £ 1100,000,000
का 1/3 अर्थात	= £ 300,000,000

(*विवरण का बाकी हिस्सा फटा हुआ—सं...*)

पृष्ठ 48 (45)

इण्टरनेशनल [1]

उठ जाम प्रताड़ित धरती के
उठ जाग भूख के बन्दी
न्याय की बजती रणभेरी,
एक बेहतर दुनिया जन्मे।
अब बाँध सके न' हमको परंपरा की बेड़ी
अरे! उठो! गुलामो जागो! अब करनी नहीं गुलामी!
अब नयी नींव पर बनेगी दुनिया,
हम अब तक रहे न कुछ भी, अब सबकुछ होंगे।
(टेक)
यह है अन्तिम संघर्ष
आओ होलें अविकल
कल मानव जाति बनेगी
इण्टरनेशनल।
देखो उनको जो बैठे हैं महिमामण्डित

1. यूजीन पोतिए द्वारा पेरिस कम्यून (1871) के दौरान फ्रेंच में लिखा गया यह गीत 'इंटरनेशनल' नाम से विश्व सर्वहारा का संघर्षगीत बन गया।

रेलों, खानों, धरती के राजा!
श्रम को ही रहे लूटते ये
बस इसके सिवा किया क्या है?
दफ़न हैं जनता की मेहनत के फल
कुछ की मजबूत तिजोरियों में;
देना होगा इसे वापस
है यह जनता का हक।
(वही टेक)
एकजुट हों कारख़ानों, खेतों के मेहनतकश
पार्टी हम सबकी जो काम करें;
यह धरती है हमारी, जनता की,
यहाँ न जगह कामचोर की,
हमारे माँस पर हुए हैं कितने मोटे?
लेकिन यदि ये घृणित शिकारी पक्षी,
हमारे आसमान से एक सुबह हो जायें गायब
सूरज की आभा तब भी बनी रहेगी।
(वही टके फिर)

पृष्ठ 49 (46)

मार्सइयेज [1]

ओ मेहनत के बेटो! जागो, गौरव हासिल करो।
सुनो, सुनो, वे कोटि-कोटि आवाज़ें कि तुम जागो,
बच्चे, बीवी, और पुरातन पितर तुम्हारे,
देखो तुम उनके आँसू, और सुनो तुम उनकी चीखें!
क्या घृणित निरंकुश शासक करते रहें शरारत
ले भाड़े के टट्टू और गुण्डों के जत्थे-

1. ला मार्सइयेज : फ्रांस का राष्ट्रगान। 24 अप्रैल, 1792 को रचा गया। फ्रांसिसी क्रांति की हिफाजत करने के लिए युद्धरत सैनिकों के लिए इसे एक फ्रांसिसी कप्तान क्लोद जोसेफ द लिल ने संगीतबद्ध किया। मार्सइयेज शहर से पेरिस की ओर मार्च करते सैनिकों ने जब इसे पहली बार गाया तो ऐसा आवेग और जोश पैदा हुआ कि लोग उमड़ पड़े। एक फ्रेंच जनरल ने एक बार संदेश भेजा था कि उसके पास तत्काल मार्सइयेज भेजा जाए क्योंकि इसकी ताकत कई बटालियनों के बराबर है।

करते रहें धरा को संत्रस्त और वीरान
जबकि शान्ति और आज़ादी का बहता रहे ख़ून?
(कारेस)
आओ शस्त्र सँभालें, पंक्तिबद्ध हो जाएँ
खेत सींचते उनके ख़ूँ से आगे बढ़ते जाएँ
बेपनाह ऐयाशी और शान-शौकत की
जुर्रत करते हैं अधम अतृप्त निरंकुश,
स्वर्ण और सत्ता की उनकी भूख अपरिमित
भोगते और बेचते धूप-हवा भी;
हम ढोते उनका भार बन के लद्दू घोड़े
वे कहें कि उनके दास उन्हें देवता मानें,
लेकिन इनसान से बढ़कर और कौन है?
फिर वे कब तक टिके रहेंगे, कब तक मारेंगे हमको?
(फिर वही कोरस)
अरे आज़ादी! मानव क्या त्याग सकेगा तुमको,
अनुभव कर लेने के बाद तुम्हारी दिलकश लौ को?
क्या रोक सकेंगी तुमको तहख़ानों के फाटक और सलाखें
या क्या कोड़े बाँध सकेंगे तेरे उदात्त जीवट को?
लम्बे अर्से से बिलख रही है दुनिया,
चला रहे हैं झूठ की कटार निरंकुश,
लेकिन आज़ादी है तलवार और ढाल हमारी,
और व्यर्थ है उनकी सारी कलाकारी।
(फिर वही कोरस)

पृष्ठ 50 (47)

अवसरवाद का जन्म

क़ानून के दायरे में रहकर काम करने की संभावना ने ही दूसरे इण्टरनेशनल के समय में मजदूर पार्टियों के भीतर अवसरवाद को जन्म दिया।

"लेनिन, कोलैप्स ऑफ II *इंट. ने."*[1]

• • •

1. लेनिन की पुस्तक, द्वितीय इंटरनेशनल का पतन।

ग़ैर-क़ानूनी काम

"किसी देश में जहाँ बुर्जुआ वर्ग या प्रति-क्रांतिकारी सामाजिक जनवाद सत्ता में है, कम्युनिस्ट पार्टी को अपने क़ानूनी और ग़ैर-क़ानूनी कामों के बीच तालमेल रखना अवश्य सीख लेना चाहिए, तथा क़ानूनी काम को हमेशा और निश्चित रूप से ग़ैर-क़ानूनी पार्टी के प्रभावी नियंत्रण में ही रहना चाहिए।"

"बुखारिन"[1]

• • •

दूसरे इण्टरनेशनल के लक्ष्य के साथ विश्वासघात

समाजवाद और श्रम के इस विराट संगठन को ऐसी शान्तिकालीन गतिविधियों के लिए अनुकूलित कर दिया गया, और जब संकट आया तो बहुत से नेता और जनसमुदायों के भारी हिस्से अपने आपको इस नयी स्थिति के अनुरूप बनाने में असमर्थ हो गये...। यही वह अपरिहार्य स्थिति है, जो बहुत हद तक दूसरे इण्टरनेशनल के विश्वासघात का कारण है।

मार्क्स टु लेकिन, (पृ. 140) मॉरिस हिलक्वीट[2]

• • •

"द सिनिक्स वर्ड बुक" (1906)[3]

एम्ब्रोस प्रियर्स[4] लिखता है–"ग्रेप शॉट[5]-(संज्ञा)–एक तर्क, जिसे भविष्य अमेरिकी समाजवाद की माँगों के जवाब में तैयार कर रहा है।"

---

1. निकोलाई अलेक्सान्द्रेविच बुखारिन (1888-1938)-रूसी सामाजिक-जनवादी मजदूर पार्टी के सदस्य। राज्य, सर्वहारा अधिनायकत्व, राष्ट्रीयताओं के आत्मनिर्णय के अधिकार तथा ऐसे ही अन्य प्रश्नों पर लेनिन विरोधी दृष्टिकोण अपनाते रहे। अक्टूबर समाजवादी क्रांति के बाद बार-बार लेनिनवादी पार्टी नीति का विरोध किया। सन् 1937 में अपनी पार्टी विरोधी गतिविधियों के कारण पार्टी से निकाले गये।
2. अमेरिकी समाजवादी।
3. और।
4. अज्ञात।
5. बंदूक के छर्रे।

पृष्ठ 51 (48)

धर्म, स्थापित व्यवस्था का समर्थक

दासता–1835 में, प्रेस्बिटेरियन चर्च की जनरल असेम्बली ने प्रस्ताव पारित किया कि –"दासता पुराने और नये दोनों ही टेस्टामेण्टों में स्वीकृत है, और इसे ईश्वरीय सत्ता ने वर्जित नहीं किया है।"

द चार्ल्सटन बैप्टिस्ट एसोसिएशन ने 1835 में निम्नलिखित फरमान जारी किया–"मालिकों द्वारा अपने गुलामों के समय का इस्तेमाल करने के अधिकार को सभी चीज़ों के सृष्टा ने स्पष्टतः मान्यता दे रखी है, जो अपनी मर्जी से जिस भी चीज़ पर चाहे संपत्ति का अधिकार लागू कर सकता है।"

वर्जीनिया के मेथॉर्डिस्ट कॉलेज के एक प्रोफ़ेसर रेवरण्ड ई. डी. साइमन, डॉक्टर ऑफ डिवाइनिटी, ने लिखा–"होली रिट (ईसाई धर्मशास्त्र-सं.) के अवतरणों में साफतौर पर गुलामी के ऊपर सम्पत्याधिकार और इस अधिकार से संबंधित रोजमर्रा की बातों का उल्लेख किया गया है। खरीदने और बेचने के अधिकार का साफतौर पर उल्लेख किया गया है। तब कुल मिलाकर बात यही है, चाहे हम स्वयं ईश्वर द्वारा स्थापित यहूदी नीति को देखें, या सभी युगों में मानव जाति के एक समान विचार और व्यवहार को लें, या न्यू टेस्टामेण्ट और नैतिक नियम के विधि-निषेध संबंधी निर्देशों को देखें; हम इसी निष्कर्ष पर पहुँचते हैं कि दासता अनैतिक नहीं है। जब यह बात सिद्ध हो चुकी है कि अफ्रीकी दास क़ानूनी तौर पर खरीद कर बँधुआ बनाये जाते थे, तब उनके बच्चों को बँधुआ बना कर रखने की बात भी अपरिहार्यतः सिद्ध ही हो जाती है। इस प्रकार हम देखते हैं कि अमेरिका में जो दासता मौजूद है, उसकी स्थापना सही थी।"

पूँजीवाद का समर्थन

हेनरी वान डाईक[1] "एस्से इन एप्लीकेशन" (1905) में लिखता है–"बाइबिल की शिक्षा है कि ईश्वर दुनिया का मालिक है। वह अपनी शुभंकर इच्छा से सामान्य नियमों के अनुरूप, प्रत्येक आदमी को उसका भाग देता है।"

1. अज्ञात।

पृष्ठ 52 (49)

संयुक्त राज्य अमेरिका के बारे में आँकड़े

सैन्य-संख्या 50,000 थी
अब यह 300,000 है।

• • •

धनकुबेरों के पास 67 अरब की संपदा है।
व्यवसायों में लगे कुल व्यक्तियों में से
केवल 9/10 प्रतिशत ही धनिकतंत्र में शामिल हैं।
फिर भी उनके पास कुल संपदा का 70 प्रतिशत है।
व्यवसायों में लगे कुल व्यक्तियों में से
29 प्रतिशत मध्यम वर्ग से संबंधित हैं
उनके पास कुल संपदा का 25 प्रतिशत है = 24 अरब
व्यवसायों में लगे लोगों में से शेष 70 प्रतिशत
सर्वहारा वर्ग से संबंधित हैं और उनके पास
कुल संपदा का सिर्फ़ 4 प्रतिशत अर्थात 4 अरब है।
लूसियन सैनियल के अनुसार, 1900 में
व्यवसाय में लगे कुल लोगों में से
= 250,251 धनिकतंत्र से संबंधित थे
= 8,429,845 मध्यम वर्ग से संबंधित थे
= 20,395,137 सर्वहारा वर्ग से संबंधित थे।

"आयरन हील[1]

• • •

राइफलें

"तुम कहते हो कि संसद और राजकीय पदों पर तुम्हारा बहुमत होगा लेकिन तुम्हारे पास राइफलें कितनी हैं? क्या तुम्हें मालूम है कि पर्याप्त सीसा तुम्हें कहाँ से मिल सकता है? जहाँ तक बारूद की बात है, रासायनिक मिश्रण यांत्रिक मिश्रणों से बेहतर होते हैं, ये बात मेरी मान लो।"

"आयरन हील", (पृ. 198)[2]

1. और।
2. जैक लण्डन का उपन्यास।

पृष्ठ 53 (50)

सत्ता... [1]

एक समाजवादी नेता ने धनिकतंत्र की एक मीटिंग को संबोधित किया और उन पर समाज के कुप्रबंध का दोष लगाया और इस प्रकार पीड़ित मानवता के सम्मुख उपस्थित सभी विकरालताओं और दुख-तकलीफों की सारी-की-सारी जिम्मेदारी उन्हीं पर थोप दी। बाद में एक पूँजीपति (मि. विक्सन) उठ खड़ा हुआ और उसे इस प्रकार संबोधित किया। [2]

इस पर हमारा जवाब यह है। हमारे पास तुम्हारे ऊपर बर्बाद करने के लिए शब्द नहीं हैं। जब तुम अपने गर्वीले मजबूत हाथ हमारे महलों और वैभव की ओर बढ़ाओगे, तब हम तुम्हें दिखा देंगे कि हमारी क्या ताकत है। बमगोलों की गड़गड़ाहट और मशीनगनों की तड़तड़ाहट से हम अपना जवाब देंगे। हम तुम क्रांतिवादियों को अपनी एड़ियों तले पीस डालेंगे, और तुम्हारे चेहरों को कुचल डालेंगे। यह दुनिया हमारी है। हम इसके मालिक हैं और यह हमारी ही रहेगी। जहाँ तक श्रम की बात है, यह तो जब से इतिहास शुरू हुआ तभी से धूल चाटता रहा है, और मैंने इतिहास को ठीक से पढ़ा है। और यह तब तक धूल चाटता रहेगा, जब तक हमारे और हमारे उत्तराधिकारियों के हाथ में सत्ता रहेगी।

"एक शब्द है-सत्ता। यह सभी शब्दों का राजा है। ईश्वर नहीं, धन-वैभव नहीं, बल्कि सत्ता। अपनी जबान पर रख लो और तब तक रखे रहो जब तक कि यह उसे झनझनाने न लगे।"

"मुझे उत्तर मिल गया", अर्नेस्ट (उस समाजवादी नेता) [3] ने निर्विकार भाव से कहा। एकमात्र यही उत्तर दिया भी जा सकता था-सत्ता। हम मजदूर वर्ग के लोग इसी का तो प्रचार करते हैं। हम जानते हैं और अपने कटु अनुभव से भलीभाँति जानते हैं कि सत्य की, न्याय की, मानवता की, कोई भी अपील कभी तुम्हें छू नहीं सकती। तुम्हारे दिल भी तुम्हारी उन एड़ियों की तरह ही कठोर हैं, जिनसे तुम गरीबों के चेहरे कुचलते हो। इसीलिए तो हमने सत्ता का प्रचार किया है। लेकिन, चुनाव के दिन हमारे मतपत्रों की ताकत तुमसे तुम्हारी सरकार छीन ले जायेगी...।

---

1. शीर्षक का शेष हिस्सा फटा हुआ है।
2. भगतसिंह के शब्द।
3. कोष्ठक में भगतसिंह के शब्द।

"अगर चुनाव के दिन तुम्हें बहुमत, भारी बहुमत मिल ही जाये, तो भी उससे क्या फर्क पड़ने वाला है" मि. विक्सन तपाक से बोला।

'मान लो यदि चुनाव में तुम्हारी जीत के बावजूद हम तुम्हें सत्ता सौंपने से इनकार कर दें तो?"

पृष्ठ 54 (51)

"हमने उस पर भी सोच रखा है" अर्नेस्ट ने जवाब दिया। "और इसका जवाब हम तुम्हें गोलियों से देंगे। सत्ता, तुम्हीं ने इसे शब्दों का राजा कहा है। बहुत अच्छा! सत्ता, देखेंगे इसे। और जिस दिन हम चुनाव में विजय हासिल कर लेंगे और तुम हमारी इस संवैधानिक और शान्तिपूर्ण ढंग से हासिल की गयी सत्ता को हमें सौंपने से इनकार कर दोगे, तो तुम्हारे इस सवाल के जवाब में कि हम क्या करेंगे, उस दिन मैं बता दूँ कि हम तुम्हें इसका जवाब देंगे, हम बमगोलों की गड़गड़ाहट और मशीनगनों की तड़तड़ाहट से अपना जवाब देंगे।

"तुम हमसे बच नहीं सकते। यह सही है कि तुमने इतिहास को ठीक से पढ़ा है। यह सही है कि श्रम इतिहास के आरम्भ से ही धूल चाटता आ रहा है। और यह भी सही है कि जब तक तुम्हारे और तुम्हारे उत्तराधिकारियों के हाथ में सत्ता रहेगी, तब तक श्रम धूल ही चाटता रहेगा। मैं तुमसे सहमत हूँ। तुमने जो कुछ कहा है उन सारी बातों से मैं सहमत हूँ। सत्ता ही निर्णायक होगी, जैसा कि हमेशा होता आया है; यही तो वर्गों का संघर्ष है। जैसे तुम्हारे वर्ग ने पुराने सामन्ती तंत्र को ध्वस्त किया, ठीक वैसे ही मेरा वर्ग, मजदूर वर्ग, तुम्हारे वर्ग को ध्वस्त कर डालेगा। अगर तुम अपने प्राणिविज्ञान और अपने समाज विज्ञान को भी उतनी ही स्पष्टता से पढ़ो, जितनी स्पष्टता से तुम इतिहास पढ़ते हो, तो तुम देखोगे कि मैंने जिस हश्र का वर्णन किया है वह अपरिहार्य है। इससे कोई फर्क नहीं पड़ता कि इसमें एक वर्ष लगेगा, दस वर्ष लगेंगे या हज़ार वर्ष लगेंगे, यह तय है कि तुम्हारा वर्ग मिट्टी में मिल जायेगा। और यह सत्ता के जरिये ही होगा। हम मेहनतकश इस शब्द को इतना रट चुके हैं कि हमारे दिमाग इससे झनझना रहे हैं। सत्ता! यह एक राजोचित शब्द है।"

"जैक लण्डन कृत आयरन हील" (पृ. 88)

पृष्ठ 55 (52)

आँकड़े[1]

इंग्लैंड :

1922–बेरोजगारों की संख्या = 1,135,000

1926–यह $1\frac{1}{4}$ से $1\frac{1}{2}$ मिलियन के बीच

अर्थात 1,250,000 से 1,500,000 के बीच रही है।

अंग्रेज़ मजदूर नेताओं का विश्वासघात

1911 से 1913 तक के वर्ष आमतौर पर खदान मजदूर, रेलकर्मियों और परिवहन मजदूरों के बेमिसाल वर्ग-संघर्षों का समय था। अगस्त 1911 में रेलवे की राष्ट्रीय, दूसरे शब्दों में, आम हड़ताल, फूट पड़ी थी। उन दिनों ब्रिटेन के ऊपर क्रांति की एक धुँधली छाया मँडरा रही थी। लेकिन नेतागण ने इस आन्दोलन को पंगु कर डालने के लिए अपनी पूरी ताकत लगा दी। उनका इरादा "देशभक्ति" का था; यह हरकत अगादिर की उस घटना के समय की जा रही थी, जिसने जर्मनी के साथ युद्ध का खतरा उपस्थित कर दिया था। जैसा कि आज भलीभाँति मालूम है, प्रधानमंत्री ने मजदूर-नेताओं को एक गुप्त बैठक में बुलाया और उनसे पितृभूमि की रक्षा की अपील की। और नेताओं ने बुर्जुआ वर्ग को मजबूत करने के लिए अपने बूते भर सबकुछ किया, और इस प्रकार साम्राज्यवादी नरसंहार के लिए रास्ता साफ कर दिया।

ह्वयेर इज ब्रिटने गोइंग? (पृ. 3)[2]

त्रात्सकी[3]

---

1. स्रोत का पता नहीं।
2. त्रात्सकी की कृति ह्वेयर इज़ ब्रिटेन गोइंग?
3. लिओन त्रात्सकी : लेव दवीदोविच त्रात्सकी (1879-1940)-लेनिनवाद के घोर विरोधी। रूसी सामाजिक-जनवादी मजदूर पार्टी (बोल्शेविक) की छठी कांग्रेस में (1917) बोल्शेविक पार्टी के सदस्य बन गये। अकबर क्रांति में महत्त्वपूर्ण हिस्सेदारी। क्रांति के बाद कई सरकारी पदों पर रहे। सन् 1923 में पार्टी की आम नीति और समाजवाद के निर्माण के लेनिन के कार्यक्रम के ख़िलाफ़ गुटबाज़ी भरा संघर्ष चलाया तथा इस बात का प्रचार किया कि सोवियत संघ में समाजवाद की विजय असंभव है। कम्युनिस्ट पार्टी ने त्रात्सकीवाद को पार्टी में निम्न पूँजीवादी प्रवृत्ति के रूप में बेनकाब किया और उसे संगठन व विचारधारा के दृष्टिकोण से पराजित किया। त्रात्सकी 1927 में पार्टी से निकाल दिये गये और 1929 में सोवियत विरोधी गतिविधियों के कारण उन्हें देश निकाला दे दिया गया।

पृष्ठ 56 (53)

विश्वासघात

केवल 1920, यानी 'काले शुक्रवार' के बाद ही आन्दोलन सीमाओं में वापस लौटा, जब खानकर्मियों, रेलकर्मियों और परिवहनकर्मियों के त्रिपक्षीय संश्रय के नेताओं ने आम हड़ताल के साथ विश्वासघात कर दिया।

(पृ. 03)

• • •

सुधार के लिए क्रांति का खतरा जरूरी है

...ब्रिटिश बुर्जुआ वर्ग ने यह समझ लिया था कि ऐसे उपाय (सुधार) के जरिए क्रांति को टाला जा सकता है। अत: इससे निष्कर्ष निकलता है कि सुधारों तक को भी लागू करवाने के लिए, सिर्फ़ धीरे-धीरे काम करते रहने का सिद्धांत पर्याप्त नहीं है, और कि क्रांति का एक वास्तविक खतरा जरूरी है।

(पृ. 29) [1]

• • •

सामाजिक एकता

...ऐसा हो सकता है कि एक बार जब हम एक ऐसे विशेषाधिकार-प्राप्त वर्ग के सफाये के लिए उठ खड़े हों, जो रंगमंच से हटना न चाहता हो, तब वर्ग-संघर्ष की बुनियादी अंतर्वस्तु, उसी में निहित प्रतीत हो। लेकिन नहीं। मैकडोनाल्ड[2] सामाजिक एकता की चेतना "जागृत" करना चाहते हैं। पर किसकी? मजदूर वर्ग की एकता तो बुर्जुआ वर्ग के विरुद्ध संघर्ष में उसकी आन्तरिक सुसंबद्धता की अभिव्यक्ति होती है।

मैकडोनाल्ड जिस सामाजिक एकता का उपदेश देते हैं, वह शोषकों के साथ शोषितों की एकता, या दूसरे शब्दों में, शोषण को बनाये रखने के अलावा और कुछ नहीं है।[3]

• • •

क्रांति एक आफत

रूस की क्रांति ने मैकडोनाल्ड के कथनानुसार–"हमें बड़ा सबक सिखाया। इसने दिखा दिया कि क्रांति एक बर्बादी और विपदा के सिवाय और कुछ नहीं है।"

---

1. पूर्वोक्त।
2. संभवत: जेम्स रैम्जे मैकडोनाल्ड (1866-1937) : ब्रिटिश लेबर पार्टी के नेता और दो बार प्रधानमंत्री।
3. ह्वेयर इज ब्रिटेन गोइंग?

पृष्ठ 57 (51)

क्रांति तो विपदा को ही जन्म देती है लेकिन ब्रिटिश जनतंत्र ने तो साम्राज्यवादी युद्ध को जन्म दे दिया....जिसकी बर्बादी की तुलना क्रांति की विपदाओं से तो निश्चित तौर पर तनिक भी नहीं की जा सकती। फिर भी, जिस क्रांति ने जारशाही, कुलीनतंत्र और बुर्जुआ वर्ग को उखाड़ फेंका चर्च को हिला कर रख दिया, 13 करोड़ लोगों के एक राष्ट्र या राष्ट्रों के एक समूचे कुल में एक नये जीवन का संचार किया, उसके सामने यह घोषणा करने के लिए कि क्रांति एक विपदा के सिवाय और कुछ नहीं है, ऐसे ही बहरे कानों और निर्लज्ज चेहरों की जरूरत है।

(पृ. 64)[1]

शान्तिपूर्ण?

कब और कहाँ सत्ताधारी वर्ग ने शान्तिपूर्ण मतदान के जरिए कभी सत्ता और संपत्ति सौंपी है, और वह भी, खासतौर से ब्रिटिश बुर्जुआ वर्ग ने, जो सदियों से दुनिया भर में लूटपाट करता आया है?

(पृ. 66)[2]

• • •

समाजवाद का लक्ष्य : शान्ति

यह एकदम निर्विवाद सच्चाई है कि समाजवाद का लक्ष्य, सर्वप्रथम रूप से, ताकत के सबसे भोंडे और खूनी रूपों को ख़तम करना है, और फिर उसके बाद उसके और छिपे रूपों को भी ख़तम करना है। (पृ. 80)

"ह्वेयर इज ब्रिटेन गोइंग?", त्रात्स्की

• • •

विश्व क्रांति का लक्ष्य

1. पूँजीवाद को उखाड़ फेंकना।
2. मानवता की सेवा के लिए प्रकृति का नियंत्रण करना।

बुखारिन ने इसे ऐसे ही परिभाषित किया।

---

1. वही।
2. पूर्वोक्त।

पृष्ठ 58 (55)

अदमी और मशीनरी

द युनाइटेड स्टेट्स ब्यूरो ऑफ लेबर का कहना है–

- मशीन पर काम करके एक आदमी 1 घंटा 34 मिनट में पिनों का 12 पौण्ड का पैकेट तैयार कर सकता है।
- अगर आदमी मशीन पर नहीं, बल्कि सिर्फ़ औज़ारों से काम करे तो उतने ही काम में 140 घंटा 55 मिनट का समय लगेगा।
  (अनुपात–1.34 : 140.55 मिनट)
- मशीन पर काम करके 100 जोड़े जूते बनाने में 234 घंटा 25 मिनट लगते हैं।
- हाथ से इसमें 1,831 घंटे 40 मिनट लगेंगे।
- मशीन पर काम करने पर श्रम की लागत $ 69.55 आती है।
- हाथ से....$ 457.79 आती है।
- मशीनी श्रम द्वारा 500 गज चारखानेदार कपड़ा तैयार करने में 73 घंटे लगते हैं।
- हाथ के श्रम द्वारा, इसमें 5,844 घंटे लगते हैं।
- मशीनी श्रम द्वारा 100 पौण्ड सिलाई का सूती धागा 39 घंटों में तैयार होता है।
- हाथ से इसमें 2,895 घंटे लगते हैं।

पुनश्च : कृषि

- एक भला–चंगा आदमी हँसुआ से एक एकड़ फसल एक दिन (12 घंटे) में काट सकता है।
- एक मशीन उसी काम को 20 मिनट में कर देती है।
- छः आदमी मूसल से 60 लीटर गेहूँ की मँड़ाई आधे घंटे में कर सकते हैं।
- एक थ्रेसर मशीन उतने ही समय में 12 गुना अधिक काम कर सकती है।

"मशीनरी के इस्तेमाल से मानव–श्रम की प्रभावकारिता में होने वाली बढ़ोत्तरी...राई के मामले में 150 प्रतिशत से लेकर, जौ के मामले में 2,244 प्रतिशत तक हो जाती है...!"[1]

1. स्रोत अज्ञात।

पृष्ठ 59 (56)

सं.रा.अ. और उसकी आबादी की संपदा : (1850-1912)[1]

		प्रति व्यक्ति	कुल आबादी
1850 में कुल संपदा थी			
	$ 7,135,780,000	$ 308	= 23,191,876
1860	$ 16,159,616,000	$ 514	= 31,443,321
1870	$ 30,068,518,000	$ 780	= 38,558,371
1880	$ 43,642,000,000	$ 870	= 50,155,783
1890	$ 65,037,091,000	$ 1,036	= 62,947,714
1900	$ 88,517,307,000	$ 1,165	= 75,994,575
1904	$ 107,104,202,000	$ 1,318	= 82,466,551
1912	$ 187,139,071,000	$ 1,965	= 95,40513
	मशीनरी इस्तेमाल के कारण।		

• • •

मशीन अपनी प्रकृति में सामाजिक है, जैसे कि औज़ार व्यक्तिगत था।[2]

• • •

"हमें खराब कपड़ा दो, लेकिन हमें बेहतर आदमी दो", एमर्सन[3] का कहना है। "सुखण्डी रोग से मरते शिशुओं की प्राण-रक्षा करो, फिर उसके बाद कपड़ा व्यापार को तरजीह दो।" (*पृ. 81)*

• • •

आदमी को मशीन पर कुर्बान नहीं किया जा सकता। मशीन को निश्चय ही मानवजाति की सेवा में लगना चाहिए, जबकि अभी ही इस औद्योगिक व्यवस्था में मानवजाति के ऊपर भारी कहर बरपा होने का खतरा मँडराने लगा है।

पावर्टी ऐण्ड रिचेज़ (पृ. 81), स्काट निअरिंग[4]

• • •

1. स्रोत अज्ञात।
2. अज्ञात।
3. संभवतः प्रसिद्ध अंग्रेज़ कवि, चिंतक अऐर निबंधकार रैल्फ वाल्डो एमर्सन (1803-1882)।
4. और।

पृष्ठ 60 (57)

आदमी और मशीनरी

सी. नैनफोर्ड हेंडरसन अपनी कृति "रे डे" में लिखता है–"यह उद्योग की संस्था जो सभी संस्थाओं में सबसे पुरानी है, मानव जाति को चीज़ों की निरंकुशता से मुक्त करने की गरज से संगठित और विकसित हुई, लेकिन अब यह स्वयं उससे बड़ी निरंकुशता बन चुकी है, जो विशाल आबादी को गुलामों की दशाओं में, ऐसे गुलामों की दशाओं में धकेलती जा रही है, जो लम्बे और थका देने वाले घण्टों तक काम करते हुए, ढेरों चीज़ें पैदा करते रहने के लिए अभिशप्त हैं, जबकि वे जो चीज़ें पैदा करते हैं, ख़ुद उन्हीं के अभाव से त्रस्त रहने के लिए विवश हैं।"

"पाव. रिचेज़" (पृ. 87) [1]

• • •

आदमी मशीनरी के लिए नहीं है

आदमी ने इस्पात और आग के संयोग से जो चीज़ पैदा की है और जिसे मशीन कहा है, उसे निश्चय ही हमेशा मनुष्य का स्वामी नहीं, बल्कि सेवक ही रहना चाहिए। न तो मशीन और न ही मशीन के मालिक को मानव जाति पर शासन करने का अधिकार है।

(पृ. 88)

• • •

साम्राज्यवाद

साम्राज्यवाद विकास के उस चरण का पूँजीवाद है, जिसमें इजारेदारियों और वित्तीय पूँजी ने एक प्रभुत्वकारी प्रभाव हासिल कर लिया है, निर्यात-पूँजी भारी महत्त्व प्राप्त कर चुकी है, अंतरराष्ट्रीय ट्रस्टों ने दुनिया का बँटवारा करना शुरू कर दिया है, और सबसे बड़े पूँजीवादी देशों ने पृथ्वी के समूचे भौगोलिक क्षेत्रफल का आपस में बँटवारा पूरा कर लिया है।"

"लेनिन" [2]

---

1. अज्ञात।
2. वी.आई.लेनिन, 'साम्राज्यवाद, पूँजीवाद की चरम अवस्था'।

पृष्ठ 61 (58)

अधिनायकत्व

अधिनायकत्व एक सत्ता है, जो सीधे ताकत पर आधारित होती है और किसी क़ानून से नहीं बँधी होती।

सर्वहारा वर्ग का क्रांतिकारी अधिनायकत्व एक ऐसी सत्ता है, जो बुर्जुआ वर्ग के विरुद्ध और उसके ऊपर सर्वहारा वर्ग द्वारा ताकत की बदौलत लागू की जाती है और, जो किसी क़ानून से नहीं बँधी होती।

"प्रोलि. रिवो."[1] *(पृ. 18) लेनिन*

• • •

क्रांतिकारी अधिनायकत्व

क्रांति एक कार्रवाई है, जिसके तहत आबादी का एक तबका दूसरे तबकों पर रायफलों, संगीनों, बन्दूकों और ऐसे ही अन्य अत्यन्त सत्तावादी उपायों के जरिए, अपनी इच्छा आरोपित करता है। और जो पक्ष विजयी होता है वह अपना शासन आवश्यक रूप से, उस भय के जरिए स्थापित करता है, जिसे उसके हथियार प्रतिक्रियावादियों में उत्पन्न करते हैं। यदि पेरिस के कम्यून ने बुर्जुआ वर्ग के ख़िलाफ़ हथियारबन्द जनता पर भरोसा नहीं किया होता, तो क्या वह अपने आपको चौबीस घंटे से भी अधिक कायम रख सका होता? इसके विपरीत, क्या हमारी यह आलोचना जायज नहीं है कि कम्यून ने इस सत्ता का बहुत ही कम इस्तेमाल किया?

"एफ. एंगेल्स"[2]

• • •

बुर्जुआ जनतंत्र

बुर्जुआ जनतंत्र, सामन्तवाद की तुलना में एक महान ऐतिहासिक प्रगति होने के बावजूद, एक बहुत ही सीमित, बहुत ही पाखण्डपूर्ण संस्था, धनिकों के लिए एक स्वर्ग और शोषितों एवं गरीबों के लिए एक जाल और छलावे के अलावा न तो और कुछ है और न ही हो सकता है।

"लेनिन" (पृ. 28)[3]

---

1. लेनिन की रचना, 'सर्वहारा क्रांति और गद्दार काउत्स्की' से।
2. फ्रेडरिक एंगेल्स (1820-1895) 'सत्ता के बारे में' से।
3. 'सर्वहारा क्रांति और गद्दार काउत्स्की' से।

पृष्ठ. 62 (59)

श्रम का शोषण और राज्य

"सिर्फ़ प्राचीन और सामन्ती ही नहीं, बल्कि आज का प्रतिनिधि राज्य भी पूँजी द्वारा उजरती श्रम के शोषण का एक उपकरण ही है।"

"एंगेल्स"[1]

● ● ●

अधिनायकत्व

"चूँकि राज्य सिर्फ़ एक अस्थायी संस्था भर है, जिसका उपयोग अपने शत्रुओं का बलपूर्वक दमन करने के लिए क्रान्ति में किया जाता है, इसलिए जनता के स्वतंत्र राज्य की बात करना कोरी बकवास है, जब तक सर्वहारा वर्ग को राज्य की आवश्यकता रहती है, तब तक इसकी आवश्यकता स्वतंत्रता के हित में नहीं, बल्कि अपने विरोधियों का दमन करने के लिए पड़ती है और जैसे ही स्वतंत्रता की बात करना संभव हो जाता है, वैसे ही इसका अस्तित्व अपने आप ख़तम हो जाता है।"

"बेबेल को लिखे एंगेल्स के पत्र से"
28 मार्च, 1875[2]

● ● ●

अधीर आदर्शवादी

अधीर आदर्शवादी के लिए, और बिना कुछ अधीरता के शायद ही आदमी प्रभावी सिद्ध हो सके, यह लगभग तय बात है कि दुनिया को ख़ुशहाल बनाने की कोशिश में उसे अपने विरोधियों की घृणा का पात्र बनना होगा और निराश भी होना पड़ सकता है!

–"बर्ट्रेण्ड रसेल"

---

1 'परिवार, व्यक्तिगत संपत्ति और राज्यसत्ता की उत्पत्ति' से।

2. अगस्त बेबेल (1840-1913)–जर्मन तथा अंतरराष्ट्रीय मजदूर आन्दोलन के एक प्रसिद्ध नेता। 1867 से जर्मन मजदूर संघों की लीग के नेता, पहले इंटरनेशनल के सदस्य 1867 से राइखस्टाग (जर्मन संसद) के सदस्य, जर्मन सामाजिक-जनवाद के संस्थापकों में से एक मार्क्स तथा एंगेल्स के मित्र तथा सहयोगी, दूसरे इंटरनेशनल के प्रमुख नेता।

पृष्ठ. 63 (60)

नेता

कार्लाईल[1] लिखता है–"कोई भी समय बर्बाद न हुआ होता। यदि कोई महान आदमी मिल जाता, जो काफी समझदार और नेक होता, जिसमें इतनी समझदारी होती कि वह सही-सही जान ले कि वक़्त का तकाजा क्या है; जिसमें इतना पराक्रम होता कि वक़्त के लिहाज से सही रास्ते पर नेतृत्व कर सकता, तब तो इनकी बदौलत कोई भी समय मुक्ति का समय हो सकता था।"

• • •

स्वेच्छाचारिता

काउत्स्की ने "प्रोलितारियत डिक्टेटरशिप" शीर्षक से एक पुस्तिका लिखी, जिसमें उसने बोल्शेविकों द्वारा बुर्जुआ वर्ग के लोगों को वोट देने के अधिकार से वंचित किये जाने की निन्दा की। इस पर लेनिन ने अपनी "प्रोलितारियन रिवोल्यूशन" –(पृ. 77) में लिखा– स्वेच्छाचारिता! ज़रा सोचें तो कि इस खेद प्रकाश में कमीनेपन के किस निकृष्ट स्तर पर उतरकर बुर्जुआ वर्ग की चापलूसी की गयी है, और कितना अधिक मूर्खतापूर्ण पाण्डित्य बघारा गया है। जबकि सदियों से, मजदूरों का दमन करने के लिए गरीब लोगों के हाथ-पाँव बाँधे रखने के लिए और जनता के सीधे-सादे और मेहनतकश समुदायों के रास्ते में एक सौ एक अड़ंगे और अड़चनें खड़े करते रहने के लिए, पूरी तरह से बुर्जुआ, और उसमें भी पूँजीवादी देशों के प्रतिक्रियावादी विधिवेत्ता ही नियम-विधान बनाते आये हैं और वे ही विविध संहिताओं और क़ानूनों पर सैकड़ों ग्रंथ और उनकी व्याख्याएँ लिखते आये हैं। जहाँ इतना सब किया गया है, वहाँ बुर्जुआ उदारपंथियों और श्री काउत्स्की को कोई "स्वेच्छाचारिता" नहीं दिखायी देती! तब तो यह सब क़ानून-व्यवस्था है! यह सब इसलिए सोचा और लिखा गया है कि कैसे गरीबों को दबाये रखकर निचोड़ते रहा जाये। हज़ारों-हज़ार बुर्जुआ वकील और सरकारी अहलकार क़ानूनों की ऐसी व्याख्या करते रहते हैं कि मजदूर और

1. थामस कार्लाईल (1795-1881 ई.) : ब्रिटिश लेखक व निबन्धकार।

औसत किसान उनकी कँटीले तारों की घेरेबंदी को कभी तोड़ न सकें। बेशक, यह कोई स्वेच्छाचारिता नहीं है। बेशक, यह उन गंदे या मुनाफाखोर शोषकों का अधिनायकत्व नहीं है, जो जनता का खून पी रहे हैं। ओह, यह ऐसा कुछ भी नहीं है! यह तो 'शुद्ध जनतंत्र' है, जो दिन-प्रतिदिन शुद्धतर होता जा रहा है।

पृष्ठ 64 (61)

लेकिन जब, साम्राज्यवादी युद्ध द्वारा सरहद पार के अपने भाइयों से अलग कर दिये गये मेहनतकश और शोषित जनसमुदायों ने इतिहास में पहली बार अपनी सोवियतें गठित कर ली हैं, जब उन्होंने राजनीतिक निर्माण के लिए मजदूरों का और उन वर्गों का आह्वान किया है, जिन्हें बुर्जुआ वर्ग उत्पीड़ित और जड़ बनाये रखता था, और जब से वे एक नया सर्वहारा राज्य निर्मित करने के काम में लग गये हैं तथा विकट रूप से जारी युद्ध के दौरान, गृह युद्ध की ज्वाला में जब वे 'शोषकों से रहित राज्य' के बुनियादी सिद्धांत निरूपित करने लगे, तब बुर्जुआ वर्ग के सभी पाजी तत्त्व, और खून चूसने वालों के सभी गिरोह काउत्स्की के सुर-में-सुर मिलाकर, स्वेच्छाचारिता की चीख-पुकार मचाने लगे हैं।

"लेनिन" (पृ. 77-78) [2]

पार्टी

लेकिन यह स्पष्ट हो चुका है कि जब तक क्रांति का नेतृत्व करने के लिए एक सक्षम पार्टी न हो, तब तक कोई क्रांति संभव नहीं हो सकती।

(पृ. 15, लेसन्स ऑफ अक्टूबर, 1917) [3]

सर्वहारा क्रांति के लिए पार्टी एक अपरिहार्य उपकरण है।

(पृ. 17, वही, त्रात्स्की कृत)

---

1. लेनिन, 'सर्वहारा क्रांति और गद्दार काउत्स्की'।
2. लिओन त्रात्स्की की किताब, 'लेसन्स ऑफ अक्टूबर, 1917' से।

पृष्ठ 65 (62)

[1]

उसके (मेहनतकश आदमी के) लिए क़ानून, नैतिकता, धर्म ये सब उसके (सर्वहारा के) लिए नाना बुर्जुआ पूर्वाग्रह मात्र हैं, जिनकी आड़ में इतने ही बुर्जुआ स्वार्थ घात लगाये रहते हैं।

"कार्ल मार्क्स-घोषणापत्र"[2]

---

1. पृष्ठ का ऊपरी लगभग दो-तिहाई भाग खाली है।
   इसमें सिर्फ़ बी.के. दत्त (बटुकेश्वर दत्त) का तिरछा हस्ताक्षर है।
   और दिनांक 12.7.30 दो बार अंकित।
2. कम्युनिस्ट घोषणापत्र।

पृष्ठ 67 (64)

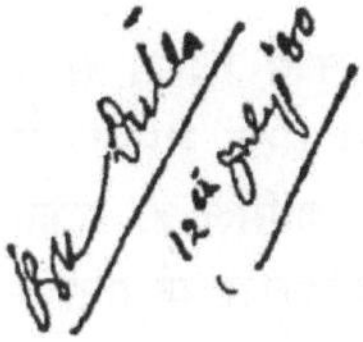

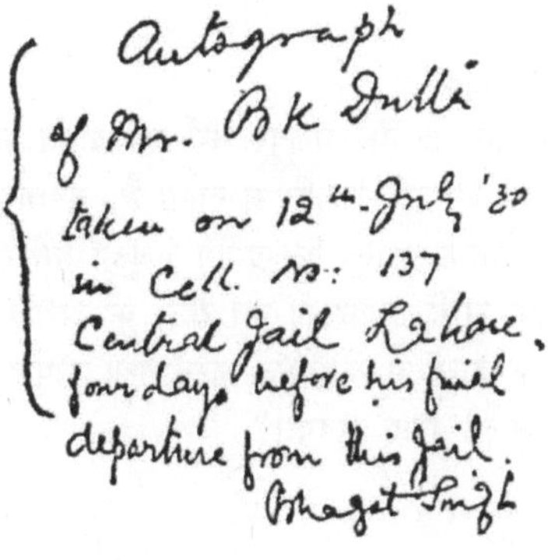

● नोटबुक में पृष्ठ संख्या 66 (63) नहीं है। इस पृष्ठ, यानी नोटबुक पृष्ठ 67 (64) पर, मध्य में, बी.के.दत्त का तारीख (12.7.1930) सहित हस्ताक्षर है।

इसके नीचे भगतसिंह की लिखावट में पृष्ठ पर नीचे, दाँयीं तरफ यह टिप्पणी अंकित है:

श्री. बी. के. दत्त का इस जेल से फाइनल
डिपार्चर से चार दिन पहले कोठरी न. 137,
सेण्ट्रल जेल लाहौर, में 12वीं जुलाई 1930
को लिया गया आटोग्राफ,

● इसके नीचे भगतसिंह के हस्ताक्षर हैं। इन प्रविष्टियों के अलावा नोटबुक में और किसी प्रविष्टि में तारीख नहीं है।

● नोटबुक में पृष्ठ 68 (65) नहीं है।

पृष्ठ 69 (66)

कम्युनिस्टों का लक्ष्य

"कम्युनिस्ट अपने दृष्टिकोण और लक्ष्य छिपाने से घृणा करते हैं। वे खुले तौर पर ऐलान करते हैं कि उनका लक्ष्य सिर्फ़ समस्त मौजूदा सामाजिक दशाओं को बलपूर्वक उखाड़ फेंकने के द्वारा ही हासिल हो सकता है। शासक वर्गों को कम्युनिस्ट क्रांति के भय से काँपने दो। सर्वहाराओं के पास अपनी बेड़ियों के सिवाय खोने के लिए कुछ नहीं है। जीतने के लिए उनके सामने सारी दुनिया है। दुनिया के मजदूर एक हों।"[1]

• • •

कम्युनिस्ट क्रांति का लक्ष्य

"हम ऊपर देख चुके हैं कि मजदूर वर्ग की क्रांति में पहला कदम सर्वहारा वर्ग को उठाकर शासक वर्ग की स्थिति में लाना है, जनवाद की लड़ाई को जीतना है। सर्वहारा अपने राजनीतिक प्रभुत्व का प्रयोग बुर्जुआ वर्ग से धीरे-धीरे करके सारी पूँजी छीनने, उत्पादन के सभी उपकरणों को राज्य के अर्थात शासक वर्ग के रूप में संगठित सर्वहारा वर्ग के हाथों में केंद्रीकृत करने तथा उत्पादक शक्तियों की समग्रता में यथाशीघ्र वृद्धि करने के लिए करेगा।"

"कम्युनिस्ट मैनिफेस्टो"[2]

पृष्ठ 70 (67)

कार्ल मार्क्स की गलतियाँ निकालना

...और यह निश्चित मालूम पड़ता है कि त्रात्स्की मानो उससे संबंधित थे, जिसे जर्मन "असली राजनीति" का स्कूल कहा करते थे और किसी भी विचारधारा के प्रति एकदम उतने ही मासूम थे, जितना कि बिस्मार्क। और इसीलिए, यह देखकर कुतूहल होता है कि त्रात्स्की भी इतने क्रांतिकारी नहीं हैं कि कह सकें कि मार्क्स ने एक गलती की थी; बल्कि वह एक या अधिक पृष्ठ अर्थनिरूपण के काम में

1. कम्युनिस्ट घोषणापत्र का आख़िरी पैरा।

2. कम्युनिस्ट घोषणापत्र।

अर्थात यह सिद्ध करने में लगाना जरूरी समझते हैं कि पवित्र पुस्तकों में जो कुछ कहा गया है, उसका अर्थ उससे एकदम भिन्न है।

त्रात्सकी कृत 'लसेन्स ऑफ अक्टूबर 1917' की भूमिका
भूमिका ए. सूसन लॉरेंस द्वारा लिखित

जनता की आवाज़–

हमें जितनी सरकारों के बारे में जानकारी है, वे सब-के-सब मुख्य रूप से जनता के प्रति उदासीन रहकर ही शासन करती रही है, वे हमेशा ही देश के राजनीतिक रूप से सचेत इस या उस तबके की, अल्पसंख्यक सरकारें ही रही हैं। लेकिन जब यह दैत्य (यानी जनता-सं.) जाग जायेगा, तो उसी की मर्जी लागू होगी, लेकिन सबसे बड़ी बात है कि यह समय से जागेगा या नहीं।

"भूमिका"[1]

पृष्ठ 71 (68)

लेनिन ने जुलाई, 1917 में लिखा–"यह अकसर होता है कि जब घटनाएँ अचानक मोड़ ले लेती हैं, तो एक अग्रणी पार्टी भी कुछ समय तक के लिए इस नयी परिस्थिति के साथ अपनी सुसंगति नहीं बना पाती। वह वे ही पुराने जुमले दुहराती रहती है, जो इस नयी परिस्थिति में अर्थहीन हो चुके होते हैं तथा जिस अनुपात में घटनाओं में 'अप्रत्याशित' परिवर्तन हो चुका होता है, उसी अनुपात में उनकी अर्थवेत्ता भी 'अप्रत्याशित रूप से' ख़तम हो चुकी होती है।"

लेसन्स ऑफ अक्टूबर, (पृ. 17)[2]

• • •

रणकौशल और रणनीति

जैसे युद्ध में, वैसे ही राजनीति में भी, रणकौशल का अर्थ है अलग-अलग कार्रवाई का संचालन करने की कला; रणनीति का अर्थ है विजय पाने की, अर्थात सत्ता पर वास्तविक क़ब्ज़ा करने की कला।

(पृ. 18)[3]

• • •

1. पूर्वोक्त।
2. और।
3. 1926 में प्रकाशित त्रात्स्की की पुस्तक लसेन्स ऑफ अक्टूबर 1917 से।

प्रचार और कार्रवाई

और जब सर्वहारा वर्ग की पार्टी तैयारी से, यानी प्रचार और संगठन एवं आन्दोलन से आगे बढ़कर सत्ता के लिए वास्तविक संघर्ष में उतरती है और बुर्जुआ वर्ग के विरुद्ध एक वास्तविक जन-विद्रोह को अंजाम देने लगती है, तब एक अचानक बदलाव घटित होता है। ऐसे में पार्टी के भीतर ऐसे तत्त्व, जो दृढ़-संकल्प नहीं रखते या संदेहशील, या समझौतावादी, या कायर होते हैं–वे जन-विद्रोह का विरोध करने लगते हैं। अपने विरोध को उचित ठहराने के लिए सैद्धान्तिक दलीलें खोजने लगते हैं और उन्हें ये दलीलें अपने कल के विरोधियों के बीच एकदम पके पकाये तौर पर मिल जाती हैं।

त्रात्स्की (पृ. 19)[1]

पृष्ठ 72 (69)

"अब जरूरत इस बात की है कि हम अपने आपको पुराने फॉर्मूलों से नहीं, बल्कि नयी वास्तविकताओं से निर्देशित करें।"

लेनिन (पृ. 25)[2]

वह हमेशा ही भविष्य के लिए अतीत से लड़ते रहे।

(पृ. 41)[3]

• • •

...लेकिन एक क्षण ऐसा आता है जब सोचने की यह आदत कि दुश्मन अधिक बलवान है, विजय के लिए मुख्य बाधा बन जाती है।

"त्रात्स्की" (पृ. 48)[4]

...लेकिन ऐसी परिस्थितियों में हरेक पार्टी के पास अपना लेनिन तो होगा नहीं।

...महत्त्वपूर्ण क्षण को गँवा देने का क्या मतलब होता है?...

रणकौशलों की सारी कला इसी में है, कि जब परिस्थितियों का संयोग सर्वाधिक अनुकूल हो तो उस क्षण के अनुरूप कार्रवाई की जाये...।

---

1. त्रात्स्की की किताब लेसन्स ऑफ अक्टूबर 1917 से।
2. त्रात्स्की की किताब लेसन्स ऑफ अक्टूबर 1917 से।
3. त्रात्स्की की किताब लेसन्स ऑफ अक्टूबर 1917 से।
4. त्रात्स्की की किताब लेसन्स ऑफ अक्टूबर 1917 से।

परिस्थितियों ने ऐसा ही संयोग उपस्थित किया था और लेनिन ने कहा था कि संकट का किसी-न-किसी पक्ष में हल करना जरूरी है। लेनिन ने बार-बार कहा, 'अभी या कभी नहीं'।

(पृ. 52)[1]

पृष्ठ 73 (70)

एक क्रांतिकारी पार्टी की ताकत एक निश्चित सीमा तक बढ़ती है, लेकिन उसके बाद इसका उलटा भी हो सकता है...।'[2]

"हिचकिचाना अपराध है"... अक्टूबर की शुरुआत में...(लेनिन ने)...लिखा, "सोवियतों की कांग्रेस का इंतजार करना औपचारिकताओं का एक बचकाना खेल खेलना है, औपचारिकताओं के साथ एक अपमानजनक खेल खेलना है, यह क्रांति के साथ विश्वासघात करना है।"

• • •

उपयुक्त क्षण

राजनीति में समय एक महत्त्वपूर्ण कारक है और युद्ध एवं क्रांति में तो यह हज़ारों गुना अधिक महत्त्वपूर्ण है। चीज़ें जो आज की जा सकती हैं, कल नहीं की जा सकतीं। हथियार लेकर उठ खड़े होना, दुश्मन को पराजित करना, सत्ता पर क़ब्ज़ा करना आज संभव हो सकता है, और कल असंभव हो सकता है। लेकिन आप कह सकते हैं कि सत्ता पर क़ब्ज़ा करने का मतलब तो इतिहास की धारा को बदल डालना होता है और क्या यह संभव है कि एक ऐसी चीज़ महज 24 घण्टे की देरी पर निर्भर हो? हाँ, जब सशस्त्र जन-विद्रोह की घड़ी आ जाती है, तब घटनाएँ राजनीति के लम्बे पैमानों से नहीं, बल्कि युद्ध के छोटे पैमानों से नापी जाती हैं। इसमें कुछेक हफ्ते कुछेक दिन या यहाँ तक कि कभी-कभी एक दिन की देरी का मतलब क्रांति का परित्याग हो सकता है, घुटने टेक देना हो सकता है।

• • •

राजनीतिक चालबाज़ी, खासतौर से क्रांति में, हमेशा खतरनाक होती है। आप दुश्मन को धोखा दे सकते हैं, लेकिन इससे आपके पीछे चलने वाले जनसमुदाय दिग्भ्रमित हो सकते हैं।

---

1. त्रात्स्की की किताब लेसन्स ऑफ अक्टूबर 1917 से।
2. आख़िरी शब्द मूल में अस्पष्ट: लेसन्स ऑफ अक्टूबर 1917 से।

पृष्ठ 74 (71)

हिचकिचाहट

नेताओं की ओर से दिखायी जाने वाली और उनके अनुयायियों द्वारा महसूस की जाने वाली हिचकिचाहट राजनीति में आमतौर पर नुकसानदेह साबित होती है, और सशस्त्र जन-विद्रोह की स्थिति में तो यह एक घातक खतरा है।

युद्ध

..."युद्ध, युद्ध है चाहे जो भी हो, इसमें कोई हिचकिचाहट या वक़्त की बर्बादी नहीं होनी चाहिए।"[1]

अक्षम नेता

...ऐसे नेताओं की दो किस्में हैं, जो पार्टी को ऐसे वक़्त पीछे खींचने की रुझान रखते हैं, जब उसे सबसे तेज गति से आगे बढ़ने की जरूरत होती है। एक किस्म ऐसे नेताओं की है, जिनकी प्रवृत्ति क्रांति के रास्ते में हमेशा ही बेपनाह कठिनाइयाँ और बाधाएँ देखने की होती हैं और जो उन्हें देखकर सचेत या अचेतन तौर पर उनसे बचने की इच्छा रखते हैं। वे मार्क्सवाद को तोड़-मरोड़कर इस रूप में व्याख्यायित करने लगते हैं कि क्रांतिकारी कार्रवाई क्यों असंभव है। दूसरे किस्म के नेता महज सतही आन्दोलनकर्ता भर होते हैं। वे जब तक बाधाओं से टकराकर अपना सिर नहीं फोड़ लेते, तब तक उन्हें कभी बाधाएँ नज़र ही नहीं आतीं। वे समझते हैं कि बस भाषण झाड़ कर ही वास्तविक कठिनाइयों से निजात पा लेंगे। वे प्रत्येक चीज़ को अति आशावाद के साथ देखते हैं और जब सचमुच कुछ करने को होता है, तब ठीक उसी वक़्त पाला बदल लेते हैं।

(पृ. 80)[2]

पृष्ठ सं 75 से 100 नोटबुक की हमें उपलब्ध हुई प्रति में नहीं थे।
अगली पृष्ठ सं. 101 (74) है?–संपादक

---

1. उपरोक्त सभी उद्धरण संभवतः त्रात्स्की की किताब लेसन्स ऑफ अक्टूबर 1917 से हैं।
2. संभवतः लेसन्स ऑफ अक्टूबर 1917 से ही।

पृष्ठ 101 (74)

समाजशास्त्र [1]

मूल्य

"1 पाव मक्का = क/लोहे की कीमत। यह समीकरण हमें क्या बताता है? यह हमें बताता है कि दो भिन्न-भिन्न चीज़ों में, मक्का पाव भर में और लोहे की क कीमत में समान गुणों वाली कोई चीज़ दोनों में उभयनिष्ठ रूप से मौजूद है। अतः इन दो चीज़ों को अवश्य ही किसी ऐसी तीसरी चीज़ के बराबर होना चाहिए, जो स्वयं न तो पहली चीज़ हो और न ही दूसरी चीज़...। अब आइए हम इन दोनों उत्पादों में से प्रत्येक के भीतर निहित इस तीसरी अवशिष्ट चीज़ पर विचार करें, यह प्रत्येक उत्पाद में एक ही अभौतिक यथार्थ के रूप में एकसार मानवीय श्रम, यानी उस श्रम शक्ति के महज एक जमाव के रूप में निहित है, जिसमें इससे कोई फर्क नहीं पड़ता कि उस श्रमशक्ति के खर्च किये जाने की विधा क्या रही है। अब ये सारी चीज़ें हमें बताती हैं कि उपर्युक्त उत्पादों के उत्पादन में मानव-श्रम खर्च किया गया है, यानी कि उनमें श्रम ही मूर्तमान हुआ है। जब हम इस सामाजिक पदार्थ यानी श्रम को उसके अलग-अलग स्पष्ट मूर्तमान रूपों में रखते हैं, तो सर्वसाधारण के लिए वे ही 'मूल्य' कहलाते हैं।"

मार्क्स-"पूँजी" : अंग्रेज़ी अनुवाद (पृ. 3, 4, 5)

• • •

✓ **क़ानून** [2]

"बहरहाल, समाज क़ानून पर नहीं आधारित होता है। यह तो एक क़ानूनी गल्प है। इसके विपरीत, क़ानून को अवश्य ही समाज पर आधारित होना चाहिए। इसे निश्चय ही समाज के हित और आवश्यकताओं की अभिव्यक्ति होना चाहिए, और इसे औद्योगिक उत्पादन की स्वेच्छाचारिता के बजाय उत्पादन की सामाजिक और निरापवाद रूप से भौतिक उत्पादन-प्रणाली से निःसृत होना चाहिए। इस समय मेरे हाथ में नेपोलियन संहिता है, लेकिन इसने आधुनिक नागरिक समाज को नहीं पैदा किया है। 18वीं सदी में जन्मा और 19वीं सदी में विकसित हुआ समाज इस संहिता में सिर्फ़ एक क़ानूनी अभिव्यक्ति के रूप में निहित है। जब यह सामाजिक दशाओं

1. हाशिए पर नोट किया हुआ।
2. मूल में शीर्षक की बाँयीं तरफ 'सही' (✓) का निशान।

के अनुरूप नहीं रह जायेगा, तब यह महज रद्दी काग़ज़ का पुलिंदा ही सिद्ध होगा...। जीवन की बदलती दशाओं के साथ-साथ क़ानून भी निश्चित तौर पर बदलते रहे हैं। परंतु सामाजिक विकास की नयी आवश्यकताओं और अपेक्षाओं को दरकिनार कर (युग की पुकार के लिहाज से) पुराने क़ानून को बनाये रखना, दरअसल, सर्वसाधारण के हित के विपरीत किन्हीं खास हितों की पाखण्डपूर्ण हिमायत के अलावा और कुछ नहीं है।"

मार्क्स (कोलोन की जूरी अदालत में) [1]

• • •

✓ **जनसमुदाय**

"जनता एक ऐसे भारी-भरकम और पंचमेल जानवर की भाँति होती है, जो अपनी ही ताकत से अनभिज्ञ रहता है और इसीलिए बोझ ढोते हुए कोड़े-डण्डे खाता रहता है। यह उस फितने बच्चे द्वारा भी हाँक लिया जाता है, जिसे वह जब चाहे धक्के मारकर फेंक सकता है। लेकिन यह उस बच्चे से डरता है और इसीलिए यह उसकी सारी सनकों और मनबहकियों को झेलता रहता है और कभी महसूस नहीं करता कि वह बच्चा ख़ुद उससे कितना डरता है...। अद्भुत है! लोग ख़ुद अपने ही हाथों से अपने आपको फाँसी दे देते हैं और ख़ुद ही जेल चले जाते हैं तथा ख़ुद ही अपने ऊपर युद्ध और मौत का कहर बरपा कर लेते हैं। किसलिए? बस एक दमड़ी के लिए, जो उन्हीं तमाम दमड़ियों में से एक होती है, जिन्हें वे ख़ुद ही राजा को दे चुके होते हैं। जबकि धरती और आकाश के बीच जो कुछ है सब तो उनका ही है, लेकिन वे इसे नहीं जानते और अगर उन्हें कोई यह बता दे तो वे उस आदमी को गिराकर मार डालेंगे।"

"टोमासो कैम्पानेला" [2]

---

1. 1848 में, मार्क्स के ऊपर उनके अख़बार को लेकर कोलोन (जर्मनी) में एक प्रसिद्ध मुक़दमा चला। मई 1848 में कार्ल मार्क्स और फ्रेडरिक एंगेल्स रे कुछ साथियों की मदद से 'न्यू राइनिश जाइटुंग' (New Rhienische Zeitung) नामक एक राजनीतिक दैनिक अख़बार की स्थापना की। मार्क्स इसके संपादक थे। यह यूरोप में क्रांतिकारी उधर-पुथल का दौर था। नवम्बर 1848 में जब प्रशा के राजा ने नेशनल असेम्बली को भंग कर दिया तो मार्क्स और उनके साथियों ने जनता से कर न चुकाने का आह्वान किया और हथियारबंद विरोध की वकालत की। फोलोन की घेरेबन्दी कर ली गई और उनका अख़बार बन्द कर दिया गया। मुक़दमे के दौरान मार्क्स ने अपने तर्कों से जूरी को ही दोषी करार दिया। उन्हें बरी कर दिया गया लेकिन प्रशा से निर्वासित कर दिया गया।
2. तोमास्सो कैम्पानेला (1564-1639) : इतालवी कवि और दार्शनिक।

पृष्ठ 102 (75)

"मार्क्सवाद बनाम समाजवाद"

(1908-12)

लखेक व्लादिमीर जी. सिखोविच
पी.एच.डी., कोलम्बिया विश्वविद्यालय

वह एक-एक करके मार्क्स के सारे सिद्धांतों की आलोचना करते हैं और इन सभी को खारिज करते हैं–

1. मूल्य का सिद्धांत।
2. इतिहास की आर्थिक व्याख्या।
3. संपदा का थोड़े से हाथों अर्थात पूँजीपतियों के हाथों में संकेन्द्रण, मध्यम वर्ग का पूरी तरह खात्मा और सर्वहारा वर्ग की बाढ़।
4. बढ़ती गरीबी का सिद्धांत, जिसकी परिणति के तौर पर।
5. आधुनिक राज्य और सामाजिक व्यवस्था का अपरिहार्य संकट।

वह निष्कर्ष निकालते हैं कि मार्क्सवाद सिर्फ़ इन्हीं मूलभूत सिद्धांतों पर आधारित है और उन्हें एक-एक करके खारिज करते हुए, निष्कर्ष के तौर पर कहते हैं कि क्रांति के जल्दी फूट पड़ने की सारी धुँधली आशंकाएँ अभी तक निर्मूल ही साबित हुई हैं। मध्यम वर्ग घट नहीं, बल्कि बढ़ रहा है। धनी वर्ग संख्या में बढ़ रहा है तथा उत्पादन और उपभोग की प्रणाली भी परिस्थितियों के अनुसार बदल रही है, अतः मजदूरों की दशा में सुधार करके किसी भी प्रकार के संघर्ष को टाला जा सकता है। सामाजिक अशान्ति का कारण बढ़ती गरीबी नहीं, बल्कि औद्योगिक केंद्रों पर गरीब वर्गों का संकेन्द्रण है, जिसके नाते वर्ग-चेतना पैदा हो रही है। इसीलिए यह सब चिल्ल-पों है।[1]

पृष्ठ 103 (76)

लेस मिज़रेबल्स की भूमिका

जब तक क़ानून और परंपरा की बदौलत एक ऐसी सामाजिक अधोगति मौजूद रहेगी, जिसमें सभ्यता के भीतर नर्क निर्मित होते रहेंगे और दैवीय नियति के साथ मानवीय नियति का उलझाव होता रहेगा, जब तक इस युग की तीन समस्याएँ गरीबी के कारण मनुष्य की दुर्गति, भूख के कारण नारी की अधोगति, और अज्ञानता के

1. भगतसिंह द्वारा पुस्तक पर दर्ज टिप्पणी।

कारण बच्चों की अशक्तता हल नहीं होती, जब तक कुछ क्षेत्रों में सामाजिक घुटन मौजूद रहेगी, दूसरे शब्दों में, तथा एक और भी व्यापक दृष्टिकोण से, जब तक इस धरती पर अज्ञानता और बदहाली बरकरार रहेगी, तब तक ऐसी किताबें व्यर्थ नहीं सिद्ध होंगी।

"विक्टर ह्यूगो"[1]

• • •

न्यायाधीश की परिभाषा

"न्यायाधीश (अपने फैसले से) जो कष्ट पहुँचाता है, यदि वह स्वयं उसके प्रति निष्ठुर हो, तो वह न्याय करने का अधिकार खो बैठता है।"

"रवीन्द्रनाथ ठाकुर"[2]

• • •

"लेकिन अप्रतिरोधी शहादत जो कर पाने में असफल रह जाती है, उसे न्यायप्रिय और प्रतिरोधी शक्ति कर डालती है, तथा अत्याचारी को और अधिक हानि पहुँचाने में नाकाम कर देती है।"[3]

"धर्मान्तरित होने के बजाय मार डाले जाओ" उस समय हिन्दुओं के बीच यही पुकार प्रचलित थी। लेकिन रामदास[4] उठ खड़े हुए और कहा–"नहीं! ऐसे नहीं! धर्मान्तरित होने से बेहतर है मार डाले जाना। यह कहना काफी अच्छा है, लेकिन इससे भी बेहतर है यह कोशिश करना कि न तो मारे जाओ और न ही धर्मान्तरित होओ, बल्कि ख़ुद हिंसा की शक्तियों को मार डालो। इसमें अगर मरना ही हो तो मार दिये जाओ, लेकिन विजय की खातिर मारते हुए मरो, न्याय की जीत के लिए मरो।"

"हिन्दू पद पदशाही" (पृ. 181-82)

---

1. विक्टर ह्यूगो (1802–1885) : फ्रांसिसी कवि, नाटककार, उपन्यासकार और रोमांसवाद के एक प्रवर्तक; लेस मिजरबेल्स उनका 1862 में लिखा एक क्लासिकीय उपन्यास है।
2. इस उद्धरण का स्रोत उपलब्ध नहीं।
3. अज्ञात।
4. प्रसिद्ध मराठा संत और शिवाजी के प्रेरणा-गुरु।

पृष्ठ 104 (77)

सभी विधि-निर्माता अपराधियों के रूप में परिभाषित

आदिकाल से लेकर लाइकरगस[1], सोलोन[2], मोहम्मद[3], नेपोलियन[4], आदि तक मनुष्यों के लिए जितने भी विधि निर्माता और शासक हुए हैं वे सब-के-सब अपराधी रहे हैं, क्योंकि नये क़ानूनों का विधान करके, स्वाभाविक तौर पर, उन्होंने उन पुराने क़ानूनों को भंग किया, जिन्हें समाज श्रद्धापूर्वक मानता आ रहा था और जो पूर्वजों से विरासत में मिले हुए थे।

अपराध और दण्ड–दोस्तोव्स्की (पृ. 205)[5]

• • •

बर्क[6] का कहना है–"एक सच्चा राजनीतिज्ञ, हमेशा इस बात पर सोचता रहता है कि कैसे वह अपने देश में मौजूद संसाधनों से ज्यादा-से-ज्यादा अर्जित करे।"

पृष्ठ 105 (78)

विधिशास्त्र[7]

क़ानून :

1. क़ानून का प्राविधान	जिस रूप में वह मौजूद है।
2. क़ानून का इतिहास	जिस रूप में उसका विकास हुआ।
3. क़ानून-विधान का विज्ञान	जैसा उसे होना चाहिए।

---

1. लाइकरगस : प्राचीन स्पार्टा (यूनान) का संविधान निर्माता। उसके जीवनीकार प्लुटार्क के अनुसार वह "विधि निर्माता" था और हेरोदोतम के अनुसार, उसने "सारी परंपराएँ" बदल डालीं।
2. सोलोन (639 ई.पू. 559 ई.पू.) : प्राचीन एथेन्स (यूनान) पग राजनयिक, जिसने सीमित जनतंत्र देने के लिए एथेन्स के संविधान का संशोधन किया, और भूमि सुधार लागू किया।
3. हजरत मोहम्मद (570-632 ई.) का उल्लेख अरब देशों में प्रचलित पुराने क़ानूनी और प्रथाओं के स्थान पर इस्लामी क़ानूनों के संस्थापक के रूप में किया गया है।
4. नेपोलियन बोनापार्ट (1769-1821) ने नेपोलियन संहिता तैयार की, जिसे यूरोप में लागू किया गया।
5. प्रसिद्ध रूसी उपन्यासकार फ्योदोर मिखाइलोविच दोस्तोव्स्की (1821-1881) का प्रसिद्धतम उपन्यास अपराध और दण्ड, जो 1866 में प्रकाशित हुआ।
6. एडमण्ड बर्क (1729-1797) : ब्रिटिश राजनीतिज्ञ और लेखक।
7. ऐसा प्रतीत होता है कि भगतसिंह ने विधिशास्त्र संबंधी व्यापक अध्ययन की रूपरेखा बनायी थी, जो नोटबुक के अगले कई पृष्ठों तक जारी है।

1. सैद्धान्तिक	(i) दर्शन		विधि के विज्ञान के लिए आधार प्रदान करना।
2. सामान्य	विधिशास्त्र		

1. विश्लेषणात्मक 2. ऐतिहासिक 3. नीतिशास्त्रीय	विधिशास्त्र

1. **विश्लेषणात्मक विधिशास्त्र** क़ानून के प्रथम सिद्धांत की व्याख्या करता है। इसकी विषय वस्तु है–

(अ) नागरिक क़ानून की अवधारणा।

(ब) नागरिक और अन्य क़ानूनों के बीच संबंध।

(स) विविध संघटक विचार जो क़ानून की धारणा, जैसे राज्य, संप्रभुता और न्याय-प्रशासन का संघटन करते हैं।

(द) क़ानून के क़ानूनी स्रोत और विधि निर्माण का सिद्धांत आदि।

(य) क़ानून के वैज्ञानिक वर्गीकरण।

(र) क़ानूनी अधिकार।

(ल) क़ानूनी (नागरिक और फौजदारी) दायित्व का सिद्धांत।

(व) अन्य क़ानूनी अवधारणाएँ।

पृष्ठ 106 (79)

2. **ऐतिहासिक विधिशास्त्र** क़ानून, क़ानूनी अवधारणाओं की उत्पत्ति और विकास को निर्धारित करने वाले सामान्य सिद्धांतों का अध्ययन करता है। यह इतिहास है।
3. **नीतिशास्त्रीय विधिशास्त्र** क़ानून के संबंध में न्याय के सिद्धांत से संबंधित है।

क़ानून और न्याय

क़ानून के नीतिशास्त्रीय निहितार्थों की पूर्ण अवहेलना विश्लेषणात्मक विधिशास्त्र को एक बेजान प्रणाली में तब्दील कर सकती है।

इंग्लैंड में

दो भिन्न-भिन्न शब्द "क़ानून" और "न्याय" लगातार इस बात को याद दिलाते रहते हैं कि ये दोनों एक ही चीज़ नहीं, बल्कि दो भिन्न चीज़ें हैं। लेकिन इनके

इस्तेमाल में इन दोनों के बीच मौजूद वास्तविक और घनिष्ठ संबंध अक्सर आँख ओझल हो जाया करता है।

और महाद्वीप में

[रेचेट : राइट (अधिकार) = ड्रॉइट : लॉ (क़ानून)]

महाद्वीपीय भाषा-शैली "क़ानून" और "अधिकार" के बीच के फर्क को छिपाती है, जबकि अंग्रेज़ी भाषा-शैली उनके बीच के संबंध को छिपाती है।

पृष्ठ 107 (80)

क़ानून

"हम उस किसी भी किस्म के नियम या सिद्धांत को क़ानून नाम दे देते हैं, जिसके द्वारा कार्रवाइयाँ निर्धारित की जाती हैं।"

"हूकर"[1]

"क़ानून अपने सर्वाधिक सामान्य अर्थ में कार्रवाई संबंधी नियम को विशिष्टीकृत करता है, और यह सभी प्रकार की कार्रवाई पर बिना भेदभाव के लागू होता है, चाहे वे तर्कपरक हों या तर्कहीन, जीवधारी से संबंधित हों, या निर्जीव से। इसीलिए हम गति के, गुरुत्वाकर्षण के, प्रकाश के, भौतिकी के, प्रकृति के और राष्ट्रों के नियमों की बात करते हैं।"

"ब्लकैस्टोन"[2]

क़ानूनों के प्रकार

1. अनिवार्य क़ानून।
2. भौतिक नियम या वैज्ञानिक क़ानून।
3. प्राकृतिक या नैतिक क़ानून।
4. प्रचलित क़ानून।
5. परंपरागत क़ानून।
6. व्यावहारिक या तकनीकी क़ानून।
7. अंतरराष्ट्रीय क़ानून।
8. नागरिक क़ानून या राज्य का क़ानून।

---

1. संभवत: अंग्रेज़ धर्मशास्त्री रिचर्ड हूकर (1554-1600) जिसने द लॉ ऑफ एक्लेसिएस्टिकल पॉलिसी में एंग्लीकनिज्म के सिद्धांतों को संहिताबद्ध किया।

2. संभवत: सर विलियम ब्लैकस्टोन (1723-1780) : अंग्रेज़ विधिवेत्ता, जिसने कमेण्ट्रीज ऑन द लॉज ऑफ इंग्लैंड (1795-1769) लिखी, जो अंग्रेज़ी क़ानून के सिद्धांत पर एक आधिकारिक पुस्तक मानी जाती है।

पृष्ठ 108 (81)

अनिवार्य क़ानून की अनुज्ञप्ति-1. सज़ा, युद्ध आदि)

1. **अनिवार्य** क़ानून–का अर्थ है, कार्रवाई का नियम, जो किसी ऐसी सत्ता द्वारा लोगों पर लागू किया जाता है। जो इसका अनुपालन बलपूर्वक करवा लेती है।

'क़ानून एक आदेश है, जो व्यक्ति या व्यक्तियों को एक निश्चित आचरण करने के लिए विवश करता है।'

"आस्टिन"[1]

समाज की प्रत्यक्ष नैतिकता भी अनिवार्य क़ानूनों के दायरे में आती है।

हॉब्स का दृष्टिकोण–

मनुष्य और हथियार ही क़ानूनों की शक्ति और सम्बल हैं।

"हॉब्स"[2]

2. **भौतिक** क़ानून–चल रही कार्रवाईयों की अभिव्यक्ति है। (नैतिक क़ानून या विवेक का क़ानून कार्रवाईयों की इस रूप में अभिव्यक्ति है, जैसी वे होनी चाहिए)।

3. **प्राकृतिक या नैतिक** क़ानून–का अर्थ है प्राकृतिक रूप से सही या गलत के सिद्धांत, यानी सभी सही कार्रवाईयों समेत प्राकृतिक न्याय के सिद्धांत।

न्याय के दो प्रकार हैं–प्राकृतिक और प्रत्यक्ष।

- प्राकृतिक न्याय वह न्याय है, जो वास्तव में और सचमुच हो।
- प्रत्यक्ष न्याय, न्याय का वह रूप है, जिस रूप में उसे समझा जाता है, स्वीकार किया जाता है, और अभिव्यक्त किया जाता है।

पृष्ठ 109 (82)

4. **प्रचलित** क़ानून–ऐसा कोई भी नियम या नियमों की प्रणाली नहीं है, जिस पर लोग अपने आचरण के नियमन के लिए सहमत होते हैं। सहमत होने वाले पक्षों की सहमति ही क़ानून है।

5. **परंपरागत** क़ानून–मनुष्यों द्वारा वास्तव में की जाने वाली कार्रवाई का कोई भी नियम, जो स्वैच्छिक कार्रवाई की किसी वास्तविक समरूपता की अभिव्यक्ति है। परंपरा उन लोगों का क़ानून है, जो इसे मानते हैं।

---

1. जान आस्टिन (1911-1960) : ब्रिटिश दार्शनिक राजनीतिक चिंतक।
2. थामस हॉब्स (1588-1689) : अंग्रेज़ दार्शनिक-राजनीतिक चिंतक। राज्य की उत्पत्ति के सामाजिक समझौते के सिद्धांत का जनक। राजतंत्रात्मक निरंकुशतावाद का समर्थक था।

6. **व्यावहारिक या तकनीकी** क़ानून–इसमें ऐसे नियम आते हैं, जो व्यावहारिक उद्देश्य की प्राप्ति के लिए होते हैं। खेलों में 'प्रचलित क़ानून' और 'व्यावहारिक क़ानून' दोनों ही आते हैं, जिनमें पहले प्रकार के क़ानूनों के अंतर्गत वे नियम आते हैं, जिन पर खिलाड़ियों की सहमति होती है और दूसरे प्रकार के क़ानूनों के अंतर्गत वे नियम आते हैं, जो खेल को सफल बनाते हैं, या खेल को सफलतापूर्वक चलाने के लिए होते हैं।

7. **अंतरराष्ट्रीय** क़ानून–इसमें वे नियम आते हैं, जो संप्रभुतासम्पन्न राज्यों के आपसी संबंधों एवं एक-दूसरे के प्रति आचरण का नियमन करते हैं।

(i) एक्सप्रेस क़ानून (संधियाँ आदि)।

(ii) अंतर्निहित क़ानून (परंपरागत)।

पुनः दो प्रकारों में विभाजित :

(i) सामान्य क़ानून (सभी राष्ट्रों के बीच)।

(ii) विशिष्ट क़ानून (दो या अधिक राष्ट्र विशेष के बीच)।

8. **नागरिक** क़ानून–राज्य या देश का क़ानून, जो न्यायिक अदालत में प्रयुक्त होता है।

पृष्ठ 110 (83)

सज़ा

राजनीतिक जुर्म–हम विधि-निर्माताओं से भारी समुदाय की इस सोच से सहमत हैं कि भले ही, आमतौर पर उस व्यक्ति पर कड़ी कार्रवाई नहीं की जानी चाहिए, जो ऐसी मुजरिमाना साजिश में शामिल रहा हो, जिस साजिश को अंजाम नहीं दिया गया हो, फिर भी राज्य के ख़िलाफ़ किये गये बड़े जुर्मों के सिलसिले में इस नियम का एक अपवाद जरूर रखा जाना चाहिए, कारण कि राज्य के ख़िलाफ़ किये जाने वाले जुर्मों की खासियत यह होती है कि यदि उनमें मुजरिम कामयाब हो जाता है, तो वह सज़ा से तकरीबन साफ बच जाता है। क़ातिल क़त्ल करने के बाद क़त्ल करने की अपेक्षा कहीं अधिक खतरे में होता है, लेकिन राजद्रोही जब सरकार का तख़्ता पलट देता है, तो वह खतरे से बाहर हो जाता है। चूँकि दण्डात्मक क़ानून एक कामयाब विद्रोही के विरुद्ध नपुंसक ही सिद्ध होता है, इसलिए जरूरी है कि इसे विद्रोह की पहली शुरुआत के ख़िलाफ़ ही सशक्त और कड़ा बनाया जाये...।"

II एल.सी.सी. जजमेण्ट 1906, (पृ. 120)[1]

1. स्रोत और विवरण अनुपलब्ध।

पृष्ठ 111 (84)

सज़ा

स्वप्न जो प्राणदण्ड का कारण बना–जब मार्सेज ने सपना देखा कि उसने डायोनीसियस [1] का गला काट दिया है, तब निरंकुश शासक ने उसे प्राणदण्ड दे दिया, जिसके पीछे उसकी दलील यह थी कि यदि उसने दिन में ऐसा सोचा न होता तो रात में यह सपना कदापि नहीं देखता।

प्राणदण्ड और ड्रैको का क़ानून–ड्रैको [2] के क़ानून में लगभग सभी प्रकार के जुर्मों, जैसे मामूली चोरी से लेकर धर्म-द्रोह और हत्या तक के लिए एक समान मौत की सज़ा का विधान था और कहा जाता है कि इसका एकमात्र स्पष्टीकरण जो ड्रैको ने दिया था वह यह कि छोटे-मोटे जुर्मों की तो यही सज़ा होनी चाहिए और बड़े जुर्मों के लिए इससे बड़ी सज़ा वह सोच नहीं सका।

● ● ●

सज़ा को बहुतेरे दार्शनिकों ने एक आवश्यक बुराई माना है।

● ● ●

राज्य और मनुष्य–राज्य अपने आप में कोई लक्ष्य नहीं है, और मनुष्य क़ानून या राज्य के लिए नहीं, बल्कि ये ही मनुष्य के लिए होते हैं।

पृष्ठ 112 (85)

न्याय–राज्य की भौतिक ताकत के जरिये एक राजनीतिक समुदाय के भीतर अधिकार बनाये रखना।

इसने उस व्यक्तिगत प्रतिशोध का स्थान ले लिया है, जब लोग गलतियों का प्रतिशोध स्वयं या अपने बंधु-बांधवों के सहयोग से ले लिया करते थे। उन दिनों, 'जिसकी लाठी उसकी भैंस' का सिद्धांत काम करता था।

---

1. डायोनीसियस द एल्डर (430-367 ई.पू.) : सिसली का यूनानी राजनेता, जो 400 ई.पू. में साइरेक्यूस का निरंकुश शासक बना।
2. ड्रैको ई.पू. सातवीं सदी, एथेन्स (यूनान) का राजनीतिज्ञ जिसने परंपरागत अल्लिखित संविधान को संहिताबद्ध किया, छोटे से लेकर, बड़े तक सभी प्रकार के जुर्मों के लिए प्राणदण्ड देने के लिए कुख्यात उसका क़ानून (ड्रैकनियन लॉ) आज भी ऐसे काले क़ानूनों के लिए मुहावरे के तौर पर इस्तेमाल होता है।

दीवानी और फौजदारी न्याय

- नागरिक न्याय अधिकार लागू करता है। फौजदारी न्याय गलतियों के लिए सज़ा देता है।
- एक आदमी अपने बकाये का, या उससे गलत ढंग से दबा ली गयी संपत्ति को फिर से वापस पाने का दावा करता है। यह दीवानी (न्याय का मामला) है।
- फौजदारी के मामले में, प्रतिवादी पर गलत करने का आरोप लगा होता है। अदालत इस मुल्जिम को कर्तव्य की अवहेलना के जुर्म में तथा अधिकार के उल्लंघन के जुर्म में सज़ा देती है, जिसमें यदि हत्या का जुर्म है तो फाँसी और यदि चोरी का जुर्म है तो जेल की सज़ा देती है।

पृष्ठ 113 (86)

- दीवानी और फौजदारी दोनों ही प्रकार की कार्रवाई में, गलती की शिकायत दर्ज की जाती है।
- **दीवानी** (कार्रवाई) में अधिकार का दावा किया जाता है।
- **फौजदारी** (कार्रवाई) में गलती का आरोप लगाया जाता है।
- **दीवानी** न्याय का सरोकार, प्राथमिक तौर पर, वादी और उसके अधिकारों से होता है।
- **फौजदारी** (न्याय) का प्रतिवादी और उस पर लगे आरोप से।

• • •

फौजदारी न्याय के उद्देश्य

सज़ा– यह तटस्थ 'अपराधकर्ताओं' जैसे राजनीतिक व्यक्तियों के मामलों में उपयोगी नहीं हो सकती। यह उनके लिए एक बुरा सौदा सिद्ध हो सकती है।

1. **निवारक**–क़ानून का प्रमुख उद्देश्य दोषी व्यक्ति को एक नज़ीर बनाना और उस जैसे बाकी सभी व्यक्तियों को एक चेतावनी देना है। यह प्रत्येक अपराध को "अपराधकर्ता का एक दुर्भावना" सिद्ध करता है। (इरादे का बदलाव)।
2. **निरोधक**–दूसरे मामले में, यह निरोधक या अयोग्य सिद्ध करने वाला है। इसका विशेष उद्देश्य अपराधकर्ता को नाकाम कर उसे पुनः गलत काम करने से रोकना है।

3. **सुधारात्मक**–अपराध चरित्र के ऊपर इरादों के प्रभाव से किये जाते हैं और वे या तो इरादों के बदलाव से या चरित्र के बदलाव से रोके जा सकते हैं।

निवारक सज़ा पहले मामले में दी जाती है। (कुछ शब्द अस्पष्ट-सं.) जबकि सुधारात्मक (सज़ा) दूसरे मामले में दी जाती है।

प्राणदण्ड का औचित्य

हम हत्यारों को फाँसी महज इसीलिए नहीं देते कि यह दूसरों को (हत्या करने से) विरत करती है, बल्कि उसी कारण से, जिस कारण से हम, उदाहरण के लिए, साँप को मार डालते हैं, क्योंकि हमारे लिए यही बेहतर है कि वे इस दुनिया में रहने के बजाय इससे बाहर हो जाये।

पृष्ठ 114 (87)

"सुधारात्मक सिद्धांत" के पैरोकार सज़ा के सिर्फ़ उन्हीं रूपों की हिमायत करते हैं, जो अपराधी की शिक्षा और उसे अनुशासित करने के लिए उपयोगी होते हैं और बाकी उन सभी (सज़ाओं) को अमान्य टहराते हैं, जो लाभकारी तौर पर सिर्फ़ निवारक या अयोग्यकारी होती हैं। उनकी दृष्टि में मृत्यु कोई उपयुक्त सज़ा नहीं है, 'हमें अपने अपराधियों का इलाज करना चाहिए, उनकी हत्या नहीं!' पिटाई और अन्य शारीरिक सज़ाएँ बर्बरता की निशानी कहकर निन्दित की जाती हैं। वे ऐसी सज़ाओं को सज़ा भोगने वाले और सज़ा देने वाले दोनों को ही नीचे गिराने वाली और क्रूर मानते हैं।

कड़ी सज़ा का नतीजा। अपराधियों का खतरनाक और दुस्साहसिक वर्ग पैदा हो जाता है।

राज्य की बलप्रयोग की कार्रवाई जितनी सक्षम होती है, वह सभी सामान्य मनुष्यों को खतरनाक रास्तों (पर जाने) से रोकने में उतनी ही सफल होती है, लेकिन क़ानून तोड़ने वालों में अध:पतन का अनुपात भी उतना ही अधिक होता है।

4. प्रतिकारात्मक सज़ा–सर्वाधिक भयावह सिद्धांत! ऐसी सोच रखने वाले लोग वास्तव में प्राचीन और सभ्यतापूर्व कालों की बर्बर मन:स्थितियों के हिमायती होते हैं।[1]

यह प्रतिशोध या बदले की उस नैसर्गिक प्रवृत्ति को तुष्ट करती है, जो सिर्फ़ गलती का शिकार हुए व्यक्ति में ही नहीं मौजूद रहती, बल्कि व्यापक पैमाने पर समाज में उसके प्रति हमदर्दी के रूप में भी मौजूद रहती है।

1. हाशिए पर लिखा हुआ।

इस दृष्टिकोण के अनुसार, यह सही और उचित है कि बुराई का बदला बुराई से लिया जाये। आँख के बदले आँख और दाँत के बदले दाँत प्राकृतिक न्याय का एक सीधा और अपने आप में पूर्ण नियम माना जाता है। सज़ा ख़ुद में एक मकसद बन जाती है।

पृष्ठ 115 (88)

सज़ा एक बुराई

सज़ा अपने आप में ही एक बुराई है, और इसे सिर्फ़ एक महत्तर उद्देश्य की प्राप्ति के साधन के तौर पर ही उचित ठहराया जा सकता है।

लेकिन प्रतिकारात्मक सिद्धांत के समर्थक इस ढंग से दलील देते हैं–"दोष, धन, सज़ा बराबर निर्दोषता।"

"उसने न्याय के क़ानून का जिस गलती द्वारा उल्लंघन किया है, उससे उसके ऊपर एक ऋण आयद हो गया है। अतः न्याय का तकाजा है कि वह ऋण चुका दिया जाये...सज़ा का पहला उद्देश्य भंग किये गये क़ानून को तुष्ट करना है।"

• • •

Peine forte et dure : यातना देकर मौत...जिसका फैसला निम्नलिखित रूप में दिया गया–

"कि तुम्हें फिर उसी जेल में वापस ले जाया जाये जहाँ से तुम आये थे, यानी कि उसी लम्बी कालकोठरी में, जिसके भीतर कोई रोशनी न जा सके, फिर तुम्हें वहाँ नंगी फर्श पर पीठ के बल लिटाया जाये, सिर्फ़ तुम्हारी कमर में एक कपड़ा लिपटा रहे, जबकि शेष सभी भाग नंगा रहे, कि तुम्हारे शरीर पर लोहे का एक इतना भारी बोझ रखा जाये जितना कि तुम बर्दाश्त कर सको, और फिर उससे भी अधिक भारी, कि तुम्हें पहले दिन खाने के लिए मोटी-से-मोटी रोटियों के सिवाय, और कोई चीज़ न दी जाये, दूसरे दिन जेल के फाटक के सबसे नज़दीक के गड्ढे में जमा पानी के तीन घूँट दिये जायें, तीसरे दिन फिर पहले जैसा ही खाना दिया जाये, और ऐसी रोटियाँ और ऐसा पानी एक-एक दिन के अंतर पर तब तक दिया जाये, जब तक कि तुम मर न जाओ।"[1]

यह सज़ा स्त्री-पुरुष दोनों को समान रूप से उन सभी प्रकार के जुर्मों के लिए दी गयी जो ग़ैर-मामूली नहीं थे।[2]

---

1. स्रोत का पता नहीं।
2. हाशिये पर नोट किया हुआ और रेखांकित।

पृष्ठ 116 (89)

विदेशी अधीनता–विदेशी जुवे की अधीनता राष्ट्रों के पतन के सबसे प्रबल कारणों में से एक है।

"प्रो. ए. ई. रॉस"[1]

• • •

जनतंत्र का प्रभुत्व और विदेशी राष्ट्र

एक विदेशी जनता के ऊपर एक जनतंत्र की कार्रवाइयाँ जितनी झपट्टामार और निर्मम होती हैं, उतनी और किसी भी शासन की नहीं होतीं।

"लालाजी"[2]

• • •

विवाह

डॉ. टैगोर[3] का मानना है कि आदिम युगों से लेकर आज तक विवाह की प्रणाली सिर्फ़ भारत में ही नहीं, बल्कि सारी दुनिया में स्त्री और पुरुष के सच्चे मिलन के रास्ते में एक बाधा ही बनी हुई है, जो कि केवल तभी संभव है जब समाज इतना सक्षम हो जाये कि वह स्त्री को घर में रचनात्मक कार्य करने से रोके बग़ैर, उसकी विशिष्ट प्रतिभा को रचनात्मक कार्य में लगाने के लिए एक व्यापक क्षेत्र मुहैया कर सके।

पृष्ठ 117 (90)

नागरिक और मनुष्य

स्पार्टावासी पेडार्कटीज़ तीन सौ की परिषद में दाखिले के लिए उपस्थित हुआ, परंतु उसे वापस कर दिया गया; वह इस ख़ुशी में चला गया कि 300 स्पार्टावासी उससे बेहतर तो थे। मैं समझता हूँ कि इसमें सन्देह की कोई गुंजाइश नहीं कि वह सच्चा था,

1. अज्ञात।
2 लाला लाजपत राय (1865-1928), लाहौर में साइमन कमीशन का विरोध करने पर ब्रिटिश पुलिस ने बर्बर लाठी चार्ज किया, और इसी में लगी सांघातिक चोट के फलस्वरूप बाद में, लाला जी की मृत्यु हो गयी। उनकी मौत और पंजाब के अपमान का बदला लेने के लिए भगतसिंह और उनके क्रांतिकारी साथियों ने ब्रिटिश पुलिस अफसर, साण्डर्स की गोली मार कर हत्या कर दी।
3. रवीन्द्रनाथ ठाकुर।

वह एक सच्चा नागरिक था।

एक स्पार्टावासी माँ के पाँच बेटे सेना में थे। एक दास आया। काँपते हुए उसने समाचार पूछा। "तुम्हारे पाँचों बेटे मार डाले गये।"

"तुच्छ दास, क्या तुमसे मैंने यह पूछा था?"

"हमने विजय हासिल कर ली है"। वह देवताओं को धन्यवाद देने के लिए दौड़ी-दौड़ी मंदिर चली गयी।

वह एक सच्ची नागरिक थी।

"एमिली" (पृ. 8) [1]

• • •

जीवन और शिक्षा

लोग सिर्फ़ अपने बच्चे की ज़िंदगी की सलामती के ही बारे में सोचते रहते हैं, लेकिन इतना ही काफी नहीं है, अगर वह मनुष्य है तो उसे स्वयं भी अपनी ज़िंदगी की सलामती के बारे में शिक्षित होना जरूरी है, ताकि वह भाग्य के थपेड़ों को सह सके, संपदा और गरीबी का बहादुरी से मुक़ाबला कर सके, जरूरत पड़ने पर आइसलैण्ड की बर्फ के बीच या माल की तपती चट्टानों पर निवास कर सके। बेकार ही तुम मौत के ख़िलाफ़ खैर मनाते हो, उसे मरना तो है ही, और भले ही तुम अपनी सतर्कताओं के चलते उसे न मरने देना चाहो, लेकिन यह मुगालता ही है।

उसे मौत से बचने के बजाय जीने की शिक्षा दो! जीवन साँस लेना नहीं बल्कि कर्म है। अपनी इन्द्रियों का, अपने दिमाग का, अपनी क्षमताओं का और अपने अस्तित्व को चेतन बनाये रखने वाले प्रत्येक भाग का इस्तेमाल करना है। जीवन का अर्थ उम्र की लम्बाई में कम, जीने के बेहतर ढंग में अधिक है। एक आदमी सौ वर्ष जीने के बाद क़ब्र में जा सकता है, लेकिन उसका जीना निरर्थक भी हो सकता है। अच्छा होता कि वह जवानी में ही मर गया होता।

"एमिली" (पृ. 10)

---

1. एमिली-फ्रांसिसी दार्शनिक ज्यां जाक रूसो (1712-1778) का उपन्यास (1762) जिसमें यह सिद्धांत निरूपित किया गया है कि बच्चे को सभ्यता के बुरे प्रभावों से बचाने के लिए प्राकृतिक वातावरण में विकास का पूर्ण अवसर दिया जाना चाहिए।

पृष्ठ 118 (91)

सत्य—सत्य कोई ख़ज़ाना नहीं प्रदान करता, और जनता कोई राजदूत या प्रोफ़ेसर का पद तथा पेंशन नहीं प्रदान करती।

"रूसो" (पृ. 22 एस.सी.)[1]

• • •

जुर्म और मुजरिम

"...पकी-पकायी धारणाएँ देकर जुर्म को समझा नहीं जा सकता। लोग जैसा सोचते हैं उससे इसका फलसफा कुछ अधिक ही जटिल है। यह तो मानी हुई बात है कि न तो कोई क़ैद, न कोई काल कोठरी और न कोई कड़ी मशक्कत की प्रणाली ही किसी मुजरिम को सुधार सकती है। दण्ड-विधान के ये रूप सिर्फ़ उसे दण्डित करते हैं और समाज को यह आश्वासन देते हैं कि वह और जुर्म नहीं करेगा। क़ैद नियम-विधान और कड़ी-से-कड़ी मशक्कत उस पर कोई असर नहीं डाल पाते, सिवाय इसके कि ऐसे व्यक्तियों में एक भारी नफरत, वर्जित काम को और चाव से करने की एक ललक, और एक खौफनाक नाफरमानी ही विकसित हो जाती है। इसीलिए मेरा पक्के तौर पर मानना है कि यह काल कोठरी वाली परंपरागत प्रणाली दिखावटी और कपटपूर्ण नतीजे ही देती है। यह मुजरिम से उसकी ताकत निचोड़ लेती है, उसे अशक्त करके और डरा कर उसकी आत्मा को निस्तेज कर डालती है, और इस प्रकार अंततः उसे पश्चाताप और सुधार के एक नमूने के तौर पर, एक बेजान यादगार के रूप में ही प्रस्तुत करती है।"

द *हाउस ऑफ* डेड *(पृ. 17)*
"फेदोर दोस्तोव्स्की"[2]

पृष्ठ 119 (92)

इच्छा बनाम सन्तुष्टि!

यदि एक चेतन प्राणी की शक्तियाँ उसकी इच्छाओं के बराबर होतीं तो वह पूरी तरह सुखी होता...। लेकिन सिर्फ़ अपनी इच्छाओं को सीमित करना ही काफी

---

1. रूसो की पुस्तक 'सोशल कांट्रैक्ट' : इसमें एक ऐसे आदर्श राज्य का वर्णन प्रस्तुत किया गया है, जिसमें संप्रभुता पूरी जनता में निहित थी। उसके विचार 1789 की फ्रांसिसी क्रांति में एक महत्त्वपूर्ण प्रेरकशक्ति बने।

2. फ्योदोर मिखाइलोविच दोस्तोव्स्की (1821-1881) का उपन्यास द हाउस ऑफ डेड, जो स्वयं उनके कारावास के अनुभवों के आधार पर 1861 में लिखा गया।

नहीं है, क्योंकि यदि वे हमारी शक्तियों से कम हैं, तब तो हमारी क्षमताओं का एक अंश यों ही बेकार चला जायेगा, और तब हम अपने पूरे अस्तित्व का आनंद भी नहीं ले पायेंगे। इसी तरह, अपनी शक्तियों का महज विस्तार भी पर्याप्त नहीं है, क्योंकि यदि हमारी इच्छाएँ भी बढ़ जायें, तब तो हम और अधिक दुखी ही हो जायेंगे। सच्चा सुख तो अपनी इच्छाओं और अपनी शक्तियों के बीच के अंतर को घटाते जाने में निहित है।

"एमिली" (पृ. 44)

पृष्ठ 120 (93)

"बुर्जुआ क्रांति का जन्म अपनी पूर्ववर्ती शासन-व्यवस्था में पहले से मौजूद परिस्थिति से होता है।

"बुर्जुआ क्रांति आमतौर पर सत्ता पर क़ब्ज़े के साथ ही ख़तम हो जाती है। लेकिन सर्वहारा क्रांति के लिए सत्ता पर क़ब्ज़ा तो महज एक शुरुआत भर है, सत्ता जब क़ब्ज़े में आ जाती है, तब वह पुरानी अर्थव्यवस्था के रूपान्तरण और एक नयी अर्थव्यवस्था के संगठन के लिए एक उत्तोलक के रूप में इस्तेमाल की जाती है।"

(पृ. 20)[1]

● ● ●

"अभी भी दो भारी-भरकम और अत्यन्त दुष्कर कार्यभार बाकी हैं–(एक देश-यानी रूस में मौजूदा शासन-व्यवस्था को उखाड़ फेंकने के बाद भी)।

"सबसे पहला कार्यभार है आन्तरिक संगठन।

"दूसरी महत्त्वपूर्ण समस्या विश्व क्रांति की...अंतरराष्ट्रीय समस्याओं को हल करने की, विश्व क्रांति को आगे बढ़ाने की है (जिसके हल किये बिना कम्युनिस्ट शासन-व्यवस्था अंतरराष्ट्रीय पूँजीवाद के खतरे के विरुद्ध सुरक्षित नहीं रह सकती)।

(पृ. 21-22)[2]

पृष्ठ 122 (94)

1. यदि सर्वहारा को आबादी के बहुमत को अपने पक्ष में करना है तो उसके लिए सबसे पहले जरूरी है कि वह बुर्जुआ वर्ग को उखाड़ फेंके और राज्य सत्ता पर कब्ज़ा करे।

---

1. और।
2. लेनिन की रचनाओं से उद्धृत अंश।

2. दूसरे, उसे पुराने राज्य उपकरण को तोड़कर सोवियत सत्ता स्थापित करना और एक झटके में उस प्रभाव को ख़तम कर देना जरूरी है, जिसे बुर्जुआ वर्ग और वर्ग-सहयोग के निम्न बुर्जुआ-वर्गीय समर्थक मेहनतकश (ग़ैर-सर्वहारा) जनममुदायों के ऊपर डालते रहते हैं।

3. तीसरे सर्वहारा वर्ग के लिए आवश्यक है कि वह उस प्रभाव को पूरी तरह और अंतिम रूप से नष्ट कर दे, जिस बुर्जुआ वर्ग और निम्न-बुर्जुआ समझौतावादी बहुसंख्यक मेहनतकश (ग़ैर-सर्वहारा) जनसमुदायों के ऊपर डालते रहते हैं। यह शोषकों की कीमत पर इन समुदायों की आर्थिक आवश्यकताओं के क्रांतिकारी तुष्टिकरण के द्वारा किया जाना चाहिए।

"निकोलाई लेनिन"[1]

(पृ. 23)

• • •

"सर्वहारा अधिनायकत्व का मतलब है जनसमुदायों का कम्युनिस्ट पार्टी द्वारा मार्गदर्शन और निर्देशन। यद्यपि पार्टी काफी प्रभाव या नियंत्रण रखे हुए है, फिर भी इतना ही सबकुछ नहीं है। अपने मार्गदर्शन के अलावा, जनसमुदायों की 'इच्छा' भी किसी उद्देश्य विशेष की प्राप्ति के लिए आवश्यक होती है।

"हमें यह स्वीकार करना होगा कि मजदूरों के व्यापक समुदायों का वर्ग-चेतन अल्पसंख्या द्वारा नेतृत्व और मार्गदर्शन आवश्यक है। और यह पार्टी ही हो सकती है। पार्टी के पास पार्टी को सर्वहारा मजदूरों के साथ जोड़ने के लिए 'ट्रेड यूनियनें' हैं....राजनीतिक क्षेत्र में सभी मेहनतकश जनसमुदायों को इससे जोड़ने के लिए सोवियतें हैं।

पृष्ठ 122 (95)

आर्थिक क्षेत्र में खासतौर से किसान समुदायों को जोड़ने के लिए 'कोआपरेटिवें' हैं, उदीयमान पीढ़ी के बीच से कम्युनिस्टों को प्रशिक्षित करने के लिए 'युवा लीग' है। अंततः पार्टी स्वयं ही सर्वहारा अधिनायकत्व के अंतर्गत एक अनन्य मार्गदर्शक शक्ति है।"[2]

---

1. और।
2. लेनिन की रचनाओं से।

पृष्ठ 123 (96)

आँकड़े : आमदनियों में असमानता

उत्पादन :

युद्ध पूर्व युनाइटेड किंगडम का (इंग्लैण्ड)

वार्षिक उत्पादन का मान रहा :	£ 2000,000,000
विदेशी निवेशों से लाभ	£ 200,000,000
योग	£ 2200,000,000

वितरण:

कुल आबादी के 1/9 अर्थात, पूंजीपति या बुर्जुआ ने ले लिया कुल उत्पादन का 1/2	अर्थात	£ 1100,000,000	न्यूनतम वार्षिक औसत आय £ 160
कुल आबादी के 2/9 अर्थात निम्न बुर्जुआ वर्ग ने शेष आधे का 1/3 या कुल का 1/6 ले लिया	अर्थात	£ 300,000,000	औसत आय £ 160 प्रतिवर्ष से कम
आबादी के 2/3 अर्थात शारीरिक श्रम करने वाले या सर्वहारा को बाकी मिला		£ 800,00,000	औसत आय £ 60 वार्षिक

संयुक्त राज्य अमेरिका : 1890 में

कुल उत्पादन का 40 प्रतिशत (उत्पादन के) साधनों के मालिकों को मिला कुल उत्पादन का 60 प्रतिशत सभी मजदूरों को दिया गया।[1]

पृष्ठ 124 (97)

जीवन का उद्देश्य

"जीवन का उद्देश्य मन को नियंत्रित करना नहीं, बल्कि उसका सुसंगत विकास करना है, मरने के बाद मोक्ष प्राप्त करना नहीं, बल्कि इस संसार में ही उसका सर्वोत्तम इस्तेमाल करना है, केवल ध्यान में ही नहीं, बल्कि दैनिक जीवन के यथार्थ अनुभव में भी सत्य, शिव और सुन्दर का साक्षात्कार करना है, सामाजिक

1. और।

प्रगति कुछेक की उन्नति पर नहीं, बल्कि बहुतों की समृद्धि पर निर्भर करती है और आत्मिक जनतंत्र या सार्वभौमिक भ्रातृत्व केवल तभी प्राप्त किया जा सकता है, जब सामाजिक-राजनीतिक और औद्योगिक जीवन में अवसर की समानता हो।"[1]

नोटबुक में पृष्ठ सं. 125 से 164 नहीं है।
हमें उपलब्ध प्रति में पृ. (97) के बाद पृ. (100) है। –संपादक

पृष्ठ 165 (100)

राज्य का विज्ञान

प्राचीन राज्य व्यवस्था–रोम[2] और स्पार्टा[3], अरस्तु[4] और प्लेटो[5]–राज्य के प्रति व्यक्ति की मातहती इन प्राचीन राज्य व्यवस्थाओं स्पार्टा और रोम की प्रमुख विशेषता थी। हेलास[6] में, या रोम में, नागरिक को बस थोड़े से निजी अधिकार प्राप्त थे। उसका आचरण काफी हद तक सार्वजनिक सेंसरशिप के अधीन था, और उसका धर्म राज्यसत्ता द्वारा लागू किया जाता था। एकमात्र सच्चे नागरिक और संप्रभुतासम्पन्न निकाय के सदस्य विशेषाधिकार प्राप्त कुलीन वर्ग के मुक्त लोग होते थे, जिनके लिए शारीरिक श्रम दास किया करते थे, जिनके पास कोई नागरिक अधिकार न थे।

सुकरात

सुकरात[7] को यह दलील देते हुए प्रस्तुत किया जाता है कि, जो कोई भी नागरिक राज्य में पहुँचने के बाद, यदि स्वेच्छा से एक नगर में रहने लगे, तो उसे सरकार की मातहती स्वीकार करनी चाहिए, भले ही उसे इसके क़ानून अनुचित क्यों

---

1. स्रोत अज्ञात।
2. प्राचीन रोमन गणराज्य और साम्राज्य।
3. यूनान का प्राचीन नगरराज्य।
4. अरस्तु (384-322 ई.पू.): यूनानी दार्शनिक और प्लेटो का शिष्य। उसने बहुतेरे विषयों पर लिखा, जिनमें से पॉलिटिक्स और पोयाटिक्स विशेष रूप से उल्लेखनीय हैं।
5. प्लेटो (427-347 ई.पू.): यूनानी दार्शनिक और सुकरात का शिष्य और आदर्श राज्य के यूटोपिया के तौर पर, रिपब्लिक का लेखक, जिसमें उसने एक दार्शनिक राजा और विवेकसम्मत राज्य-व्यवस्था की कल्पना की थी।
6. हेलास : प्राचीन यूनान।
7. सुकरात (469-399 ई. पू.): यूनानी दार्शनिक, जिसे नौजवानों को "भ्रष्ट करने" के आरोप में ज़हर का प्याला पीकर आत्महत्या कर लेने की सज़ा दी गयी।

न लगें, तद्नुसार ही, इस आधार पर कि यदि वह जेल से फरार होकर भाग जाये, तो राज्य के साथ उसका करार भंग हो जायेगा, वह एक अनुचित सज़ा के लागू होने का भी इंतजार करते रहने के लिए तैयार रहे।

प्लेटो: (सामाजिक समझौता)

वह समाज और राज्य की उत्पत्ति को पारस्परिक आवश्यकताओं में देखता है, क्योंकि मनुष्य अलग-अलग रहकर अपनी बहुविध आवश्यकताओं को तुष्ट करने में असमर्थ होते हैं। वह एक किस्म के आदर्शीकृत स्पार्टा का चित्रण करते हुए कहता है–"एक आदर्श राज्य में दार्शनिकों को शासन करना चाहिए और नागरिकों के निकाय को इस कुलीन तंत्र या सर्वश्रेष्ठों की सरकार के प्रति निश्चित रूप से आज्ञाकारी होना चाहिए।" वह नागरिकों के सचेत प्रशिक्षण और शिक्षा पर ज़ोर देता है।

अरस्तु

वह पहला व्यक्ति था, जिसने राजनीति को नीतिशास्त्र से मुक्त किया, हालाँकि वह सतर्क भी था कि ये दोनों एक-दूसरे से बिलकुल पृथक् न हो जायें। उसकी दलील थी–"लोगों की बहुसंख्या, विवेक के बजाय अपनी भावनाओं से शासित होती है, और इसीलिए राज्य के लिए जरूरी है कि वह उन्हें जीवन-पर्यन्त अनुशासन में रहने का प्रशिक्षण दे जैसा कि स्पार्टा में है।" जब तक राजनीतिक समाज स्थापित नहीं होता, तब तक न्याय का कोई प्रशासन नहीं हो सकता... (लेकिन) इसके लिए आवश्यक है कि सर्वोत्तम संविधान और विधि-निर्माण की सर्वोत्तम प्रणाली की खोज की जाये...।

पृष्ठ 166 (107)

- "राज्य का बीज परिवार या कुटुम्ब में होता है। कई कुटुम्बों के संयुक्त होने से ग्राम समुदाय की उत्पत्ति हुई है (जिसके) सदस्य पितृसत्तात्मक सरकार के अधीन होते हैं।
- "कई गाँवों को मिलाकर राज्य का निर्माण हुआ, जो एक प्राकृतिक, स्वतंत्र और आत्मनिर्भर संगठन था।
- "लेकिन जहाँ कुटुम्ब एक व्यक्तित्व द्वारा शासित होता है, वहीं संवैधानिक सरकारों में व्यक्ति स्वतंत्र और अपने शासकों के समान होते हैं।
- "प्राकृतिक सामाजिक मैत्री और परस्पर लाभ से एकता गठित होती है। मनुष्य अपने स्वभाव से एक राजनीतिक (सामाजिक) प्राणी है।

- "राज्य एक संश्रय से कहीं अधिक है, जिससे व्यक्ति जुड़ सकते हैं या बिना कोई फर्क पड़े छोड़ सकते हैं, लेकिन स्वतंत्र या नागरिकतारहित मनुष्य अविश्वसनीय, असभ्य, और एक नागरिक से भिन्न कोई चीज़ होता है।

प्लेटो

प्लेटो ने एक ऐसे निकाय के रूप में राज्य की इस अवधारणा का पूर्वानुमान किया था, जिसके सदस्य एक सर्वमान्य लक्ष्य के लिए सामंजस्यपूर्ण ढंग से संयुक्त हों।

अरस्तु

अरस्तु का मानना था कि जहाँ स्वतंत्रता और समानता हो, वहाँ बारी-बारी से शासन और अधीनीकरण हो, लेकिन सबसे अच्छा यही है कि यदि संभव हो, तो वे ही व्यक्ति हमेशा शासन करते रहें।

प्लेटो के साम्यवाद के विरोध में उसकी दलील बाकायदा नियम निर्धारित निजी संपत्ति के पक्ष में थी, जिसके पीछे उसका विचार यह था कि राज्य में सिर्फ़ एक नैतिक एकता ही संभव या वांछनीय है।

(सरकारों के प्रकार)

उसने सरकारों को राजतंत्रों, कुलीनतंत्रों और गणतंत्रों तथा क्रमशः उनके विकृत रूपों, जैसे निरंकुश तंत्रों, अल्पतंत्रों और जनतंत्रों में वर्गीकृत किया, जिसका आधार यह था कि इनमें सर्वोच्च सत्ता एक या कुछ या कई के हाथों में होती है, और इनका उद्देश्य सामान्य हित या शासकों का निजी हित होता है तथा इनमें स्वतंत्रता, संपदा, संस्कृति और कुलीनता को भी तवज्जो दी जाती है।

प्रत्येक राज्य व्यवस्था के तीन अंग होते हैं : (1) विमर्शात्मक (2) कार्यात्मक और (3) न्यायिक निकाय। नागरिकता का निर्धारण न तो निवास से होता है न ही क़ानूनी अधिकार रखने से, बल्कि न्यायिक सत्ता और सरकारी कामकाज में भागीदारी से होता है।

नैतिकता का एक निश्चित स्तर प्राप्त करके कइयों को शासन करना चाहिए, क्योंकि अलग-अलग व्यक्तिगत तौर पर कम योग्य होने के बावजूद, वे सम्मिलित रूप से, कुछेक चुनिन्दा व्यक्तियों से कहीं अधिक चतुर और अधिक सद्गुणसम्पन्न होते हैं। लेकिन सारी विमर्शात्मक और न्यायिक कार्यवाहियों को सँभालने के बावजूद उन्हें उच्चतम कार्यात्मक पदों से बाहर ही रखना चाहिए। सबसे अच्छी राज्यव्यवस्था वह है, जिसमें बहुत धनी और बहुत गरीब के बीच का मध्यम वर्ग सरकार चलाये, कारण कि इस वर्ग का जीवन सबसे स्थायी होता है तथा यह सबसे विवेकसम्मत, और साथ ही संवैधानिक कार्यवाही में सबसे सक्षम भी होता है।

पृष्ठ 167 (102)

वस्तुतः इसी के लिए यह कहा जाता है कि संप्रभुता को नागरिकों की बहुसंख्या में निहित होना चाहिए, जिसमें बेशक दास नहीं आते।

जनतंत्र व्यक्तिगत स्वतंत्रता के मामले में समानता पर एकमत होते हैं, जिसका निहितार्थ यह है कि सभी नागरिक, राज्य के पदों पर आसीन होने या चुने जाने के लिए, तथा हरेक सब पर और सभी हरेक पर शासन करने के लिए अर्ह्य होते हैं।

अरस्तु भी, प्लेटो की भाँति ही जनतंत्र को सरकार का एक विकृत रूप मानता था और कहता था कि यह अन्य किसी प्रकार के राज्यों की अपेक्षा बड़े राज्यों के लिए अधिक उपयुक्त है।

स्टोइकवादी : सिनिकवादी :

एपीक्यूरवादी–एपीक्यूरस[1] का कहना था–"न्याय स्वयं में कुछ नहीं है, यह बस परस्पर नुकसान रोकने के लिए (न्याय के आधार के तौर पर) समझौते की एक तरकीब भर है।

स्टोइक : *(वाद)*–दार्शनिक ज़ेनो (340–260 ई.पू.)[2] का एक शिष्य, जिसने एथेन्स के 'स्टोआ पॉइकलाइट' (पेण्टेड पोर्च) नामक बग़ीचे में अपनी दार्शनिक शाखा का शिक्षण-संस्थान खोला। बाद में कैटो द यंगर[3], सेनेका[4], मार्क्यूस ऑरिलियस[5] रोगन स्टोइकवादी हुए। स्टोइक शब्द का शाब्दिक अर्थ है: 'वह व्यक्ति जो सुख या दुख के प्रति विरक्त हो।'

स्टोइकवाद पुराने दर्शन की एक शाखा है, जो जीवन और कर्तव्य के प्रति अपने दृष्टिकोण में एपीक्यूरसवाद का प्रबल विरोधी है; और सुख या दुख के प्रति उदासीन है।

---

1. एपीक्यूरस (341–270 ई.पू.) यूनानी दार्शनिक, जो मानता था कि आत्मसंयम से जीवन सुखमय बनाया जा सकता है। नैतिकता संतोष प्राप्ति का एक साधन है।
2. जैनो : यूनानी दार्शनिक, जो आत्म-संयम और प्रकृति की संगति में जीवन जीने का हिमायती था।
3. कैटो द यंगर (95–46 ई.पू.) : रोमन दार्शनिक, जो स्टोइकवादियाँ का संरक्षक संत बना।
4 सेनेका : पूरा नाम ल्यूसियस एनीयस सेनेका (4 ई.पू.–65 ई.) : रोमन लेखक और राजनीतिज्ञ तथा रोमन सम्राट नीरो का शिक्षक, जिसने स्टोइकवाद पर कई निबन्ध और दुखान्त नाटक भी लिखे। थोड़े समय के लिए वह एक तरह से रोम का शासक भी रहा, फिर बाद में आत्महत्या करने की सज़ा मिली।
5. मार्कस आरेलियस एंतोनियस : (121–180 ई.) : रोमन दार्शनिक और सम्राट (161–180 ई. तक)। उसने मेडिटेशन्स नाम से एक क्लासिकीय स्टोइकवादी ग्रंथ लिखा।

सिनिकवाद

दार्शनिकों का एक संप्रदाय, जिसकी स्थापना एथेन्स के एण्टीस्थेनीज[1] (जन्म 444 ई.पू.) ने की थी, जिसकी अभिलाक्षणिक विशिष्टता धन-दौलत, कला-विज्ञान और आमोद-प्रमोद के विरुद्ध एक प्रकट घृणा के रूप में थी। इन्हें सिनिक इनके रूखे व्यवहार के कारण कहा जाता है। सिनिकवाद कभी-कभी मानव-स्वभाव के प्रति तिरस्कार भावना के लिए भी इस्तेमाल किया जाता है।

एपीक्यूरसवादी

एपीक्यूरस (341-270 ई.पू.) एक यूनानी दार्शनिक था, जिसकी शिक्षा थी कि सुख ही असली चीज़ है। एपीक्यूरसवादी उसे कहा जाता है, जो खाओ-पीओ और मौज-मस्ती में विश्वास करता है।

पृष्ठ 168 (103)

रोमन राज्य-व्यवस्था

रोमन में राजनीतिक सिद्धांत में कम ही ऐसा इजाफा किया गया, जिसका प्रत्यक्ष महत्त्व हो, लेकिन एक घनिष्ठ रूप से संबंधित विभाग यानी विधिशास्त्र में, उन्होंने गहरी रुचि वाला और मूल्यवान योगदान किया।

जस-सिविक जस-जेण्टियम

गणतंत्र के अंतर्गत, "नागरिक क़ानून" (जस-सिविक) के अतिरिक्त, जस-जेण्टियम (राष्ट्र के क़ानून) नाम से ढेरों नियम और सिद्धांत अस्तित्व में आ चुके थे, जो इतालवी कबीलों के बीच प्रचलित सामान्य विशेषताओं को प्रतिबिम्बित करते थे।

जम नेचुरेल

महान रोमन ज्यूरिस-कन्सल्ट्स (क़ानून-विज्ञान के विशेषज्ञ) (स्टोइकवादियों के विचार से प्रेरणा लेकर) धीरे-धीरे प्रकृति के क़ानून (जस नेचुरेल) को जस-जेण्टियम के समरूप मानने लगे।

उनकी शिक्षा थी कि यह क़ानून दैवीय और शाश्वत था और कि यह किन्हीं विशिष्ट राज्यों के क़ानूनों से अपनी भव्यता और वैधता में कहीं अधिक श्रेष्ठ था।

---

1. एंटीस्थेनीय (444-365 ई.पू.) : सुकरात से प्रभावित यूनानी दार्शनिक। उसके सादगी भरे जीवन और शिक्षाओं ने गरीबों को आकर्षित किया।

प्राकृतिक क़ानून को वास्तव में अस्तित्ववान माना जाता था, और इसे नागरिक क़ानून से सम्बद्ध समझा जाता था।

एण्टोनियाई काल[1] में, जब रोमन क़ानून अपना चरम विकास कर चुका था और स्टोइकवादी सिद्धांत सर्वाधिक प्रभावी हो चुके थे, तब विधिवेत्ताओं ने राजनीतिक सिद्धांतों के रूप में नहीं, बल्कि न्यायशास्त्रीय रूप से यह सिद्धांत सूत्रबद्ध किया कि **"सारे मनुष्य जन्मजात स्वतंत्र होते हैं।"**

और कि प्रकृति के क़ानून से "सारे मनुष्य समान होते हैं"–जिसका निहितार्थ यह था कि भले ही नागरिक क़ानून में वर्ग-भेद की मान्यता थी, प्रकृति के क़ानून के समक्ष समूची मानव जाति बराबर थी।

रोमन राज्य व्यवस्था में सामाजिक समझौता

यद्यपि रोमन विधिवेत्ताओं ने नागरिक समाज की उत्पत्ति के तौर पर किसी समझौते को स्वीकार नहीं किया था फिर भी स्वीकृत अधिकारों और दायित्वों को एक कल्पित, लेकिन ग़ैर-मौजूद समझौते से निगमित करने का एक रुझान मौजूद था।

संप्रभुता के मामले में, नागरिक कोमिटिया ट्रिब्यूरा[2] में एकत्र होकर, गणतंत्र के स्वर्णिम दिनों में, सर्वोच्च सत्ता के रूप में काम करते थे।

साम्राज्य के अंतर्गत संप्रभु सत्ता सम्राट में निहित थी और बाद के ज्यूरिस कन्सल्ट्स के अनुसार, जनता लेक्स रेजिया[3] के अनुसार, सर्वोच्च कमान प्रत्येक सम्राट को, उसके शासन के शुरू होते ही सौंप देती थी, और इस प्रकार शासन करने और क़ानून बनाने के अपने सारे अधिकार उसे सौंप देती थी।

पृष्ठ 169 (104)

मध्य युग

टॉमस एक्विनास[4] (1226-1274) के बारे में कहा जाता है कि वह मध्य युग के राजनीतिक सिद्धांत का प्रमुख प्रवर्तक था। उसने रोमन विधिवेत्ताओं का अनुसरण करते हुए एक प्राकृतिक क़ानून को मान्यता दी, जिसके सिद्धांत मानवीय

1. रोमन सम्राट एण्टोनियस पायस (86-161 ई.) का शासनकाल (138-161 ई.)। उसका शासनकाल शान्ति और उत्तम प्रशासन का काल माना जाता है।
2. राजकीय या शाही कमेटी, जो सम्राट द्वारा गठित की जाती थी।
3. राजकीय क़ानून।
4. टॉमस एक्विनास (1226-1274) : इतालवी दार्शनिक।

विवेक में दैवीय रूप से निविष्ट किये गये (माने गये–सं.) और इसके साथ ही उसने उन प्रत्यक्ष क़ानूनों को भी मान्यता दी, जो भिन्न-भिन्न राज्यों में भिन्न-भिन्न हुआ करते थे।

उसका कहना था कि क़ानून बनाने वाली सत्ता, जो कि संप्रभुता की अनिवार्य विशेषता होती है, सामान्य कल्याण की दिशा में निर्देशित होनी चाहिए, और कि इस उद्देश्य की प्राप्ति के लिए, इस बहुसंख्यक जनता या उसके प्रतिनिधि, राजा, से सम्बद्ध होना चाहिए। उसे राजा, कलीनों, और जनता की मिली-जुली सरकार सर्वोत्तम प्रतीत होती थी, जिसमें सर्वोच्च सत्ता के रूप में पोप हो।

पादुआ का मार्सिलिओ [1]

(1328 में निधन)

समझौते की धारणा

अपनी कृति 'डिफेंसर पेसिस' में पादुआ के मार्सिलिओ ने लोकाधारित संप्रभुता के सिद्धांत की, हिमायत की, और लौकिक सत्ता के प्रति उन पोपवादी पाखण्डों का विरोध किया, जो फाल्सो डिक्रिटल्स पर आधारित थे।

(जनता की संप्रभुता)

चूँकि मनुष्य ने नागरिक जीवन अपने पारस्परिक हित के लिए अपनाया इसलिए क़ानून भी नागरिक के निकाय द्वारा ही बनाये जाने चाहिए; क़ानून जब तक उन लोगों द्वारा नहीं बनाये जाते, जिनके हित इनसे सीधे प्रभावित होते हैं और जिन्हें पता होता है कि उनकी आवश्यकताएँ क्या हैं, तब तक न तो वे सर्वोत्तम कहे जा सकते हैं, और न ही उनका तत्परता से पालन किया जा सकता है।

उसने दावे के साथ कहा कि क़ानून बनाने वाली सत्ता जनता में निहित होती है, और कि विधायिका का काम कार्यपालिका का गठन करना है, लेकिन वह उसे भी परिवर्तित या रद्द कर सकती है।

● ● ●

पुनर्जागरण-सुधार!

पुनर्जागरण में, ज्ञान के सभी क्षेत्र जागरूक हो उठे और जो लीकबद्ध दर्शन हज़ारों वर्षों से धर्मशास्त्र की चाकरी करता आ रहा था, अब उसका स्थान प्रकृति

---

1. पादुआ का मार्सिलिओ (मृत्यु 1328 ई.) : इटली के पादुआ शहर का निवासी राजनीतिक सिद्धांतकार, जिसने चर्च और राज्य को एक-दूसरे से पृथक् करने को लेकर बादशाह लुई चतुर्थ के लिए डिफेंसर पेसिस ग्रंथ लिखा, जो काफी विवादस्पद सिद्ध हुआ।

और मनुष्य के एक नये दर्शन ने ले लिया, जो अधिक उदार, अधिक गहरा, और अधिक बोधगम्य था।

बेकन[1] ने मनुष्य को अधिभूतवाद से प्रकृति और यथार्थ की ओर लौटने का आह्वान किया।

दर्शन की शुरुआत निश्चय ही सार्वभौमिक सन्देहवाद से होनी चाहिए। लेकिन जल्द ही यह तथ्य असंदिग्ध पाया जाता है: मनुष्य में चिन्तनशील सिद्धांत का अस्तित्व। चेतना का अस्तित्व!

कार्तवादी दर्शन

सुधार काल में आत्मगत सच्चाई पर विश्वास और व्यक्ति की सत्ता का जिस जोर-शोर के साथ आह्वान किया गया वही कार्तवादी दर्शन का आधार बना।

कार्तवादी–फ्रांसिसी दार्शनिक रेने द कार्त[2] (1596–1650) और उसके दर्शन से संबंधित।

पृष्ठ 170 (105)

नया युग

सुधार-काल के बाद पोप की सत्ता चरमरा गयी, तथा शासक और जनता दोनों के दिमाग आज़ादी की लहर में तरंगायित हो चले। लेकिन एक ऊहापोह की स्थिति भी पैदा हो गयी। इस नयी स्थिति से निपटने के लिए बहुतेरे चिंतकों ने राज्य के सवाल पर सोचना शुरू कर दिया। चिन्तन की विभिन्न शाखाएँ उठ खड़ी हुईं।

मैकियावेली

इस मशहूर इतालवी राजनीतिक विचारक ने सरकार के गणतांत्रिक रूप को सर्वोत्तम माना, लेकिन सरकार के इस रूप के स्थायित्व पर सन्देह होने के कारण, उसने एक सशक्त राजतंत्रात्मक शासन को सुरक्षित रखने के सिद्धांतों का भी निरूपण किया, और इसी नाते उसने "द प्रिंस"[3] की रचना की।

---

1. संभवन: फ्रांसिस बेकन (1561–1626) : अंग्रेज़ दार्शनिक और राजनीतिज्ञ की किसी रचना से उद्धृत।
2. फ्रांसिसी दार्शनिक और गणितज्ञ। कार्तवादी दर्शन चेतना और पदार्थ के भेद पर आधारित है, जो दकार्त की कृति डिस्कोर्स ऑन मैटर (1673) में उसके इस सूत्र-वाक्य से स्पष्ट है: कागनिटो अर्गो सम (Congnito ergo sum)–अर्थात "मैं सोचता हूँ, इसलिए मैं हूँ।"
3. द प्रिंस : 1527 में, इतालवी राजनीतिक चिंतक मैकियावेली द्वारा लिखी गयी प्रसिद्ध पुस्तक, जिसमें राज्यसत्ता हासिल करने के उपायों का विस्तारपूर्वक विवेचन और विश्लेषण किया गया है। मैकियावेली और उसकी पुस्तक ने अपने समय तथा बाद के युग में भी राजनीति पर काफी प्रभाव डाला।

एक केंद्रीकृत सरकार को उसकी हिमायत का यूरोप के राजनीतिक सिद्धांत और व्यवहार पर भारी प्रभाव पड़ा।

मैकियावेली संभवतः पहला लेखक था, जिसने एकदम धर्मनिरपेक्ष दृष्टिकोण से "राजनीति" पर विचार किया।

अन्य विचारक

करार और समझौता

अन्य विचारकों में से ज्यादातर ने करार या समझौते के सिद्धांत का समर्थन किया। रोमन क़ानून में (करार) व्यक्तियों के बीच एक सहमति का नतीजा हुआ करता था और इसका दायरा समझौते से छोटा हुआ करता था, जबकि समझौता करार के साथ-साथ एक बाध्यकारी दायित्व भी होता था।

ऐसे विचारकों के दो अलग-अलग संप्रदाय थे। पहले प्रकार का संप्रदाय ईश्वर और मनुष्य के बीच करार की यहूदी धारणा पर आधारित सिद्धांत का प्रतिपादन करता था, जो समझौते की रोमन धारणा से सम्पूरित था। यह सरकार और जनता के बीच एक अलिखित समझौते का प्रतिपादन करता था।

दूसरा या आधुनिक प्रकार का संप्रदाय व्यक्तियों के बीच एक करार के जरिए राजनीतिक समाज की संस्थाबद्धता से संबंधित है। चिंतन की इस शाखा के प्रमुख विचारक हूकर[1], हॉब्स[2], लाकी[3] और रूसो[4] हुए हैं।

लोक-स्वतंत्रता के हिमायती

ह्यूजिनॉत[5]

---

1. रिचर्ड हूकर : देखें नोटबुक पृष्ठ 107 (80) का सन्दर्भ 1
2. थामस हॉब्स : देखें नोटबुक पृष्ठ 108 (81) का सन्दर्भ 2
3. जान लॉक (1632-1707) : अंग्रेज़ दार्शनिक और एक अग्रणी व्यवहारवादी। उसने सामाजिक संविदा के हाब्स के सिद्धांत की आलोचना की जो राजतंत्र के समर्थन तक जाते थे; 1689 में अपनी प्रसिद्ध कृति टू ट्रीटाइजेज़ ऑन गवनर्मेण्ट लिखी, जिसने आगे चलकर अमेरिकी संविधान निर्माताओं को प्रभावित किया; उसकी दूसरी प्रसिद्ध पुस्तक एस्से कन्सनिंग ह्यूमन अण्डरस्टैडिंग है, जो ऐन्द्रिक अनुभव पर आधारित ज्ञान की अवधारणा के समर्थन में है।
4. ज्यां जाक रूसो : देखें नोटबुक पृष्ठ 119 (92) का सन्दर्भ 1
5. ह्यूजिनॉत : यह नाम सोलहवीं सदी के मध्य से फ्रांस के प्रोटेस्टैण्टों को दिया जाने लगा था, कारण कि तूर्स शहर में स्थानीय प्रोटेस्टैण्ट ईसाई रात में राजा ह्यूगो के फाटक पर मुलाकात किया करते थे। राजा ह्यूगो को जनता एक दैवीय शक्ति मानती थी।

विण्डिसिए कोण्ट्रा टाइरैनॅस[1] (1576) ह्यूजिनॉत लैंगुएत की रचना। इसमें दलील दी गयी थी कि राजा अपनी सत्ता, जनता की इच्छा से प्राप्त करे, और कि यदि राजा क़ानूनों के परिपालन में उस करार को भंग करे, जो उसके और जनता के बीच संयुक्त रूप से राजशाही की स्थापना के समय किया गया होता है, तब जनता भी राज्यनिष्ठा से मुक्त हो जायेगी।

बुकानन[2]

बुकानन का भी यही कहना था कि राजा और जनता एक पैकट के तहत वचनबद्ध होते हैं और कि यदि राजा इसे भंग कर दे, तो वह अपने अधिकार भी खो बैठता है।

पृष्ठ 171 (106)

जेसुइट[3]–

यहाँ तक कि जेसुइट बेलार्मिन[4] और मारिएना[5] की भी यही दलील थी कि राजा अपनी सत्ता जनता से प्राप्त करे; परंतु पोप के अधीन रहे।

राजा जेम्स प्रथम[6] (1609)–जेम्स प्रथम ने इस सिद्धांत को, 1609 में, संसद में एक वक्तव्य देते हुए यह कहकर स्वीकार किया कि "एक स्थापित राज्य

---

1. विण्डीसिए कोण्ट्रा टाइरैनस : ह्यूबर्ट लैंगुएत (1518-1581) की रचना, जिसमें निरंकुश शासन के विरुद्ध प्रतिरोध करने का सिद्धांत प्रतिपादित किया गया था; परंतु इसके लिए यह भी जरूरी बनाया गया था कि ऐसा प्रतिरोध एक समुचित रूप से गठित आधिकारिक निकाय द्वारा ही किया जाना चाहिए।
2. स्कॉट विचारक जार्ज बुकानन (1506-1582) जिन्होंने अपनी रचना डि ज्यूर रेग्नी एपुड स्कोटोस (1579) में लिखा कि राजा उन परिस्थितियों से बँधा होता है, जिनके तहत उसे सर्वोच्च सत्ता प्रदान की गई; और निरंकुश शासकों का प्रतिरोध करना तथा यहाँ तक कि उन्हें दण्डित करना भी न्यायपूर्ण है।
3. जेसुइट : सोसायटी ऑफ जीसस नामक संप्रदाय का सदस्य; इम कैथोलिक धार्मिक संप्रदाय की स्थापना 1540 में, सेंट इग्नेशियस लोयोला ने की भी।
4. बेलार्मिन (इतालवी में बेलार्मिनो)-राबर्टो फ्रांसिस्को रोमोलो (1542-1621) इतालवी धर्मशास्त्री, वह मानता था कि पोप के पास एक अयोग्य शासक को हटा देने का अप्रत्यक्ष अधिकार होता है।
5. जुआन डि मारिएना (1536-1624) : स्पेन का इतिहासकार और जेसुइट; वह एक निरंकुश शासक को उखाड़ फेंकने को वैध मानता था।
6. जैम्स प्रथम (1602-1625) : ब्रिटेन का राजा। उसने राजा के दैवीय अधिकार की घोषणा की, जिसको लेकर संसार से उसका टकराव हुआ।

का हरेक न्यायप्रिय राजा यह देखने के लिए बाध्य है कि उसकी सरकार के गठन में, जनता के साथ उसके क़ानूनों के तहत जो पैक्ट किया जाता है वह जनता को स्वीकार्य भी हो।"

कनवेंशन पार्लियामेण्ट (1688)–कनवेंशन पार्लियामेण्ट ने 1688 में। घोषित किया कि जेम्स द्वितीय[1] को "राजा और जनता के बीच मूल समझौते को तोड़कर संविधान को उलटने की कोशिश करने के कारण सिंहासन खाली कर देना पड़ा।

बोदैं[2] (1586)–आधुनिक काल के पहले सम्पूर्ण राजनीतिक दार्शनिक और 'रिपब्लिक' (1577 और 1586) के लेखक, बोदिन का कहना है कि "समझौता नहीं, बल्कि ताकत से गणराज्य की उत्पत्ति हुई है।" आदिकालीन पितृसत्तात्मक सरकारों को जीत करके उखाड़ फेंका गया, और इस प्रकार प्राकृतिक स्वतंत्रता का अंत हो गया।

उसके विचार से, "संप्रभुता नागरिकों के ऊपर सर्वोच्च सत्ता है।" वह मानता था कि "संप्रभुता स्वतंत्र, अविभाज्य, स्थायी, अहस्तांतरणीय और निरपेक्ष सत्ता" है। उसने संप्रभुता की अपनी धारणा और उस समय की मौजूद राजशाही के बीच घालमेल कर दिया।

अल्थूसियस (1557-1638)[3]–वह स्पष्ट रूप से यह कहने के लिए जाना जाता है कि संप्रभुता एकमात्र जनता में ही निहित होती है। राजा सिर्फ़ उसका मजिस्ट्रेट या प्रशासक भर होता है, और कि समुदाय का संप्रभुता-अधिकार अहस्तांतरणीय होता है।

ग्रोटियस (1625)[4]–अपनी कृति "डि ज्यूरे बेली एट पेरिस" (1628) में ग्रोशियस कहता है कि मनुष्य में एक शान्तिप्रिय और व्यवस्थित समाज की प्रबल-इच्छा होती है। लेकिन वह अप्रतिरोध का सिद्धांत विकसित करता है, और इस बात से इनकार करता है कि लोग हमेशा और हर जगह संप्रभुता सम्पन्न होते हैं अथवा यह कि सारी सरकारें शासितों के लिए गठित होती हैं। संप्रभुता या तो

---

1. जेम्स द्वितीय (1433-1701) : ब्रिटेन का राजा। अपनी कैथोलिक पक्षधरता और स्वेच्छाचारी शासन के कारण उसे 1688 की "गौरवशाली क्रांति" के बाद, सिंहासन छोड़कर फ्रांस भागना पड़ा।
2. ज्या बोदैं (1530-1596) : फ्रांसिसी दार्शनिक। उसका मानना था कि संप्रभु शासक की सत्ता को जनतांत्रिक संसद संशोधित कर सकती है।
3. जोहान्स अल्थूसियस (1557-1638) : एक जर्मन विधिवेत्ता और डच गणराज्य की सीमा पर स्थित एक इम्पीरियल शहर एमर्शन का चीफ मजिस्ट्रेट।
4. ह्यूगो ग्रोटियस (1583-1645) : डच विधिवेत्ता और राजनीतिज्ञ। उसकी पुस्तक अंतरराष्ट्रीय क़ानून का सबसे पहले निरूपण करने वाली कृति मानी जाती है।

विजय से आती है या सहमति से, लेकिन वह इस धारणा पर जोर देता है कि संप्रभुता अविभाज्य सत्ता है।

हूकर–वह अपनी कृति '*एक्लेसियस्टिकल पॉलिटी*'–खण्ड 1 (1592-3) में प्रकृति की एक ऐसी मौलिक दशा को स्वीकार करता है, जिसमें सभी मनुष्य बराबर थे और किसी भी क़ानून के मातहत नहीं थे। मानवोचित गरिमा के अनुकूल जीवन की इच्छा और एकाकीपन के प्रति अरुचि ने उन्हें 'राजनीतिक समाजों' में एकबद्ध होने के लिए प्रेरित किया। 'प्राकृतिक रुझान' और एक साथ जीवन जीने की उनकी एकबद्धता के तौर-तरीके पर प्रत्यक्ष या गुप्त सहमति से चलने वाली व्यवस्था ही वर्तमान 'राजनीतिक समाजों' के दो बुनियादी आधार बने। इनमें से दूसरे आधार को ही हम "सामान्य हित का क़ानून" कहते हैं।

पृष्ठ 172 (107)

राज्य की उत्पत्ति

संप्रभुता : **विधायी सत्ता का कार्यपालिका पर भी नियंत्रण।**

'सभी आपसी शिकायतों, क्षतियों और गलतियों को दूर करने के लिए एकमात्र तरीका किसी किस्म की सरकार, या सर्वमान्य न्यायकर्ता की व्यवस्था करना ही था।'

वह इस बात पर अरस्तु से सहमत था कि सरकार की उत्पत्ति राजतंत्र से हुई। लेकिन वह यह भी कहता है कि 'क़ानून सिर्फ़ भलाई की शिक्षा ही नहीं देते, बल्कि एक बाध्यकारी शक्ति भी रखते हैं, जो शासितों की सहमति से प्राप्त होती है, और जो या तो व्यक्तिगत तौर पर या प्रतिनिधियों के मार्फत प्रदर्शित होती है।'

"क़ानून, चाहे जिस किसी भी किस्म के मनुष्यों के लिए हों, वे उनकी सहमति से ही उपलब्ध (अर्थात वैध) होते हैं।"

"वे क़ानून क़ानून नहीं हैं, जो जनता के अनुमोदन से नहीं बनाये गये होते हैं।"

जनता की संप्रभुता

इस प्रकार उसने स्पष्ट तौर पर कहा कि संप्रभुता या क़ानून-निर्मात्री सत्ता अंततः जनता में ही निहित होती है।

1620–मेफ्लावर (1620) पर सवार "पिलग्रिम फादर्स"[1] की मशहूर घोषणा– "ईश्वर को साक्षी मानकर हम सब मिलकर एक-दूसरे करार की घोषणा करते हैं और अपने आपको एक नागरिक राजनीतिक निकाय के रूप में संयुक्त करते हैं।"

1647–इंग्लैंड की जनता की करार : एक और मशहूर प्यूरिटन[2] दस्तावेज़, जो आर्मी ऑफ द पार्लियामेण्ट (**1647**) से निःसृत हुआ सोच की इसी प्रवृत्ति का संकेत देता है।

मिल्टन[3]

1649 **(जनता की संप्रभुता)**[4]

अपनी कृति "टेन्योर ऑफ किंग्स एण्ड मैजिस्ट्रेट्स" (1649) में वह भी ऐसे ही सिद्धांतों का प्रतिपादन करता है। वह दावे के साथ कहता है कि "सभी मनुष्य प्राकृतिक रूप से स्वतंत्र ही पैदा हुए थे।" वे एक "सामान्य संघ के रूप में एक-दूसरे के साथ बँधने के लिए इसलिए सहमत हुए कि वे एक-दूसरे को क्षति पहुँचाने से बच सकें, तथा एक साथ मिलकर उस किसी भी चीज़ से अपना बचाव कर सकें, जो गड़बड़ी पैदा करने वाली हो या इस तरह की सहमति के ख़िलाफ़ पड़ती हो। इसी की बदौलत कस्बे, नगर और राज्य अस्तित्व में आये। तब आत्मरक्षा और संरक्षण की यह आधिकारिक सत्ता जो बुनियादी तौर पर उनमें से प्रत्येक के भीतर तथा संयुक्त रूप से सबमें निहित थी डिप्टियों और कमिश्नरों के रूप में राजाओं और मजिस्ट्रेटों को सौंप दी गयी।"

"राजाओं और मजिस्ट्रेटों की सत्ता और कुछ भी नहीं है, सिवाय इसके कि यह सिर्फ़ उन्हें जनता द्वारा सबकी भलाई के विश्वास के साथ प्रदानित, हस्तांतरित और सौंपी गयी सत्ता है, जो अभी भी बुनियादी तौर पर उसी में (यानी जनता में–सं.) निहित होती है और जो उसके प्राकृतिक जन्म-सिद्ध अधिकार का उल्लंघन किये बग़ैर छीनी नहीं जा सकती। अतः राष्ट्र राजाओं को चुन या हटा सकते हैं,

---

1. "पिलग्रिम फादर्स" इंग्लैण्ड के चर्च के प्यूरिटन विद्रोहियों का एक जत्था जो परेशान किये जाने से बचने तथा उत्तरी अमेरिका में जा बसने के लिए, मेफ्लावर नामक जहाज से भाग निकला।
2. प्रोटेस्टैण्ट ईसाई संप्रदाय का सदस्य।
3. जान मिल्टन (1608–1674) : अंग्रेज़ कवि। 'पैराडाइज लॉस्ट' और 'पैराडाइज रिगेन्ड' के रचयिता।
4. मोटे अक्षरों में हाशिए पर दर्ज।

स्वतंत्र-जन्मा मनुष्यों के महज इस अधिकार और स्वतंत्रता के आधार पर कि वे किनसे शासित होना सर्वोत्तम समझते हैं।"

पृष्ठ 173 (108)

राजाओं के दैवी अधिकारों का सिद्धांत

पितृसत्तात्मक सिद्धांत

इसी युग में जहाँ बहुतेरे विचारक 'जनता की संप्रभुता' के इन सिद्धांतों का इस प्रकार प्रतिपादन करने में लगे हुए थे, वहीं दूसरे सिद्धांतकार भी थे, जो यह साबित करने की कोशिश कर रहे थे कि राज्य वृहदाकार परिवार ही है, जिसमें एक कुटुम्ब के मुखिया की पैतृक सत्ता, ज्येष्ठता क्रम की वंशपरंपरा में पूर्ववर्ती संप्रभु शासक के उस प्रतिनिधि को हस्तांतरित कर दी जाती है, जो किसी राष्ट्र पर शासन करने में सक्षम सिद्ध हो सके। इसीलिए राजशाही को एक अजेय अधिकार पर आधारित माना गया, और राजा को केवल ईश्वर के प्रति ही उत्तरदायी ठहराया गया। इसे ही "राजाओं का दैवी अधिकार" कहा गया। इसे ही "पितृसत्तात्मक सिद्धांत" कहा गया।[1]

थॉमस हॉब्स

1642-1650-1651 में लिखी गयी अपनी विविध रचनाओं में उसने संप्रभु शासक की असीमित सत्ता के सिद्धांत को; जनता के आरंभिक करार के विरोधी सिद्धांत के साथ संयुक्त कर दिया। परंतु निरंकुशतावाद, मूक आज्ञाकारिता के प्रति हॉब्स की पक्षधरता धर्मशास्त्रीय न होकर, धर्मनिरपेक्ष और तर्कसंगत थी। वह समुदाय (पूरी समष्टि) के सुख को सरकार का महान लक्ष्य मानता था।

(मनुष्य एक असामाजिक प्राणी)

हॉब्स का दर्शन सिनिकवादी है। उसके अनुसार, मनुष्य के मनोवेग स्वाभाविक रूप से उसके निजी संरक्षण और सुख की दिशा में ही निर्दिष्ट होते हैं और वह उनकी प्राप्ति के अलावा और कोई उद्देश्य नहीं रखता। अतः मनुष्य स्वभाव से असामाजिक है। वह कहता है-'प्राकृतिक अवस्था में, हरेक आदमी अपने जैसों से युद्धरत रहता है और हरेक का जीवन खतरे में, अकेला, असहाय, असुरक्षित, पशुवत

1. यह स्पष्ट नहीं है कि भगतसिंह किसी पुस्तक से उद्धरण नोट कर रहे थे या ये उनकी अपनी टिप्पणियाँ हैं।

और अल्पकालिक होता है।" इस प्रकार के जीवन का भय ही उसे राजनीतिक एकता में बँधने के लिए विवश करता है।

(लगातार खतरा उन्हें राज्य गठित करने पर विवश करता है।)

चूँकि महज पैकट काम नहीं देता, इसलिए **'एक सर्वोच्च सर्वमान्य सत्ता'-"सरकार"** की स्थापना।

("जीत" या "अधिग्रहण" और "संस्थाबद्धता" सभी राज्यों के एकमात्र आधार)

समाज की स्थापना "**अधिग्रहण**" अर्थात जीत द्वारा या "**संस्थाबद्धता**" द्वारा, मसलन, पारस्परिक समझौते या करार द्वारा, होती है। इस प्रकार, एक बार जब संप्रभु सत्ता कायम हो जाती है, तब सभी को इसका आज्ञाकारी होना आवश्यक हो जाता है। इससे विद्रोह करने वाले किसी भी व्यक्ति को ख़तम कर दिया जाना चाहिए। उसे तबाह कर दिया जाना चाहिए।

(संप्रभु शासक की असीमित सत्ता!)

वह [1] विधायिका, न्यायपालिका और कार्यपालिका के सारे-के-सारे अधिकार संप्रभु शासक के हवाले कर देता है। वह लिखता है–"प्रभावी होने के लिए संप्रभु सत्ता को निश्चय ही असीमित अहस्तांतरणीय और अविभाज्य होना चाहिए। बेशक असीमित सत्ता गड़बड़ियों को जन्म दे सकती है, लेकिन इसका सबसे बुरा-से-बुरा रूप भी उतना बुरा नहीं है, जितना कि गृहयुद्ध या अराजकता।"

पृष्ठ 174 (109)

उसके विचार से राजशाही कुलीनतंत्र या जनतंत्र में सत्ता को लेकर कोई अंतर नहीं है। सामान्य शान्ति और सुरक्षा की दिशा में इनकी उपलब्धियाँ इनके द्वारा शासित जनता या लोगों की आज्ञाकारिता पर निर्भर करती हैं। फिर भी वह 'राजशाही' को ही अधिक पसंद करता है। उसके विचार से 'सीमित राजशाही' ही सर्वोत्तम है। लेकिन वह इस बात पर भी जोर देता है कि संप्रभु शासक को निश्चय ही धार्मिक के साथ-साथ नागरिक मामलों का भी नियमन करना चाहिए, और यह तजबीज भी करनी चाहिए कि कौन-से सिद्धांत शान्ति-व्यवस्था बनाये रखने में सहायक सिद्ध हो सकते हैं।

इस प्रकार, वह संप्रभुता के एक स्पष्ट और वैध सिद्धांत की हिमायत तो करता है, लेकिन इसके साथ ही वह राजा या संप्रभु शासक पैदा करने के लिए सामाजिक समझौते की कल्पना को भी बरकरार रखता है।

1. हॉब्स

स्पिनोजा[1] : (1677)

(मनुष्य की असमाजिकता)

अपनी कृति *ट्रैक्टेटल पॉलिटिक्स* (1677) में वह मानता है कि शुरू-शुरू में मनुष्यों का सभी चीज़ों पर समान अधिकार था, इसलिए प्राकृतिक अवस्था युद्ध की अवस्था थी। मनुष्यों ने अपने विवेक से प्रेरित होकर अपनी शक्तियों को नागरिक सरकार की स्थापना के लिए संयुक्त किया। चूँकि मनुष्यों के पास निरंकुश सत्ता थी, इसलिए इस नकार स्थापित संप्रभु सत्ता भी निरंकुश सत्ता ही थी। उसके विचार से 'अधिकार' और 'सत्ता' एक समान है। अतः सत्ता से लैस होकर संप्रभु शासक को सारे-के-सारे अधिकार स्वयमेव प्राप्त हो जाते हैं। इस प्रकार वह 'निरंकुशतावाद' का समर्थन करता है।

पुफेन्डोर :[2] (1672)

(लॉ ऑफ नेचर एण्ड नेशन्स)[3]

उसके विचार से मनुष्य एक सामाजिक प्राणी है, जो परिवार और शान्तिमय जीवन की ओर स्वाभाविक रुझान रखता है।

एक आदमी द्वारा दूसरे आदमी को पहुँचायी जा सकने वाली क्षतियों का अनुभव ही नागरिक सरकार की प्रेरणा देता है, जो इस प्रकार गठित होती है–1. एक कामनवेल्थ गठित करने हेतु कुछ लोगों के बीच एक सर्वसम्मत आपसी करार द्वारा, 2. बहुमत के इस प्रस्ताव द्वारा कि अमुक शासक को सत्ता पर आसीन किया जाये, 3. सरकार और जनता के बीच इस करार द्वारा कि सरकार शासन करे और जनता विधिसम्मत आदेशों का पालन करे।

पृष्ठ 175 (110)

लॉक–

(*नागरिक सरकार के दो सिद्धांत-1690*)

"किसी भी मनुष्य को शासन करने का प्राकृतिक अधिकार नहीं होता।"

---

1. स्पिनोजा (1432-1677) : देकार्त से प्रभावित डच दार्शनिक। उसने अपनी पुस्तक एथिक्स (1677) में यह विचार प्रकट किया कि मानव-जीवन ईश्वर (या प्रकृति) से ओतप्रोत है। अपारम्परिक विचारों के कारण अपने मूल संप्रदाय से 1656 में निष्कासित।
2. पुफेन्डोर–या सैमुअल बैरन फान पुफेन्डोर (1632-1644) : जर्मन विधिवेत्ता और इतिहासकार। उसका विचार था कि राज्य के क़ानून प्राकृतिक क़ानून में ही शामिल हैं।
3. संभवतः पुफेन्डोर की पुस्तक, दि ज्यूरे नेचुरी एट जेण्टियम का अंग्रेज़ी शीर्षक।

वह प्राकृतिक अवस्था का, यानी शासनाधिकार और प्रभुत्व के मामले में स्वतंत्रता और समानता वाली एक ऐसी अवस्था का चित्रण करता है, जो सिर्फ़ प्राकृतिक क़ानून या विवेक के ही अधीन रहे, जो लोगों को एक-दूसरे के जीवन स्वास्थ्य, आज़ादी और स्वामित्व अधिकारों के मामले में नुकसान पहुँचाने से रोकते हैं। निषेध या क्षतिपूर्ति के रूप में सज़ा देने का अधिकार प्रत्येक व्यक्ति के हाथ में होता है।

प्राकृतिक अवस्था!

"प्राकृतिक अवस्था वास्तव में वह है, जिसमें लोग आपस में फैसला करने के अधिकार के साथ, बिना किसी एक सर्वमान्य शासक के, विवेक के अनुसार एक साथ रहते हैं।"

निजी संपत्ति!

"प्रत्येक व्यक्ति का यह प्राकृतिक अधिकार है कि वह अपने पास संपत्ति रखे और प्राकृतिक सामग्री पर अपने निजी श्रम से प्राप्त उत्पाद पर भी अपना अधिकार रखे। एक आदमी जितनी अधिक भूमि को जोत, बो, सुधार सकता है और खेती-बाड़ी के काम में ला सकता है तथा उससे प्राप्त जितनी पैदावार इस्तेमाल में ला सकता है, वह सब उसी की संपत्ति है।"

संपत्ति और नागरिक समाज!

उसके अनुसार **"संपत्ति"** **"नागरिक समाज"** की पूर्ववर्ती है।

नागरिक समाज की उत्पत्ति!

लेकिन ऐसा लगता है कि लोगों को किसी प्रकार का खतरा और भय रहता था और इसीलिए उन्होंने नागरिक स्वतंत्रता के पक्ष में अपनी प्राकृतिक स्वतंत्रता को तिलांजलि दे दी। संक्षेप में, आवश्यकता, सहूलियत और रुझान ने लोगों को समाज में बँधने के लिए विवश किया।

नागरिक समाज की परिभाषा!

जो लोग एक निकाय में गठित हो चुके होते हैं, और जिनके पास एक ऐसा सर्वमान्य स्थापित क़ानून और न्यायाधिकरण होता है, जिसमें अपील की जा सके तथा जिसे आपसी विवादों को निपटने एवं दोषी को दण्डित करने का अधिकार हो, वे एक नागरिक समाज में होते हैं।

सहमति

दूसरों पर विजय सरकार का 'स्रोत' नहीं है। सहमति ही किसी भी वैध सरकार का स्रोत थी, और हो सकती है।

क़ानून-निर्मात्री सभा लोगों के जीवन, स्वतंत्रता और संपत्ति के ऊपर पूर्णतः मनमाना अधिकार नहीं रखती, क्योंकि इसके पास सिर्फ़ वही संयुक्त अधिकार होता है, जो समाज के गठन से पहले अलग-अलग सदस्यों के पास हुआ करता था और जिसे उन्होंने अपने विशेष और सीमित उद्देश्यों के लिए सौंप दिया है।

क़ानून

"क़ानून का उद्देश्य स्वतंत्रता को ख़तम करना या रोकना नहीं, बल्कि उसे सुरक्षित करना और विस्तृत करना है।"

विधायिका

विधायिका कुछ निश्चित उद्देश्यों के लिए सिर्फ़ एक न्यासधारी सत्ता भर है, जो यदि इसमें न्यस्त किये गये विश्वास को खण्डित करे, तो जनता द्वारा भंग या परिवर्तित की जा सकती है।

जनता की सर्वोपरि संप्रभुता!

इस प्रकार सर्वोच्च सत्ता या सर्वोपरि संप्रभुता हमेशा जन-समुदाय के पास ही रहती है, परंतु वह इसका इस्तेमाल तब तक नहीं करता, जब तक कि सरकार भंग नहीं हो जाती।

पृष्ठ 176 (111)

विधायिका और कार्यपालिका

निजी हितों पर सामान्य हित की बलि रोकने के लिए यह जरूरी है कि **विधायिका** और **कार्यपालिका** की सत्ताएँ अलग-अलग हाथों में रहें और कार्यपालिका विधायिका के मातहत रहे।

जहाँ ये दोनों सत्ताएँ एक ही निरंकुश राजा में निहित होती हैं, वहाँ कोई नागरिक सरकार नहीं होती, क्योंकि राजा और उसकी जनता के बीच कोई सर्वमान्य न्यायिक सत्ता नहीं होती।

स्वतंत्र समाजों में राज्यों के भिन्न-भिन्न रूप हैं, जनतंत्र, अल्पतंत्र, या निर्वाचित राजतंत्र तथा मिश्रित रूपों वाली व्यवस्थाएँ।

क्रांति का अधिकार!

"जब सरकार समझौते के प्रति अपना दायित्व पूरा करने, यानी व्यक्तिगत अधिकारों का संरक्षण करने में विफल हो जाती है, तो क्रांति न्यायसंगत बन जाती है।"

रूसो [1]

समानता–कोई भी आदमी इतना अधिक धनी नहीं होना चाहिए कि वह दूसरे को खरीद सके, और न ही कोई आदमी इतना अधिक गरीब होना चाहिए कि वह अपने आपको बेचने के लिए मजबूर हो जाये। भारी असमानताएँ निरंकुशता के लिए रास्ता तैयार करती हैं।

संपत्ति और नागरिक समाज–जिस पहले आदमी ने ज़मीन के एक टुकड़े को घेरकर यह कहने को सोचा होगा कि 'यह मेरा है' तथा जिसे अपनी बात पर विश्वास करने वाले सीधे-सादे लोग मिल गये होंगे, वही नागरिक समाज का असली संस्थापक था।

अगर किसी ने इस धोखेबाज़ी का पर्दाफाश कर दिया होता, और यह ऐलान कर दिया होता कि यह धरती किसी की संपत्ति नहीं है और कि इसके फल सबके हैं, तब मानवजाति को इतने युद्ध, अपराध और संत्रास नहीं झेलने पड़े होते।

पृष्ठ 177 (112)

"जो आदमी ध्यान करता है वह दुराचारी प्राणी है।"[2]

नागरिक क़ानून

कमजोरों के उत्पीड़न और सबकी असुरक्षा की ओर इशारा कर धनिकों ने बड़ी चालाकी से न्याय और शान्ति के नियम निरूपित किये, ताकि उनके द्वारा सबके स्वामित्वों की गारण्टी रहे, और क़ानूनों को लागू करने के लिए एक सर्वोच्च शासक की स्थापना की।

निश्चय ही समाज और क़ानूनों की उत्पत्ति इसी भाँति हुई होगी, जिसने गरीबों को नयी दिशा दी और बेड़ियाँ पहना दीं तथा धनिकों को नयी ताकत प्रदान कर दी, प्राकृतिक स्वतंत्रता को अंतिम रूप से ख़तम कर दिया, और थोड़े से महत्त्वाकांक्षी लोगों के लाभ के लिए, हमेशा-हमेशा के लिए संपत्ति और असमानता का क़ानून निर्धारित कर दिया, एक चालाकी भरी लूट को एक अटल अधिकार में तब्दील कर दिया, और इस प्रकार आइन्दा के लिए सारी मानव-जाति को श्रम दासता, और दुर्गति का शिकार बना दिया।[3]

---

1. मूल में ऐसे ही नोट किये हुए, देखें नोटबुक पृ. सं. 118 (91) का सन्दर्भ।
2. संभवतः रूसो का उद्धरण।
3. रूसो : सोशल काण्ट्रैक्ट।

पुनश्च : असमानताएँ

लेकिन यह बात पूरी तरह प्राकृतिक क़ानून के ख़िलाफ़ है कि मुट्ठी भर लोग तो बेशुमार दौलत गटकते रहें, जबकि विशाल भूखी आबादी जीवन की जरूरी चीज़ों के लिए भी तरसती रहे।[1]

पृष्ठ 178 (113)

उसकी रचनाओं का हश्र

एमिली और लाशेल काण्ट्रैक्ट दोनों ही 1762 में प्रकाशित हुईं, पहली को पेरिस में जलाया गया, रूसो बमुश्किल गिरफ़्तार होते-होते बचा, फिर दोनों किताबों को सार्वजनिक तौर पर, जेनोआ में, उसकी जन्म-स्थली में जलाया गया, जहाँ उसे कहीं अधिक शोहरत मिलने की उम्मीद थी।

● ● ●

राजा की संप्रभुता से जनता की संप्रभुता की ओर

रूसो एकता और केंद्रीकरण की फ्रांसीसी धारणाओं को बनाये रखता है; जबकि सत्रहवीं सदी में राज्य (या संप्रभुता) को राजशाही के साथ गड्डमड्ड कर दिया गया था। 18वीं सदी में रूसो के प्रभाव से यह जनता में निहित समझी जाने लगी।

अनुबंध

अनुबंध के जरिए लोग नागरिक स्वतंत्रता और नैतिक स्वतंत्रता के लिए प्राकृतिक स्वतंत्रता का प्रतिदान करते हैं।[2]

● ● ●

प्रथम स्वामित्व का अधिकार

संपत्ति का अधिकार–इसका औचित्य इन दशाओं पर निर्भर करता है–

(अ) कि ज़मीन ग़ैर आबाद है, (ब) कि एक आदमी सिर्फ़ उतने ही रकबे पर क़ब्ज़ा करता है जितना कि उसके गुजारे के लिए जरूरी हो; (स) कि वह इस पर महज खोखली औपचारिकता के जरिए नहीं, बल्कि मेहनत और खेती-बाड़ी करने के नाते दखल रखता है।[3]

---

1. वही।
2. और।
3. सोशल काण्ट्रैक्ट के आधार पर।

पृष्ठ 179 (114)

धर्म–रूसो धर्म को भी संप्रभु शासक की निरंकुशता के अधीन रखता है।

• • •

भूमिका[1] – मैं इस बात की जाँच करना चाहता हूँ कि क्या आज लोग जैसे हैं और जैसे क़ानून बनाये जा सकते हैं, उनको मद्देनज़र रखते हुए, यह संभव है कि नागरिक मामलों के प्रशासन हेतु कुछ न्यायसंगत और निश्चित नियम स्थापित किये जायें...।

...मुझसे पूछा जा सकता है कि क्या मैं कोई राजा या विधि निर्माता हूँ, जो मैं राजनीति पर लिखता हूँ। मेरा उत्तर है मैं नहीं हूँ। अगर मैं वैसा होता, तो यह कहने में समय नष्ट नहीं करता कि क्या किया जाना चाहिए, बल्कि उसे कर डालता या खामोश रहता।

• • •

मनुष्य जन्म से स्वतंत्र होता है लेकिन हर जगह बेड़ियों में जकड़ दिया जाता है।[2]

• • •

गुलामी के जुवे को बलपूर्वक उतार फेंकना!

मैं कहना चाहूँगा कि जब तक लोग आज्ञापालन के लिए मजबूर किये जाते रहे और वे आज्ञापालन करते रहे, अच्छा है; लेकिन वे जितनी जल्दी इस जुवे को उतार फेंक सकें और उतार फेंकते हैं, तो वह और भी अच्छा है; कारण कि यदि लोग अपनी आज़ादी फिर उसी अधिकार (अर्थात ताकत) से वापस लेते हैं जिस अधिकार से यह उनसे छीनी गयी होती है, तो या तो उनका ऐसा करना न्यायसंगत है, या उनसे इसे छीन लिये जाने का कोई औचित्य नहीं था।[3]

पृष्ठ 180 (115)

ताकत

"सत्ता, जो हिंसा के द्वारा हासिल की जाती है, महज एक हड़पी गयी सत्ता होती है, और सिर्फ़ तब तक ही बनी रहती है, जब तक उसकी कमान सँभालने

1. रूसो: सोशल काण्ट्रैक्ट की भूमिका से।
2. रूसो की प्रसिद्ध उक्ति, सोशल काण्ट्रैक्ट से।
3. स्रोत स्पष्ट नहीं–संभवतः रूसो या दिदेरो।

वाले की ताकत उसको मानने वालों की ताकत पर हावी रहती है और जब इसको मानने वालों की ताकत सबसे अधिक हो जाती है और वे असली जुवे को उतार फेंकते हैं, तो ऐसा वे उतने ही अधिकार और न्याय के साथ करते हैं, जिसके साथ उन पर सत्ता थोप रखी गई थी। वही (ताकत का) क़ानून जो सत्ता का अधिकार देता है, बाद में उसे छीन भी लेता है; यह सबसे ताकतवर क़ानून है।"

दिदरो–*इन्साइक्लोपीडिया*[1]

"सत्ता"

दास अपनी बेड़ियों में सबकुछ खो देते हैं, यहाँ तक कि उनसे निजाद पाने की इच्छा भी।[2]

● ● ●

सबसे ताकतवर का अधिकार

"सत्ताधिकारियों का आज्ञापालन करो। यदि इसका मतलब ताकत के आगे झुकना है, तो यह आदेश अच्छा तो है लेकिन ग़ैरजरूरी है; मेरा कहना है कि इसका कभी उल्लंघन नहीं होगा।"[3]

● ● ●

दासता का अधिकार

- "क्या तब पराधीन जन अपनी अस्मिताओं का इस शर्त पर त्याग कर दें कि उनकी संपत्ति भी ले ली जाये? मैं समझ नहीं पाता कि उनके लिए क्या शेष रह जायेगा?"
- "कहा जा सकता है कि निरंकुश शासक अपने शासितों के लिए नागरिक शान्ति सुनिश्चित करता है। हो सकता है, ऐसी ही बात हो; लेकिन इससे उनको मिलता क्या है, जबकि युद्ध जो उसकी महत्त्वाकांक्षाओं के चलते उन पर थोप दिये जाते हैं, तथा उसकी अतोषणीय लोलुपता और उसके प्रशासन के संताप, उनके अपने वैर-विरोध से कहीं अधिक ही उन्हें तंग करते हैं?"

---

1. डेनिस दिदेरी (1713-1784)–प्रबोधन काल का फ्रांसीसी दार्शनिक। विश्वकोष (इन्साइक्लोपीडिया) का प्रमुख संपादक। फ्रांसीसी क्रांति की वैचारिक ज़मीन तैयार करने में रूसो और वाल्तेयर के साथ उसकी मुख्य भूमिका थी।
2. और।
3. और।

पृष्ठ 181 (116)

- "यह कहना, कि आदमी अपने आपको बिना किसी एवज में यों ही सौंप देता है, एकदम वाहियात और अकल्पनीय बात है।" इस तरह की बात, चाहे एक आदमी, दूसरे आदमी को संबोधित करके कहे या राष्ट्र को संबोधित करके कहे, हमेशा मूर्खतापूर्ण ही कही जायेगी।
- "मैं पूरी तरह से तुम्हारी कीमत पर और पूरी तरह से अपने लाभ के लिए तुमसे एक समझौता करता हूँ, और मैं इसे तब तक लागू किये रखूँगा, जब तक मैं चाहूँगा, और तुम भी इसे तब तक लागू किये रखोगे जब तक मैं चाहूँगा।"[1]

• • •

समानता

यदि तुम राज्य को स्थायित्व प्रदान करना चाहते हो, तो इन दो चरम अवस्थाओं को, जहाँ ताक संभव हो सके, करीब लाओ। न तो धनिकों को बर्दाश्त करो, न ही भिखारियों को। ये दोनों ही स्थितियाँ, जो स्वाभाविक तौर पर एक-दूसरे से अविभाज्य हैं, सामान्य हित के लिए समान रूप से सांघातिक हैं–एक वर्ग से निरंकुश पैदा होते हैं, तो दूसरे वर्ग से निरंकुशता के समर्थक। हमेशा इन्हीं दोनों के बीच सार्वजनिक स्वतंत्रता का व्यापार चलता रहता है–एक खरीदता है, दूसरा बेचता है।[2]

पृष्ठ 182 (117)

"ओलावृष्टि कुछेक क्षेत्रों को बर्बाद कर डालती है, पर इससे अकाल बिरले ही पड़ते हैं। दंगे-फसाद और गृह-युद्ध सदारत करने वाले लोगों को काफी चौंका देते हैं; फिर भी वे राष्ट्रों के लिए कोई वास्तविक संकट नहीं पैदा करते, जब तक इस बात को लेकर विवाद चलता है कि कौन उन पर निरंकुश शासन करे। उनकी वास्तविक समृद्धि या विपदाएँ तो उनकी स्थायी स्थितियों से पैदा होती हैं। जब सबकुछ जूते तले कुचल कर रख दिया जाता है, तभी सबकुछ नष्ट हो जाता है; तभी ये शासक, इतमीनान से सबकुछ नष्ट करने के बाद एक मुर्दा खामोशी पैदा कर देते हैं, जिसे वे शान्ति कहते हैं।"

(पृ. 176)[3]

---

1. संभवतः दिदेरो के ही उद्धरण।
2. और।
3. स्रोत अज्ञात, संभवतः दिदेरो या रूसो।

पृष्ठ 183 (118)

फ्रांसीसी क्रांति [1]

अमेरिका-अमेरिकी स्वतंत्रता-संग्राम का फ्रांस की स्थिति पर भारी प्रभाव पड़ा (1776)।

टैक्स–'राजा' के नाम पर काम करने वाले कोर्ट या मंत्रिमण्डल ने मनमाने ढंग से टैक्सों के फरमान तैयार किये और उसे पार्लियामेण्ट [2] में इन्दराज किये जाने के लिए भेज दिया, क्योंकि जब तक पार्लियामेण्ट उनका इन्दराज नहीं कर लेती, तब तक वे लागू नहीं हो सकते थे।

कोर्ट का दावा था कि पार्लियामेण्ट की सत्ता को एतराज का कारण बताने के अलावा और कोई अधिकार न था, जबकि वह (यानी कोर्ट या मंत्रिमण्डल) अपने पास यह फैसला करने का अधिकार सुरक्षित रखे हुए था कि कारण वाजिब हैं या ग़ैर-वाजिब, और कि तद्नुसार ही वह अपनी मर्जी से चाहे तो फरमान वापस ले ले या बाकायदा उसे आधिकारिक तौर पर इन्दराज किये जाने का आदेश जारी कर दे।

दूसरी तरफ, पार्लियामेण्ट का दावा था कि उसके पास इनकार कर देने का अधिकार था।

मंत्री एम. कैलोन [3] को मुद्रा चाहिए थी। वह टैक्सों के मामले में पार्लियामेण्ट के कड़े रुख से परिचित था। उसने "असेम्बली ऑफ नोटेबल्स" [4] आहूत की (1787)।

---

1. फ्रांसिसी क्रांति के बारे में भगतसिंह के इन नोट्स के स्रोत का पता नहीं चलता।
2. पार्लियामेण्ट : वास्तव में यह कोई निर्वाचित प्रतिनिधियों का निकाय नहीं, बल्कि राजा के सलाहकारों का एक निकाय या इजलास हुआ करती थी।
3. चार्ल्स अलेक्सान्द्र द कैलोन (1734-1802), फ्रांसीसी राजनीतिज्ञ, जो नवम्बर 1783 में वित्तमंत्री बना।
4. असेम्बली ऑफ नोटेबल्स : राज्य का ख़ज़ाना खाली होने के कारण, वित्तमंत्री कैलोन शाही ख़ज़ाने के लिए कर्ज़ लेना चाहता था, परंतु पार्लियामेण्ट ने इसे मंजूर नहीं किया। तब उसने राजा को सलाह दी कि आन्तरिक सीमा-शुल्कों को ख़तम कर दिया जाये और नोटेबल्स यानी कुलीनों और पादरियों पर टैक्स लगा दिया जाये। इसके लिए कुलीनों की एक सभा (असेम्बली ऑफ नोटेबल्स) जनवरी 1787 में बुलायी गयी। परंतु कुलीनों ने अपने विशेषाधिकारों में कटौती किये जाने का विरोध कर दिया।

यह स्टेट्स-जनरल[1] नहीं थी, जो कि चुनी जाती थी, बल्कि इसके सभी सदस्य राजा द्वारा मनोनीत किये गये थे और इसमें कुल 141 सदस्य थे। तब भी वह बहुमत का समर्थन हासिल न कर सका। तब उसने इसे 7 कमेटियों में विभक्त कर दिया। प्रत्येक कमेटी में 20 सदस्य थे। हरेक सवाल कमेटियों में बहुमत से और असेम्बली में कमेटियों के बहुमत से तय किया जाता था। उसने किन्हीं चार या प्रत्येक कमेटी में 11 ऐसे सदस्य रखने की कोशिश की, जिन पर वह विश्वास कर सकता था। लेकिन उसकी ये युक्तियाँ भी असफल रहीं।

पृष्ठ 184 (119)

एम. द लफायत[2] एक दूसरी कमेटी का उपाध्यक्ष था। उसने एम. कैलोन पर दो मिलियन लाइवर में शाही ज़मीन बेच डालने का आरोप लगाया। इसे उसने लिखित रूप में भी पेश किया। उसके कुछ ही समय बाद एम. कैलोन को बरखास्त कर दिया गया।

तोलूस का आर्कबिशप प्रधानमंत्री और वित्तमंत्री नियुक्त हुआ। उसने पार्लियामेण्ट के समक्ष दो प्रकार के टैक्सों का प्रस्ताव रखा–स्टाम्प टैक्स और एक किस्म का भूमि टैक्स। इस पर पार्लियामेण्ट ने जवाब दिया–

"कि राष्ट्र अब तक जिस तरह के राजस्व की हिमायत करता आ रहा है, उसके साथ टैक्सों की चर्चा उनमें कटौती करने के अलावा और किसी भी उद्देश्य से नहीं करनी चाहिए।"

और उन दोनों ही प्रस्तावों को उठाकर रद्दी की टोकरी में फेंक दिया। तब उन्हें वर्साई बुलाया गया, जहाँ राजा ने 'ए बेड ऑफ जस्टिस' नाम से एक विशेष बैठक

---

1. स्टेट्स जनरल : यह कुलीन वर्ग, पादरी वर्ग और बुर्जुआ वर्ग से चुने गये प्रतिनिधियों की एक सभा थी।
2. मार्क्विस द लफायत (1757-1834) : अमेरिकी स्वतंत्रता संग्राम और फ्रांस की क्रांति में भाग लिया। वह फ्रांसीसी सेना का कर्नल (1779) और बाद में मेजर जनरल (1781) भी रहा; 1790 में उसकी तरक्की नेशनल गार्ड ऑफ पेरिस के कर्नल-जनरल पद पर हो गयी, और उसने क्रांति के आरम्भिक दौरों में बहुत सक्रिय भूमिका निभायी। लेकिन 1792 में संवैधानिक राजतंत्र का समर्थन करने के कारण असेम्बली ने उसे गद्दार करार कर निर्वासित कर दिया। अपने निर्वासन काल में भी वह अपनी क्रांतिकारी भूमिका के कारण 5 वर्षों तक प्रशा, जर्मनी और आस्ट्रिया की जेलों में क़ैद रहा और नेपोलियन बोनापार्ट के हस्तक्षेप से ही जेल से रिहा होकर 1799 में फ्रांस लौटा।

की और उन प्रस्तावों का इन्दराज कर लिया। पार्लियामेण्ट पेरिस लौट गयी। वहाँ एक अधिवेशन किया। वर्साई में की गयी प्रत्येक कार्यवाही को ग़ैर-क़ानूनी करार देते हुए, इन्दराज को रद्द कर देने का आदेश दिया। तब सबको 'लेटर डि कैशेत्स' नामक शाही फरमान जारी हुआ और सभी को निर्वासित कर दिया गया। फिर बाद में उन्हें वापस बुला लिया गया। और फिर वे ही फरमान उनके सामने रखे गये।

पृष्ठ 185 (120)

फिर स्टेट्स जनरल की बैठक बुलाने का सवाल उठा। राजा ने इसके लिए पार्लियामेण्ट से वादा किया। लेकिन मंत्रिमंडल ने विरोध किया, और एक 'फुल कोर्ट' गठित करने का नया प्रस्ताव रखा। लेकिन इसका दो आधारों पर विरोध हुआ–पहला यह कि सैद्धान्तिक आधार पर सरकार को स्वयं को बदलने का कोई अधिकार नहीं था। इस तरह की नज़ीर नुकसानदेह होगी। दूसरा विरोध के स्वरूप को लेकर था इसके विरोध में यह दलील दी गयी कि यह एक विस्तारित मंत्रिमंडल के अलावा और कुछ न होता।

अतः पार्लियामेण्ट ने इस प्रस्ताव को ठुकरा दिया। तब उसे सशस्त्र सेनाओं से घेर लिया गया। कई दिनों तक यह घेरेबन्दी चलती रही। फिर भी पार्लियामेण्ट अपनी बात पर अड़ी रही। तब उसके कई सदस्यों को गिरफ़्तार करके अलग-अलग जेलों में भेज दिया गया।

इसका विरोध-प्रदर्शन करने के लिए ब्रिटैनी से एक प्रतिनिधि मण्डल आया। उसके सदस्यों को बास्तीय (जेल) भेज दिया गया।

'असेम्बली ऑफ नोटेबल्स' फिर बुलायी गयी, और स्टेट्स जनरल की बैठक बुलाने के लिए फिर वही तरीका अपनाने का फैसला किया गया, जो सन् 1614 में अपनाया गया था।

पार्लियामेण्ट ने तय किया कि इसके लिए कुल 1200 सदस्यों में से 600 साधारण जनता से, 300 पादरी वर्ग से और 300 कुलीन वर्ग से चुने जाने चाहिए।

स्टेट्स जनरल[1] की बैठक मई 1789 में हुई। कुलीन वर्ग और पादरी वर्ग के प्रतिनिधि दो अलग-अलग कक्षों में बैठे।

1. स्टेट्स जनरल–175 वर्ष के लम्बे अंतराल के बाद मई 1789 में इसकी बैठक हुई। ख़ज़ाना खाली हो जाने के कारण मजबूर होकर सम्राट लुई चौदहवें की सामन्तों, चर्च और बुर्जुआ वर्ग के प्रतिनिधियों की यह बैठक बुलानी पड़ी। पहली दोनों श्रेणियों के करीब 300-300 और तीसरी श्रेणी के इससे दोगुने प्रतिनिधि आये। जल्द ही यह एक नये राजनीतिक संघर्ष का केंद्र बन गयी। जनता के प्रतिनिधियों ने बढ़कर पहल अपने हाथ में ले ली। फ्रांसीसी क्रांति के तूफानी घटनाक्रम की शुरुआत इसी से हुई।

पृष्ठ 186 (121)

तीसरी श्रेणी, या साधारण जनता के प्रतिनिधियों ने पादरी वर्ग और कुलीन वर्ग के इस अधिकार को मानने से इनकार कर दिया और स्वयं को 'राष्ट्र के प्रतिनिधि' घोषित करते हुए, अपने कक्ष में साथ बैठे राष्ट्रीय प्रतिनिधियों के अलावा अन्य किसी भी हैसियत के किसी भी सदस्य का कोई भी अधिकार मानने से इनकार कर दिया। इस प्रकार स्टेट्स जनरल ही 'राष्ट्रीय असेम्बली' हो गयी। उसने दूसरे कक्षों में आमंत्रण भेजे। पादरी वर्ग के प्रतिनिधियों की अधिकतर संख्या उनके साथ आ गयी। कुलीन वर्ग के 45 सदस्य उनके साथ आ गये, फिर उनकी संख्या बढ़कर 80 और बाद में उससे भी अधिक हो गयी।

पृष्ठ 187 (122)

टेनिस कोर्ट की शपथ

कुलीन वर्ग और पादरी वर्ग के दुष्ट तत्त्व राष्ट्रीय असेम्बली को उखाड़ फेंकना चाहते थे। उन्होंने मंत्रिमंडल के साथ मिलकर षड्यंत्र रचा। राष्ट्र के प्रतिनिधियों की मौजूदगी में ही कक्ष का दरवाज़ा बन्द कर दिया गया और उस पर अंगरक्षक सेना का पहरा बैठा दिया गया। तब वे एक टेनिस कोर्ट की ओर बढ़ गये, और वहाँ सबने मिलकर शपथ खायी कि जब तक वे एक संविधान की स्थापना नहीं कर लेते, तब तक अलग नहीं होंगे।

बास्तीय[1]

दूसरे दिन कक्ष का दरवाज़ा उनके लिए फिर खोल दिया गया। लेकिन चुपके-चुपके 30 हज़ार की फौज पेरिस को घेरने के लिए रवाना की जा चुकी थी। पेरिस की निहत्थी भीड़ ने बास्तीय पर धावा बोल दिया, बास्तीय का पतन हो गया।

14 जुलाई, 1789

• • •

1. बास्तीय–पेरिस से कुछ दूर स्थित बास्तीय का किला, जहाँ राजतंत्र विरोधी बंदियों को रखा और यातनाएँ दी जाती थीं, निरंकुशता और दमन का एक घृणित प्रतीक था। 14 जुलाई, 1789 को निहत्थी जनता की भीड़ ने इस पर धावा बोलकर क़ब्ज़ा कर लिया।

वर्साई : [1]

5 अक्टूबर, 1789–हज़ारों स्त्री-पुरुष राष्ट्रीय प्रतीक के प्रति अंगरक्षक सेना द्वारा किये गये गुस्ताखी भरे व्यवहार का बदला लेने के लिए वर्साई की ओर कूच कर गये। इसे वर्साई अभियान के नाम से जाना जाता है। उसके बाद घटी घटनाओं के फलस्वरूप राजा को पेरिस लाया गया।

पृष्ठ 188 (123)

प्रत्येक राष्ट्र का विवेक जब जाग जाता है, तो वह अपने सभी उद्देश्यों के लिए पर्याप्त सिद्ध होता है।

"राइट्स ऑफ मैन" (पृ. 112) [2]

• • •

चूँकि हर काल में सरकार का स्वरूप पूरी तरह से राष्ट्र की इच्छा का ही मामला रहा है, यानी कि अगर उसने राजतंत्रात्मक स्वरूप चुना तो ऐसा करने का उसे अधिकार था; और उसके बाद अगर उसने गणतांत्रिक होना पसंद किया, तो उसका अधिकार था कि वह गणतांत्रिक हो और राजा से यह कहे कि "अब तुम्हारे लिए हमारे पास कोई गुंजाइश नहीं है।"

"हाउस ऑफ लार्ड्स में, मंत्री अर्ल ऑफ सेलबोर्न" [3]

पृष्ठ 189 (124)

राजा

यदि कहीं कोई ऐसा आदमी हो, जो अन्य सबसे लोकोत्तर रूप में इतना अधिक बुद्धिमान हो कि राष्ट्र के संचालन के लिए उसकी बुद्धि जरूरी हो, तब तो राजशाही

---

1. वर्साई : पेरिस से कुछ दूर स्थित वर्साई के महलों में राजा और उसके मंत्रियों का ठिकाना था, जहाँ से वे सेना के सहारे क्रांति को दबाने की कोशिश कर रहे थे। 5 अक्टूबर, 1789 को हज़ारों लोगों ने वर्साई पर धावा बोला और राजा लुई चौदहवें, रानी मैरी अंतोयनेत तथा उनके अमले को बंदी बनाकर पेरिस ले आये।
2. टॉमस पेन की रचना राइट्स ऑफ मैन से (देखें पृष्ठ 14 (1) का सन्दर्भ 3)।
3. प्रथम अर्ल ऑफ सेल्बोर्न राउंडेल पामर (1812-1895) या उसका पुत्र द्वितीय अर्ल ऑफ सेल्बोर्न विलियम वाल्डग्रेव पामर (1859-1942)। दोनों ही ब्रिटिश संसद के सदस्य थे। पेन और सेल्बोर्न के उद्धरण मोटे अक्षरों में पेज़ पर तिरछे लिखे हुए हैं।

का कुछ औचित्य माना जा सकता है, लेकिन जब हम किसी देश पर नज़र दौड़ाते हैं और देखते हैं कि कैसे उसका हरेक हिस्सा अपने मामलों की सूझबूझ रखता है; और जब हम पूरी दुनिया पर नज़र दौड़ाते हैं और देखते हैं कि इसमें रहने वाले सभी मनुष्यों में से राजाओं का ही वंश ऐसा है, जो अपनी क्षमता में सबसे नगण्य है, तब हमारी बुद्धि इस सवाल पर चकराने लगती है कि आख़िर इन लोगों को क्यों बरकरार रखा गया है?

(पृ. 112)[1]

• • •

अपमानकर्ता

"यदि टैक्सों के जुल्मो-सितम को ख़तम करने की गरज से राजशाही और हरेक किस्म की वंशानुगत सरकार की धोखाधड़ी और छल-कपट से भरी टैक्सनीति का भण्डाफोड़ करना, असहाय बच्चों की शिक्षा तथा बूढ़ों एवं मुसीबत के मारे लोगों की सहायता की योजनाएँ प्रस्तावित करना, युद्ध के घृणित चलन को ख़तम करना, सार्वभौमिक शान्ति, सभ्यता और वाणिज्य को प्रोत्साहित करना और राजनीतिक अंधविश्वास की बेड़ियों को तोड़ डालना, तथा अधोगति के शिकार मनुष्य को उसकी वाजिब गरिमा तक उठाना–यदि ये सब चीज़ें अपमानजनक हैं, तो मुझे एक अपमानकर्ता का जीवन जीने दो, और मेरी क़ब्र पर "अपमानकर्ता" का नाम खुदवा देना।"

xi[2]

पृष्ठ 190 (125)

लेकिन जब स्थान नहीं, बल्कि सिद्धांत कर्म को ऊर्जस्वित करने वाला कारण बन जाता है तो, मैं देखता हूँ कि आदमी हर जगह एक ही जैसा हो जाता है।[3]

मृत्यु

यदि हम अमर होते तो बहुत दुखी होते, इसमें कोई शक नहीं कि मरना कठिन है, पर यह सोचना मधुर लगता है कि हम हमेशा जीते ही नहीं रहेंगे।[4]

(पृ. 45, एमिली)

---

1. और।
2. स्रोत का पता नहीं।
3. और।
4. ये दोनों उद्धरण मोटे अक्षरों में पेज़ पर तिरछे लिखे हुए हैं।

समाजवादी व्यवस्था

"प्रत्येक से उसकी योग्यता के अनुसार, प्रत्येक को उसकी आवश्यकता के अनुसार।"[1]

● ● ●

साहसिकता क्रांति में सफलता की जान है।

● ● ●

दाँतों[2] का कहना था–"कार्रवाई, कार्रवाई। सत्ता पहले, बहस बाद में।"[3]

● ● ●

पृष्ठ 191 (126)

रूसी प्रयोग[4]

1917-27

1. फेस एण्ड माइण्ड ऑफ बोल्शेविज़्म
   ले. रेने फुलप-मिलर
2. रशिया
   ले. माकीव-ओ'हारा
3. रशियन रिवोल्यूशन
   ले. लैन्सलॉट लोटन (मैकमिलन)
4. बोल्शेविस्ट रशिया
   ले. एण्टन कार्लग्रीन
5. लिटरेचर एण्ड रिवोल्यूशन
   -त्रात्स्की
6. मार्क्स-लेनिन एंड साइन्स ऑफ रिवोल्यूशन
   ले. एण्टन कार्लग्रीन

"बोल्शेविकों का दर्शन एकदम, आक्रामक रूप से भौतिकवादी है, जिसकी एक मुक्तिदायी विशेषता को उनके कट्टर-से-कट्टर दुश्मनों तक को स्वीकार करना पड़ेगा, और वह यह कि उनमें किसी भी प्रकार के विभ्रम का पूरी तरह अभाव है।"

वे अपने संस्थापक के इस विश्वास पर पूरी दृढ़ता से कायम हैं कि "प्रत्येक चीज़ को प्राकृतिक नियमों द्वारा या, एक संकीर्णतर अर्थ में कहें तो भौतिक क्रिया विज्ञान (फिजिऑलिजी) द्वारा व्याख्यायित किया जा सकता है।

(पृ. 30)

---

1. शोषण-विहीन, वर्ग-विहीन, राज्य-विहीन साम्यवादी समाज को अभिलक्षित करने वाला मार्क्स-एंगेल्स का प्रसिद्ध सूत्र वाक्य।
2. जार्ज जाक दाँतों (1769-1794) : फ्रांसिसी क्रांतिकारी। प्रखर वक्ता और फ्रांसिसी क्रांति के सबसे रैडिकल नेताओं में से एक। राजशाही को उखाड़ फेंकने (1792) में उसकी प्रमुख भूमिका थी। वह अस्थायी सरकार का प्रमुख बना और 'नागरिक सुरक्षा की कमेटी' की स्थापना की जो बाद में क्रांतिकारी आतंक कायम करने का साधन बन गई।
3. ये दोनों वाक्य मोटे अक्षरों में पेज़ पर तिरछे लिखे हुए हैं।
4. भगतसिंह ने एक ओर कुछ पुस्तकों और उनके लेखकों के नाम दर्ज किये हैं और उनके सामने एक उद्धरण लिखा है, जिसका स्रोत स्पष्ट नहीं है।

मार्क्स ने कहा है–"दार्शनिकों ने, इस दुनिया की महज तरह-तरह से व्याख्या की है, दरअसल महत्त्वपूर्ण बात तो इसे बदलने की है।"[1]

पृष्ठ 192 (127)

धर्म और समाजवाद

"धर्म मानवता के लिए अफीम है", मार्क्स का कहना था।[2]

"सारे-के-सारे भाववादी चिन्तन अंततः एक-न-एक प्रकार की दैवीयता की अवधारणा पर ही जा पहुँचते हैं और इसीलिए, मार्क्सवादियों की नज़र में वे शुद्ध बकवास हैं। यहाँ तक कि हेगेल[3] को भी इस दुनिया पर शासन करने वाली प्रत्येक अच्छी और तर्कसंगत चीज़ का ठोस रूप ईश्वर में ही दिखायी देता था। भाववादी सिद्धांत प्रत्येक चीज़ को बरबस इसी अभागे पकी दाढ़ी वाले (अर्थात ईश्वर-सं.) के कंधों पर डाल देता है, जो उसके भक्तों की शिक्षाओं के अनुसार पूर्ण है और जिसने आराम के अलावा पिस्सुओं और वेश्याओं, क़ातिल और कोढ़ियों, भूख और दुख, प्लेग और वोदका की सृष्टि की है, ताकि उन पापियों को सज़ा दे सके, जिनको उसने ख़ुद ही पैदा किया, और जो ख़ुद उसी की मर्जी से पाप करते हैं...। वैज्ञानिक दृष्टिकोण से, यह सिद्धांत वाहियात ही सिद्ध होता है। इस दुनिया की सभी परिघटनाओं की एकमात्र वैज्ञानिक व्याख्या तो पूर्ण भौतिकवाद ही देता है।

(पृ. 32, बुखारिन)[4]

• • •

उनके (यानी भौतिकवादियों के-सं.) अनुसार,

आरम्भ में थी प्रकृति; उससे जीवन; और जीवन से चिन्तन और वे सारी अभिव्यक्तियाँ, जिन्हें हम मानसिक या नैतिक परिघटनाएँ कहते हैं। आत्मा जैसी कोई

1. मार्क्स की थीसिस आन फायरबाख से।
2. देखें नोटबुक पृष्ठ 40 (37) का सन्दर्भ 1
3. गेओर्ग विल्हेल्म फ्रेडरिक हेगेल (1770-1831) : जर्मन दार्शनिक, जिसने चिन्तन और व्याख्या की द्वंद्वात्मक पद्धति दी, जिसे मार्क्स ने भौतिकवादी दर्शन के लिए अपनाया–परंतु उलटकर कर, क्योंकि इस पद्धति से हेगेल ने चेतना या परम तत्त्व या ईश्वर को प्राथमिक कहा था, जबकि इसी का इस्तेमाल कर मार्क्स ने पदार्थ को प्राथमिक और चेतना को उससे व्युत्पन्न सिद्ध किया।
4. देखें नोटबुक पृष्ठ 50 (47) का सन्दर्भ 2.

चीज़ है ही नहीं, और मन चेतना पदार्थ की, एक खास ढंग से संगठित एक क्रिया के अलावा और कुछ नहीं है।[1]

(पृ. 33)

पृष्ठ 193 (128)

आम बग़ावत के बारे में मार्क्स का दृष्टिकोण

पहली बात

"अगर आम बग़ावत को उसके कड़वे अंजाम तक ले जाने (अर्थात-उसके सारे परिणामों को झेलने) का दृढ़-संकल्प न हो, तो उसके साथ खेलो मत। आम बग़ावत एक ऐसा समीकरण है जिसके मान बहुत अनिश्चित होते हैं, जो हर दिन बदल सकते हैं। इसमें जिन शक्तियों का विरोध किया जाना होता है, उनके पास संगठन अनुशासन और परंपरागत सत्ता की सारी अनुकूल स्थितियाँ होती हैं।"

"अगर आम बग़ावत करने वाले अपने शत्रुओं के ख़िलाफ़ भारी ताकत नहीं जुटा पाये, तो वे कुचल डाले और नष्ट कर दिये जायेंगे।"

दूसरी बात

"यदि आम बग़ावत एक बार शुरू हो गई, तो यह आवश्यक है कि पूरे संकल्प के साथ कार्रवाई की जाये और आक्रामक रुख अख़्तियार किया जाये। रक्षात्मक रुख हरेक सशस्त्र आम बग़ावत की मौत साबित होता है; यह दुश्मन से ज़ोर-आजमाइश करने से पहले ही तबाह हो जाता है। दुश्मन को उसी वक़्त हक्का-बक्का कर डालना आवश्यक है, जब उसके सैनिक अभी बिखरे हुए हों, और हर रोज नयी-नयी सफलताएँ हासिल करना जरूरी है, चाहे वे कितनी भी छोटी क्यों न हों। पहली सफलता से बढ़े मनोबल को बनाये रखना जरूरी है। डावाँडोल तत्त्वों को आम बग़ावत के पक्ष में लामबंद करना जरूरी है, जो हमेशा ही ताकतवर के पीछे हो लेते हैं, और हमेशा अधिक सुरक्षित पक्ष तलाशते रहते हैं...एक शब्द में दाँतों-अब तक की जानकारी में क्रांतिकारी नीति के सबसे बड़े विशारद, के इन शब्दों के अनुसार कार्रवाई करो : साहसिकता...साहसिकता...और एक बार फिर साहसिकता!"[2]

1. वही।
2. एंगेल्स की रचना 'जर्मनी में क्रांति तथा प्रतिक्रांति' से। भगतसिंह ने यह उद्धरण मूल रचना से नहीं, बल्कि एक अन्य पुस्तक से लिया था और इसीलिए वह इस भ्रम में रहे कि वह मार्क्स को उद्धृत कर रहे हैं।

नोटबुक में अगली लिखावट पृ. सं. 273 पर है। पृ. 194 से पृ. 272 तक सादे हैं। पीछे भी ऐसे ही सादे पृष्ठ या अंतराल आये हैं।

हो सकता है कि भगतसिंह ने अपनी 404 पृष्ठों की नोटबुक में अपने अध्ययन के विभिन्न विषयों के अनुसार अलग-अलग हिस्से निर्धारित किये हों। यहाँ ख़तम हुए हिस्से में पृ. 165 से 193 तक उनके नोट्स राज्य के विज्ञान पर, स्वतंत्रता और संप्रभुता की अवधारणाओं और उनके विकास पर तथा उनकी निरन्तरता में फ्रांसीसी क्रांति और सोवियत प्रयोग पर केन्द्रित रहे। अगले हिस्से में विभिन्न विविध विषयों पर उनकी टिप्पणियाँ और पुस्तकों के अवतरण दर्ज हैं। लेकिन इन सबमें एक सामान्य सूत्र यह है कि ज्यादातर तत्कालीन भारतीय स्थितियों और अन्य संबंधित मुद्दों के बारे में हैं। -सं.

पृष्ठ 273 (130) [1]

"...क्या तुम चाहते हो कि विधान परिषदों का और विस्तार हो? क्या तुम चाहते हो कि कुछेक भारतीय प्रतिनिधियों के रूप में हाउस ऑफ कॉमन्स में जाकर बैठें? क्या तुम चाहते हो कि भारतीयों की एक बड़ी संख्या सिविल सर्विस में भर्ती हो जाये? तो आओ देखें कि क्या 50, 100, 200 या 300 (भारतीय-सं.) सिविलियन भर्ती हो जाने से सरकार हमारी हो जायेगी...। भले ही पूरी-की-पूरी सिविल सर्विस भारतीय हो जाये, लेकिन सिविल सर्वेण्ट्स को तो सिर्फ़ हुक्म की ही तामील करनी होगी। वे कोई निर्देश नहीं दे सकते, कोई नीति नहीं निर्धारित कर सकते। एक मुर्गा विहान नहीं लाता। ब्रिटिश सरकार की सेवा में एक सिविलियन, 100 सिविलियन या 1000 सिविलियन भर्ती होकर सरकार को भारतीय नहीं बना सकते। जो परंपराएँ हैं, क़ानून हैं, नीतियाँ हैं, उनकी ताबेदारी तो हर सिविलियन को करनी होगी चाहे वह काला हो, भूरा हो, गोरा हो और जब तक ये परंपराएँ नहीं बदली जातीं, जब तक इनके सिद्धांतों में रद्दोबदल नहीं किया जाता, और जब तक इनकी नीतियों में आमूलचूल परिवर्तन नहीं किया जाता, तब तक यूरोपियनों के स्थान पर भारतीयों को भर्ती कर देने मात्र से ही इस देश में अपनी सरकार नहीं कायम हो सकती...।

अगर आज सरकार आकर मुझसे कहे कि-"स्वराज लो", तो मैं इस उपहार के लिए धन्यवाद तो दे दूँगा, पर उस चीज़ को स्वीकार नहीं करूँगा, जिसे मैंने स्वयं अपने हाथों से अर्जित नहीं किया है...।

1. नोटबुक पृष्ठ 194 से नोटबुक पृष्ठ 272 तक खाली है तथा नोटबुक पृष्ठ 273 लिखे हुए पृष्ठों के क्रम में (130) पर है।

"कोई भी सत्ता, जो हमारे विरुद्ध जाती है, उसे हम बरबस अपनी मर्जी के आगे झुकने के लिए मजबूर करेंगे।

"...बुनियादी चीज़ सरकार की गरिमा है।

पृष्ठ 274 (131)

"क्या साम्राज्य के भीतर स्व-शासन का होना वास्तव में एक व्यावहारिक आदर्श हो सकता है? इसका मतलब क्या होगा? इसका मतलब या तो हमारा कोई स्व-शासन नहीं होगा या इंग्लैंड का हमारे ऊपर कोई वास्तविक आधिपत्य नहीं होगा। क्या हम स्व-शासन के मात्र छायाभास से ही सन्तुष्ट हो लेंगे? अगर नहीं तो क्या इंग्लैण्ड हमारे ऊपर अपने मात्र छायाभासी आधिपत्य से ही संतुष्ट हो लेगा? दोनों ही दशाओं में, इंग्लैण्ड एक छायाभासी आधिपत्य भर से ही सन्तुष्ट नहीं हो सकता, और हम भी मात्र छायाभासी स्व-शासन से संतुष्ट होने से इनकार करते हैं। और इसीलिए भारत में स्व-शासन और इंग्लैण्ड के उस पर आधिपत्य के बीच ऐसी परिस्थितियों में कोई समझौता संभव नहीं है...। यदि स्व-शासन वास्तविक हों, तो सिर्फ़ भारत में ही नहीं, बल्कि स्वयं ब्रिटिश साम्राज्य के भीतर इंग्लैण्ड की स्थिति क्या होगी? स्व-शासन का मतलब है स्वयं टैक्स लगाने का अधिकार, इसका मतलब है अपना नियंत्रण, इसका मतलब है अपनी जनता को विदेशी निर्यातों पर संरक्षणात्मक और निषेधात्मक चुंगी लगाने का अधिकार। जिस क्षण हमको ख़ुद टैक्स लगाने का अधिकार मिल जायेगा, उस क्षण हम क्या करेंगे? तब हम औद्योगिक बायकाट के इस कठिन काम में लगने की कोशिश नहीं करेंगे। बल्कि वही करेंगे, जो हरेक राष्ट्र करता आया है। आज हम जिन परिस्थितियों में जी रहे हैं, उनके मद्देनज़र हम मैनचेस्टर से आने वाले कपड़े के एक-एक इंच पर और लीड्स से आने वाली एक-एक ब्लेड या छुरी पर, भारी निषेधात्मक और संरक्षणात्मक चुंगी लगा देंगे। हम अपने देश में एक भी अंग्रेज़ को घुसने की अनुमति नहीं देंगे। आज जिस तरह ब्रिटिश पूँजी भारतीय संसाधनों के विकास के नाम पर यहाँ लगी हुई है, उसकी हम कतई अनुमति नहीं देंगे। हम ब्रिटिश पूँजीपतियों को देश की खनिज संपदा की ख़ुदाई करने और उसे अपने देश उठा ले जाने का कोई अधिकार नहीं देंगे।

पृष्ठ 275 (132)

हमें विदेशी पूँजी की जरूरत होगी। पर इसके लिए हम पूरी दुनिया के खुले बाज़ारों से विदेशी कर्ज़ लेने की दरख़्वास्त करेंगे, और कर्ज़ की वापसी के लिए

भारतीय सरकार, भारतीय राष्ट्र की साख की गारण्टी देंगे...। और आज जिस तरह से इंग्लैण्ड के वाणिज्यिक हित सिद्ध हो रहे हैं, तब जनता के स्व-शासन की दशा में नहीं सिद्ध होंगे, भले ही यह सरकार साम्राज्य के अधीन ही क्यों न रहे। लेकिन तब साम्राज्य के भीतर इसका क्या मतलब होगा? इसका मतलब यह होगा कि इंग्लैण्ड को चुंगी संबंधी कुछ तरजीह पाने के लिए हमारे साथ कुछ करार करने को बाध्य होना पड़ेगा। अगर इंग्लैण्ड भारत के हमारे बाज़ारों में प्रवेश की खुली छूट चाहेगा, तो उसे हमारे द्वारा रखी गयी शर्तों के तहत ही आना होगा, और एक समय के बाद जब हम अपने संसाधनों का विकास कर लेंगे और अपने औद्योगिक जीवन को सुव्यवस्थित कर लेंगे, तब हम सिर्फ़ इंग्लैण्ड के लिए ही नहीं, बल्कि ब्रिटिश साम्राज्य के हरेक हिस्से के लिए अपना दरवाज़ा खोल देंगे। और क्या तुम समझते हो कि इंग्लैण्ड जैसा मुट्ठी भर आबादी वाला एक छोटा-सा देश, जो चाहे कितना भी अधिक सम्पन्न क्यों न हों, निष्पक्षता और बराबरी की शर्तों पर, भारत जैसे प्राकृतिक संसाधनों से भरपूर देश के साथ प्रतियोगिता कर सकेगा, जिसके पास इतनी भारी आबादी है, जो दुनिया के किसी भी भाग में सबसे शालीन और संयमी समझी जाती है?

"अगर साम्राज्य के भीतर सचमुच हमारी अपनी सरकार हो जाये, अगर 30 करोड़ लोगों को वही स्वतंत्रता मिल जाये जो साम्राज्य को हासिल है, तब तो ब्रिटिश साम्राज्य रह ही नहीं जायेगा। भारतीय साम्राज्य हो जायेगा...।"

बि. च. पाल[1]
न्यू स्पिरिट, 1907 में

पृष्ठ 276 (133)

हिन्दू सभ्यता

हमें ऐसा लग सकता है कि अपने कई पक्षों की दृष्टि से यह एक ऐसा लगभग अकल्पनीय-सा समुच्चय है, जिसमें एक तरफ आध्यात्मिक भाववाद है, तो दूसरी तरफ स्थूल भौतिकवाद भी है, एक तरफ इन्द्रियनिग्रह है तो दूसरी तरफ इन्द्रियलिप्सा भी है, एक तरफ यह मानवीय आत्मा को वैश्विक आत्मा के साथ

1. बिपिन चन्द्र पाल (1858-1932) : स्वाधीनता संग्राम के दौरान बंगाल में एवं अन्यत्र स्वदेशी एवं विदेशी वस्तुओं के बहिष्कार आन्दोलनों के प्रमुख नेता; बाल गंगाधर तिलक लाला लाजपत राय और बिपिनचन्द्र पाल यानी 'लाल-बाल-पाल' की तिकड़ी ने कांग्रेस में 'गरम दल' का नेतृत्व किया। पाल ने कई अख़बारों जैसे न्यू इण्डिया, वन्देमातरम, स्वराज, द इण्डिपेण्डेण्ट एवं न्यू स्पिरिट का संपादन किया।

एकाकार करने का दर्पभरा दावा करती है तथा मनुष्य को दैवीयता में और दैवीयता को मनुष्य में समाहित करती है, तो दूसरी तरफ वह हताश कर देने वाला निराशावाद भी है, जिसके तहत यह उपदेश देती है कि जीवन अपने आप में दुखदायी प्रतीति के अलावा और कुछ नहीं है और कि इससे मुक्ति का एवं सभी बुराइयों के अंत का, एकमात्र उपाय अस्तित्वहीन हो जाने में ही है।

"शिरोल" (पृ. 26)
इण्डियन अनरेस्ट[1]

• • •

शिक्षा नीति

भारत में पश्चिमी शिक्षा को चालू करने का मूल मंतव्य नौजवान भारतीयों की एक अच्छी-खासी संख्या को प्रशिक्षित करना था, ताकि सरकारी दफ़्तरों में मातहती पदों को अंग्रेज़ी बोलने वाले देशज लोगों से भरा जा सके।

(पृ. 34)[2]

पृष्ठ 277 (134)

ब्रिटिश नौकरशाही के अत्याचार के ख़िलाफ़ अपने आपको राजनीतिक आन्दोलन में झोंक देने वाले कितने पश्चिमी शिक्षा-प्राप्त भारतीयों ने अपने देशवासियों को उनकी सामाजिक बुराइयों की नृशंसता से मुक्त करने के लिए कभी अंगुली उठायी है? उनमें से कितने ऐसे हैं, जो स्वयं इससे मुक्त हैं या यदि मुक्त भी हैं, तो क्या उनमें अपने विचार के अनुसार आचरण करने का साहस भी है?

"इण्डिया ओल्ड एण्ड न्यू", (पृ. 107)[3]

पृष्ठ 278 (135)

किसी भारतीय संसद की कल्पना करना कठिन है

भारतीय राष्ट्रीय कांग्रेस लगभग शुरू से ही एक संसद की कार्यशैली अख़्तियार कर चुकी थी। परंतु भारत में संसद की न तो कोई गुंजाइश थी, और न है। कारण

---

1 सर वैलेण्टाइन शिरोल (1858-1929) : एक मशहूर ब्रिटिश पत्रकार, जिसने भारत का 17 बार दौरा किया; उसने भारत संबंधी दो प्रमुख किताबें लिखीं : इण्डियन अनरेस्ट और इण्डिया : ओल्ड एण्ड न्यू। वह 1890 से 1912 तक लंदन के 'टाइम्स' अख़बार के विदेश विभाग का प्रभारी था तथा 1912 से 1914 तक भारतीय लोक सेवा आयोग का सदस्य भी रहा।

2. इण्डियन अनरेस्ट से।

3. शिरोल की पुस्तक।

कि जब तक ब्रिटिश शासन एक वास्तविकता बना रहेगा, तब तक भारतीय सरकार, जैसा कि लार्ड मोसली ने साफतौर पर कहा है–"एक निरंकुश तंत्र ही हो सकता हैं, जो भले ही कल्याणकारी हो और भारतीय विचारों के साथ। पूरी सहानुभूति रखे, फिर भी एक निरंकुशतंत्र ही होगा।"

(पृ. 154) "अनरेस्ट"[1]

कांग्रेस का उद्देश्य या लक्ष्य

"भारतीय राष्ट्रीय कांग्रेस का उद्देश्य भारतीय जनता को सरकार की एक ऐसी प्रणाली उपलब्ध कराना है, जो ठीक वैसी ही हो जैसी कि ब्रिटिश साम्राज्य के अंतर्गत स्व-शासित देश चला रहे हैं, जिसमें वे साम्राज्य के अधिकारों और दायित्वों में बराबर के भागीदार हों।"

मालवीय जी का अध्यक्षीय भाषण 1909[2]
(कांग्रेस का लाहौर अधिवेशन)

पद 276 (136)

स्वतंत्र भारत का संविधान

और कोई नहीं, बल्कि स्वयं (भारत) माँ ही यह तय करेगी और कर सकती है कि एक बार जब वह अपनी अस्मिता पा लेती है और आज़ाद हो जाती है, तो इस क्रांति के सम्पन्न हो जाने के बाद वह अपने जीवन के मार्ग-दर्शन के लिए कौन-सा संविधान अपनायेगी...। बिना विस्तार में गये हम इतना कह सकते हैं कि भारतीय राष्ट्र की इम्पीरियल सरकार का मुखिया राष्ट्रपति बनेगा या राजा यह इस पर निर्भर करता है कि यह क्रांति स्वयं को कैसे आगे बढ़ाती है...। माँ का आज़ाद होना, उसका अखण्ड और एक होना तथा उसकी इच्छा का सर्वोपरि रहना जरूरी है। उसके बाद ही वह अपनी इच्छा जाहिर कर सकती है कि वह अपने सिर पर राजसी मुकुट धारण करे या अपनी पवित्र काया को गणतांत्रिक परिधान से आवेष्टित करे।

पर मत भूलो हे राजाओ! कि तुम्हारे कृत्यों और अकृत्यों का कड़ा हिसाब लिया जायेगा, और नया जन्म पायी हुई जनता तुम्हारे साथ तुम्हारे ही ढंग से हिसाब चुकता करने में नहीं चूकेगी। हर कोई, जो जनता के साथ सक्रिय रूप से विश्वासघात करेगा, अपने पुरखों का तिरस्कार करेगा, और माँ के ख़िलाफ़ जाकर अपने खून को गंदा करेगा...उसे

1. शिरोल की इण्डियन अनरेस्ट; भगतसिंह ने शिरोल की पुस्तक से विस्तृत नोट्स लिये हैं। खासकर इसमें उद्धृत नेताओं के भाषणों और पर्चों से। पीछे आया बिपिनचन्द्र पाल का लम्बा उद्धरण और आगे आया मदनमोहन मालवीय का उद्धरण इसी पुस्तक से लिया गया है।
2. पण्डित मदन मोहन मालवीय (1861-1946)।

कुचल कर धूल और गर्द में मिला दिया जायेगा...। क्या तुम्हें हमारे इस कठोर संकल्प पर शुबहा है? अगर है, तो सुन लो नाम धींगरा[1] का और चुप कर जाओ। उस शहीद का नाम लेकर कहते हैं कि अरे, भारतीय राजाओं, इन शब्दों पर गंभीरता से और गहराई से सोचो। जैसी मर्जी हो करो, लेकिन तुम वही पाओगे जो बोओगे। चुन लो कि तुम राष्ट्र के संस्थापकों में पहला बनोगे या राष्ट्र के अत्याचारियों में आख़िरी।

(पृ. 196), इण्डियन अनरेस्ट
"तय करो, ओ भारतीय शासको"[2]

अछूत

राजनीतिक दृष्टिकोण से भारतीय आबादी के लाखों-लाख लोगों का अपने शासकों की आस्था के अनुरूप धर्मान्तरण ऐसी सम्भावनाओं के द्वार खोल देगा कि मैं उनका विस्तारपूर्वक वर्णन करने की जरूरत नहीं महसूस करता।

(पृ. 184)[3]

• • •

पृष्ठ 280 (131)

हत्या नॉय यज्ञ[4]

---

1. मदनलाल धींगरा : लंदन में 'इण्डियन होमरूल सोसायटी' तथा 'इण्डिया हाउस ग्रुप' से जुड़े युवा क्रांतिकारी। इसकी स्थापना क्रांतिकारी श्यामजी कृष्ण वर्मा ने लाला हरदयाल, सावरकर और धींगरा जैसे देशभक्त मुक्ताओं को साथ लेकर की थी। श्री मदनलाल धींगरा ने बंग-भंग और उसके बाद देश में चले आन्दोलन पर बर्बर दमन के विरोध में सर विलियम कर्जन वायली की लंदन में 1 जुलाई, 1909 को गोली मार कर हत्या कर दी। उन्हें बाद में फाँसी दे दी गयी।
2. "तय करो, ओ भारतीय शासकों" शीर्षक यह पर्चा राष्ट्रवादी क्रांतिकारियों ने भारत के रजवाड़ों/ रियासतों के शासकों के नाम भेजा था। एक शासक ने इसे शिरोल को दिया था, जिसने इसके दो हिस्से अपनी पुस्तक इण्डियन अनरेस्ट में शामिल किये।
3. शिरोल की पुस्तक इण्डियन अनरेस्ट, अध्याय 'दलित जातियाँ' से।
4. हत्या नहीं यज्ञ : यह पूरा अवतरण शिरोल की पुस्तक इण्डियन अनरेस्ट (मैकमिल एण्ड कम्पनी, लन्दन से 1910 में प्रकाशित) के टिप्पणियों वाले हिस्से से लिया गया है। इसमें, "द रिमूवल ऑफ इनफार्मर्स" (भेदियों का सफाया) शीर्षक के अंतर्गत लिखा गया है कि "शम्स-उल-आलम की हत्या के तुरन्त बाद निम्नलिखित अपील" क्रांतिकारियों द्वारा कलकत्ते में जारी की गयी :
   'हत्या नॉय यज्ञ' (हत्या नहीं यज्ञ)
   नकद इनाम : एक यूरोपीय या दो भेदियों का सिर काटने पर
   (50वां अंक, कलकत्ता, रविवार चैत्र अष्टमी 1316)

सोने की मुद्रा पाने के लालच में मानव वेषधारी कुछ देशी नरपिशाचों, भारत के कलंक पुलिस ने वारीन्द्र घोष[1] आदि उन महान सपूतों को गिरफ़्तार कर लिया, जो अपने निजी हितों का बलिदान करके और बम बनाने जैसे 'यज्ञ' के पवित्र अनुष्ठान को पूरा करने में अपने जीवन को समर्पित करके, अपने देश की आज़ादी के लिए काम कर रहे थे। इन नरपिशाचों में सबसे बड़ा नरपिशाच, आशुतोष विश्वास[2] इन बहादुर सपूतों को फाँसी के तख़्ते पर पहुँचाने का रास्ता साफ करने लगा लेकिन शाबास चारु[3]! (आशुतोष विश्वास को ख़तम करने वाले) तुम्हारे माँ-बाप सर्वपूज्य हैं। तुमने उनका गौरव बढ़ाया, सर्वोच्च साहस का परिचय दिया, जो इस क्षणभंगुर जीवन की परवाह न करते हुए उस नरपिशाच की इस दुनिया से छुट्टी कर दी। अभी ज्यादा दिन नहीं हुए जब गोरों ने, छल-बल से भारत को भारतीयों (मूल पाठ में मुहम्मडनों-सं.) से, उचक्कों की तरह झपट लिया था। और वह कमीना शम्स-उल-आलम[4], जिसने उस आलमगीर पादशा[5] का रास्ता अपनाया, जिसने सोने की मुद्रा पाने की लालच में पूर्वजों के नाम को कलंकित किया, आज उस दुराचारी को तुमने भारत की इस पवित्र धरती से मिटा दिया है। नरेन गोसाईं[6] से लेकर तलित चक्रवर्ती तक सभी उस कमीने जालसाज शम्स-उल-आलम की जालसाजियों और यातना के फलस्वरूप सरकारी गवाह बन गये थे। अगर तुमने नरपिशाचों के इस मददगार की छुट्टी नहीं कर दी होती, तो क्या भारत के लिए कोई उम्मीद बची रह जाती?

---

1. वारीन्द्र घोष : अरविन्दो घोष के छोटे भाई और क्रांतिकारियों के मानिकतला ग्रुप के एक नेता, जो अलीपुर षड्यंत्र केस (मई 1909) के अभियुक्त थे; वे 'युगान्तर' नामक क्रांतिकारी पत्र भी प्रकाशित करते थे।
2. आशुतोष विश्वास : क्रांतिकारियों को सज़ा दिलाने के लिए तमाम गलत तरीके अपनाने वाला अंग्रेज़परस्त एक सरकारी वकील, जिसे अलीपुर पुलिस कोर्ट से बाहर क्रांतिकारी चारु चन्द्र गुहा ने गोली मार कर मौत के घाट उतार दिया।
3. चारुचन्द्र गुहा : एक वीर तरुण, जिसने दायें हाथ की हथेली जन्म से ही नहीं होने के बावजूद देशद्रोही सरकारी वकील आशुतोष विश्वास को गोली मार दी। उसे 10 मार्च, 1909 को अलीपुर सेण्ट्रल जेल में फाँसी दे दी गयी।
4. शम्स-उल-आलम : ब्रिटिश पुलिस का सी.आई.डी. इंस्पेक्टर, जो क्रांतिकारियों की सुरागरशी करता था। उसे वीरेन्द्रनाथ दत्त ने 24 जनवरी, 1910 को गोली से उड़ा दिया; इस नौजवान क्रांतिकारी को 21 फरवरी, 1910 को फाँसी दे दी गयी।
5. आलमगीर पादशा-मुगल बादशाह औरगंजेब, जिसने दिल्ली की बादशाहत पाने की लालच में अपने तीन भाइयों-दारा, शुजा और मुराद को मरवा डाला।
6. पूरा नाम नरेन्द्रनाथ गोसाईं : मुजफ्फरपुर बम काण्ड में (जिसके लिए खुदीराम बोस को फाँसी दे दी गयी) ब्रिटिश सरकार का मुखबिर, जिसे 31 अगस्त, 1908 को कनाई लाल दत्त और सत्येन्द्र नाथ दत्त ने मार डाला।

कई लोग यह चीख-पुकार मचा रहे हैं कि विद्रोह करना महापाप है। लेकिन विद्रोह है क्या? क्या भारत में कोई ऐसी चीज़ है, जिसके ख़िलाफ़ विद्रोह किया जाए? क्या एक फिरंगी को भारत का राजा माना जा सकता है, जिसके स्पर्श मात्र से, जिसकी महज परछाई पड़ जाने से ही हिन्दू अपना शुद्धिकरण करने के लिए बाध्य हो जाते हैं?

ये महज पश्चिमी लुटेरे हैं, जो भारत को लूट रहे हैं...। उन्हें निकाल बाहर करो, हे भारत के सपूतो! वे तुम्हें जहाँ कहीं भी मिलें, उन पर और उनके साथी जासूसों और खुफिया एजेण्टों पर कोई रहम मत करो। पिछले वर्ष अकेले बंगाल में ही 19 लाख लोग बुखार, चेचक, हैजा, प्लेग और दूसरी बीमारियों से मर गये। तुम अपने आपको भाग्यशाली समझो कि तुम बच गये, लेकिन याद रखो कि कल तुम भी प्लेग और हैजा की चपेट में आ सकते हो। क्या तुम्हारे लिए बेहतर नहीं होगा कि तुम बहादुरों की मौत मरो?

जब ईश्वर का यही विधान है, तो ज़रा सोचो, कि क्या इस शुभ बेला में भारत के हरेक सपूत का कर्तव्य नहीं है कि वह इन गोरे दुश्मनों का संहार करे?

पृष्ठ 282 (138) [1]

अपने आप को प्लेग और हैजा से मत मरने दो, ऐसा करके भारत माँ की पवित्र धरती को दूषित मत करो। पुण्य और पाप में फर्क करने के लिए हमारे शास्त्र हमारे मार्गदर्शक हैं। हमारे शास्त्र बार-बार हमें बताते हैं कि इन गोरे कमीनों और उनके सहयोगियों एवं सहअपराधियों को क़त्ल करना अश्वमेध यज्ञ के बराबर है। आओ, सब-के-सब आओ। आओ, हम सब मिल कर इस बलिवेदी पर अपनी यज्ञाहुति अर्पित करें, और प्रार्थना करें कि इस यज्ञ में सारे गोरे साँप इसकी ज्वाला में वैसे ही भस्म हो जायें, जैसे जनमेजय यज्ञ में साँप नष्ट हो गये थे। याद रखो, यह हत्या नहीं, यज्ञ है।

"आइ. यू."[2] (पृ. 342, नोट्स)

"भारत में कुल मतदाता 62,00,000 अर्थात भारत की कुल आबादी का 2 ¾ प्रतिशत हैं, जिसमें वे क्षेत्र शामिल नहीं, जिन पर 1919 का क़ानून नहीं लागू होता था।"

"आइ.ओ. एन."[3] (पृ. 194)

---

1. नोटबुक पृष्ठ संख्या 281 नहीं है, पर पृष्ठ संख्या (137) के बाद पृष्ठ संख्या (138) का क्रम ठीक है।
2. शिरोल की पुस्तक इण्डियन अनरेस्ट।
3. शिरोल की पुस्तक : इण्डिया ओल्ड एण्ड न्यू।

पृष्ठ 283 (140)[1]

इण्डिया ओल्ड एण्ड न्यू : शिरोल वी.

"ब्रिटिश लोग यह जान लें कि यदि वे न्याय नहीं करना चाहते, तो यह प्रत्येक भारतीय का परम कर्तव्य बन जायेगा कि इस साम्राज्य को नष्ट कर दे।"

महात्मा जी[2] *(नागपुर कांग्रेस)*

देहात और शहर का सवाल

कुछ सरकारी बुद्धिमत्ता इस रूप में दिखायी गयी थी कि भौगोलिक स्थिति पर बिना ध्यान दिये, दूर-दराज के शहरों को एक निर्वाचन क्षेत्र में रख दिया गया था, ताकि ऐसे शहरी व्यक्तियों को, जो कि (सरकार के) न चाहते हुए भी अधिक विकसित राजनीतिक दृष्टिकोण पा चुके थे, उन देहाती निर्वाचन क्षेत्रों से उम्मीदवार बनने से रोका जा सके, जिनमें यदि उपर्युक्त व्यवस्था न की गयी होती तो कई एक छोटे शहर भी स्वाभाविक तौर पर शामिल हो जाते। यह एक आख़िरी कोशिश थी, जो इस विश्वास पर आधारित थी कि पंजाब की आबादी को बकरियों और भेड़ों के रूप में विभाजित किया जा सकता था, जिसमें बकरियाँ 'विश्वासघाती' शहरी लोग तथा भेड़ें 'विश्वासपात्र' किसान समुदाय के लोग माने गये थे।[3]

• • •

खालसा कॉलेज। 1892 में स्थापित हुआ।[4]

• • •

1. नोटबुक पृष्ठ 282 के बाद पृष्ठ 283 का क्रम तो ठीक है पर (138) के बाद (139) नहीं, बल्कि (140) दिया गया है।
2. महात्मा गांधी; शिरोल की पुस्तक इण्डिया ओल्ड एण्ड न्यू से उद्धृत।
3. स्रोत अस्पष्ट; संभवतः इण्डिया इण्डिया से ही उद्धृत।
4. मूल में, पेज़ के नीचे की ओर हाशिये पर तिरछा लिखा हुआ।

पृष्ठ 284 (141)

भारत जैसा मैंने इसे जाना [1]

एक 'महात्मा' का रास्ता सचमुच कठिन है और यह आश्चर्यजनक नहीं है कि गांधी ने हाल ही में इस उपाधि को और इसकी जिम्मेदारियों को त्याग देने की कोशिश की है। भारत में उनका प्रभाव निरन्तर घटता जा रहा है, फिर भी उनका संन्यासी का बाना और महान नैतिक सच्चाइयों के रूप में उनके द्वारा अत्यन्त कुशलता से निरूपित किये जाने वाले अस्पष्ट और अव्यावहारिक तोलस्तोय मार्का सिद्धांत बहुतेरे लोगों को सार्थक लगने का भ्रम देते हैं तथा भावुक इंग्लैण्ड के दुर्बल मन वाले तथा फ्रांस के कुछ तर्कशील लोग भी इसी भ्रम में हैं, जो पूर्व से एक नयी रोशनी की उम्मीद लगाये हुए हैं।

(पृ. 65)

• • •

भेदिया [2]

आयरिश षड्यंत्रों में जो घृणित लेकिन उपयोगी वर्ग आमतौर पर (भेदियों की–सं.) आपूर्ति किया करता था, वह जड़मूल से क्यों सूख गया, इसके मुख्य कारणों में से मैं समझता हूँ एक तो यही रहा है कि सत्ताधारी अपने भेदिये को छिपाने और बचाने में असफल रहे (जैसे जेम्स कैरी के मामले में, जबकि उसी ने क्रांतिकारियों के अभेद्य गिरोह का रहस्योद्घाटन किया था और उसी के साक्ष्य पर ब्रैडी, फिट्जहरबर्ट और मुलेन को फीनिक्स पार्क की दो हत्याओं, अर्थात चीफ सेक्रेटरी और अण्डरसेक्रेटरी की हत्याओं के बदले फाँसी पर चढ़ा दिया गया। उस भेदिये की एक नौजवान क्रांतिकारी ओ डॉनेल ने, डरबन में, दिन दहाड़े गोली मार कर हत्या कर दी। [3]) गो कि हत्या करने वाला पकड़ा गया।

---

1. सर माइकेल ओ'ड्वायर (1885–1923) की पुस्तक का शीर्षक : इण्डिया ऐज आई निउ इट, जो 1925/28 में लन्दन से प्रकाशित हुई। सन् 1988 में मित्तल पब्लिकेशंस, दिल्ली से पुनर्मुद्रित। ओ'ड्वायर प्रथम विश्वयुद्ध के दौरान पंजाब का लेफ्टिनेण्ट गवर्नर था, उसने पंजाब से बड़े पैमाने पर नौजवानों की जबरन सेना में भरती करायी, लोगों को युद्ध के लिए सरकार को ऋण देने पर बाध्य किया और राजनीतिक नेताओं को क्रूरतापूर्वक प्रताड़ित किया। जालियाँवाला बाग़ काण्ड का उसने समर्थन किया। बाद में, ऊधमसिंह ने लन्दन में उसकी हत्या कर दी।

2. इस हिस्से में ओ'ड्वायर ने आयरलैण्ड के क्रांतिकारियों द्वारा ब्रिटिश सरकार के भेदियों के सफाये का उदाहरण देते हुए पंजाब में खुद उसके द्वारा क्रांतिकारियों के विरुद्ध अपनाये गये तरीकों की चर्चा की है।

3. जब आयरिश क्रांतिकारियों ने फीनिक्स पार्क में चीफ और अण्डर सेक्रेटरियों की हत्या कर दी, तब उन्हें पकड़वाने और फाँसी चढ़वाने में जेम्स कैरी ने मुखबिर की भूमिका निभायी, हालाँकि उसकी भी पैट्रिक ओ'डोनेल नामक क्रांतिकारी ने गोली मार कर हत्या कर दी, जिससे भारत के क्रांतिकारियों को भारी मनोबल प्राप्त हुआ।

महायुद्ध से पहले और उसके दौरान, पंजाब के लेफ्टिनेण्ट गवर्नर के रूप में मेरा, कई क्रांतिकारी षड्यंत्रों से पाला पड़ा, जिनका पर्दाफाश करने में भेदियों की जाति ने एक बड़ी भूमिका अदा की, और हमारी सतर्कता इतनी मुकम्मल रही कि एक भी मामले में किसी भी भेदिए पर कोई आँच नहीं आयी।[1]

पृष्ठ 285 (142)

मैं समझ सकता हूँ कि अपनी नीचताभरी चालबाज़ी, असामान्य अहम्मन्यता दुरभिसंधि रचने की अपनी जन्मजात रुझान, और अरुचिकर तथ्यों पर पर्दा डालने की क्षमता से पूरी तरह लैस भारतीय षड्यंत्रकारी कैसे इस माहौल में आराम से काम करते थे।

(पृ. 187)

इण्डिया ऐज आइ न्यू इट[2]

आर्यसमाज

वास्तव में आर्यसमाज पश्चिमी प्रभाव के विरुद्ध एक राष्ट्रवादी पुनर्जागरण है। यह इस संप्रदाय के संस्थापक दयानन्द के आधिकारिक ग्रंथ, सत्यार्थ प्रकाश में अपने अनुयायियों का आह्वान करता है कि वे वेदों की ओर लौटें और आर्यों के काल्पनिक स्वर्णिम अतीत में स्वर्णिम भविष्य की तलाश करें। सत्यार्थ प्रकाश ग़ैर हिन्दू शासन के विरुद्ध दलीलें भी देता है और कुछ वर्ष पहले, इस संप्रदाय के एक अग्रणी मुखपत्र ने तो दयानन्द को ही स्वराज के सिद्धांत का असली प्रवर्तक होने का दावा भी किया।

लेकिन 1907 में जब कुछ शरारती लोगों ने आर्य समाज के विरुद्ध अफवाहें फैलाना शुरू किया, तब इस संप्रदाय ने अपने पुराने धर्म सिद्धांत को दुहराते हुए इस आशय का एक प्रस्ताव प्रकाशित करने की बुद्धिमत्ता दिखायी कि इस संगठन का किसी भी किस्म के राजनीतिक निकाय या किसी भी किस्म के राजनीतिक आन्दोलन से कोई संबंध नहीं है। अब यदि एक निकाय के रूप में समाज द्वारा चरमपंथी राजनीति से संबंध विच्छेद के इस दावे को मान भी लिया जाये, तब भी कट्टर हिन्दुओं के लिए यह बात ग़ौरतलब होनी ही चाहिए कि भले ही आर्य समाज में पंजाब की हिन्दू आबादी के 5 प्रतिशत से अधिक लोग शामिल नहीं हैं, फिर भी 1907 से लेकर आज तक हिन्दुओं की एक बड़ी आबादी, जो राजद्रोह और दूसरे राजनीतिक अभियोगों के तहत दण्डित होती रही है, वह इस समाज की ही सदस्य रही है।

(पृ. 184), वही

1. ओ'ड्वायर की पुस्तक इण्डिया ऐज आई निउ इट से।
2. ओ'ड्वायर की पुस्तक।

पृष्ठ 286 (143)

भारत के बारे में सांख्यिकीय आँकड़े :

इंग्लैण्ड और वेल्स में 4/5 आबादी शहरों में रहती है।

शहरी जीवन का मानक वहाँ से शुरू होता है, जब 1000 लोग एक साथ रहने लगते हैं। केवल तभी नगरपालिका की ओर से जल-निकास, रोशनी और पानी की आपूर्ति की व्यवस्था की जा सकती है।	भारत (ब्रिटिश) कुल 244,000,000 में से 226,000,000 लोग गाँवों में रहते हैं।

• • •

इंग्लैण्ड–सामान्य समयों में

मुहैया करता है	58% (आबादी का सं.) उद्योग को
	8% कृषि को
भारत देता है	71% कृषि को
	12% उद्योग को
	5% व्यापार को
	2% घरेलू सेवाओं को
	1 ½ स्वतंत्र पेशों को
	1 ½ सेना समेत, सरकारी सेवा को।

• • •

- पूरे भारत में 31 करोड़ 50 लाख लोगों में से 22 करोड़ 60 लाख लोग भूमि पर आश्रित हैं।
- उनमें से 20 करोड़ 80 लाख लोग सीधे कृषि पर जीते या आश्रित हैं।

(मॉण्टफोर्ड रिपोर्ट) [1]

1. मॉण्टफोर्ड रिपोर्ट : भारतीय संवैधानिक सुधारों पर तैयार की गयी रिपोर्ट। इसे मॉण्टफोर्ड रिपोर्ट इसलिए कहा गया कि इसे सेक्रेटरी ऑफ स्टेट, माण्टेग्यू, और गवर्नर जनरल चेम्सफोर्ड ने मिलकर तैयार किया था। यह रिपोर्ट 8 जुलाई, 1918 को प्रस्तुत की गयी।

पृष्ठ 288 (144)

कुल क्षेत्रफल -1,800,000 वर्ग मील

ग्रेट ब्रिटेन से 20 गुना बड़ा

- 700,000 वर्गमील या 1/3 से अधिक राज्यों के अधीन है। भारतीय राज्यों की संख्या 600 है।
- बर्मा फ्रांस से बड़ा है। मद्रास और बम्बई (प्रान्त), अलग-अलग इटली से बड़े हैं।

● ● ●

भारत की कुल जनसंख्या (1921 की जनगणना)–

318,942,000
अर्थात कुल मानव जाति का 1/5
– 247,000,000 आबादी ब्रिटिश भारत में और
71,900,000 राज्यों में है।

● ● ●

25 लाख लोग अंग्रेज़ी पढ़ना जानते हैं–प्रति एक हज़ार पुरुषों में से 16 और
प्रति हज़ार स्त्रियों में से 2

देशी भाषाओं की कुल संख्या 222 है।
गाँवों की कुल संख्या 500,000. [1]

पृष्ठ 288 (145)

स्वेज नहर 1869 में खुली।

उस समय भारत का कुल निर्यात था :

रु. 80 करोड़ = £ 80,000,000

1926-27 और उसके पहले के दो वर्षों में इसका औसत था :

रु. 350 करोड़, अर्थात लगभग £ 262,6500,000

● ● ●

कुल जनसंख्या = 31 करोड़ 90 लाख
जिसमें से 3 करोड़ 20 लाख 50 हज़ार अर्थात 10.2 प्रतिशत लोग

1. उपरोक्त सभी आंकड़ों का स्रोत संभवत: माण्टफोर्ड रिपोर्ट।

कस्बों और शहरों (शहरी क्षेत्र) में रहते हैं,
जबकि इंग्लैण्ड में यह 79% है।[1]

• • •

और काम का सबसे कठिन हिस्सा होगा झुग्गी-झोंपड़ियों में रहने वालों के दिमाग में कुछ बेहतरी की इच्छा को बिठाना।

"साइमन रिपोर्ट"[2] *(पृ. 22)*

• • •

1. आंकड़ों का स्रोत अस्पष्ट।
2. साइमन रिपोर्ट : रिपोर्ट ऑफ द इण्डियन स्टैट्यूटरी कमीशन (साइमन कमीशन लन्दन, 1930)।

पृष्ठ (304)[1]

भगतसिंह

के लघु हस्ताक्षर

दिनांक 12.9.1929

1. नोटबुक में पृष्ठ 289 से पृष्ठ 303 तक कुछ नहीं अंकित है। नोटबुक के प्रथम पृष्ठ पर नोटबुक में पृष्ठों की संख्या 404 अंकित है। परंतु पृष्ठ 305 से लेकर पृष्ठ 404 तक के पन्नों का कोई अता-पता नहीं है। कुल 304 पृष्ठ उपलब्ध हैं जिन पर रबर की मुहर से नम्बर डाले गये हैं। ये नम्बर कब और किसने डाले यह स्पष्ट नहीं है। शेष 100 पृष्ठ क्या हुए? वे गायब हो गये या किसी अन्य काम के लिए इस्तेमाल किये गये, यह भी स्पष्ट नहीं है।

भगतसिंह ने कुल 145 पृष्ठों पर नोट्स लिखें हैं, जिनमें बीच-बीच में खाली पृष्ठ हैं।

भगतसिंह द्वारा लिखे गये पत्र

पिता के नाम पत्र

[30 सितम्बर, 1930 को भगतसिंह के पिता सरदार किशनसिंह ने ट्रिब्यूनल को एक अर्ज़ी देकर बचाव पेश करने के लिए अवसर की माँग की। सरदार किशनसिंह स्वयं देशभक्त थे और राष्ट्रीय आन्दोलन में जेल जाते रहते थे। उन्हें व कुछ अन्य देशभक्तों को लगता था कि शायद बचाव पक्ष पेश कर भगतसिंह को फाँसी के फंदे से बचाया जा सकता है, लेकिन भगतसिंह और उनके साथी बिलकुल अलग नीति पर चल रहे थे। उनके अनुसार, ब्रिटिश सरकार बदला लेने की नीति पर चल रही है व न्याय सिर्फ़ ढकोसला है। किसी भी तरीके से उसे सज़ा देने से रोका नहीं जा सकता। उन्हें लगता था कि यदि इस मामले में कमजोरी दिखाई गई, तो जनचेतना में अंकुरित हुआ क्रांति बीज स्थिर नहीं हो पाएगा। पिता द्वारा दी गई अर्ज़ी से भगतसिंह की भावनाओं को भी चोट लगी थी, लेकिन अपनी भावनाओं को नियन्त्रित कर अपने सिद्धांतों पर ज़ोर देते हुए उन्होंने 4 अक्टूबर, 1930 को यह पत्र लिखा, जो उनके पिता को देर से मिला। 7 अक्टूबर, 1930 को मुक़दमे का फैसला सुना दिया गया।

राजनीतिक मामलों की पैरवी कैसे की जाए, इसकी चर्चा भगतसिंह ने एक अन्य पत्र में भी की है, जिसे अगले पृष्ठों पर दिया गया है। –**सं.**]

4 अक्टूबर, 1930

पूज्य पिता जी,

मुझे यह जानकर हैरानी हुई कि आपने मेरे बचाव पक्ष के लिए स्पेशल ट्रिब्यूनल को एक आवेदन भेजा है। यह खबर इतनी यातनामय थी कि मैं इसे खामोशी से बर्दाश्त नहीं कर सका। इस खबर ने मेरे भीतर की शान्ति भंग कर उथल-पुथल मचा दी है। मैं यह नहीं समझ सकता कि वर्तमान स्थितियों में और इस मामले पर आप किस तरह का आवेदन दे सकते हैं?

आपका पुत्र होने के नाते मैं आपकी पैतृक भावनाओं और इच्छाओं का पूरा सम्मान करता हूँ लेकिन इसके बावजूद मैं समझता हूँ कि आपको मेरे साथ सलाह-मशविरा किए बिना ऐसे आवेदन देने का कोई अधिकार नहीं था। आप जानते थे कि राजनीतिक क्षेत्र में मेरे विचार आपसे काफी अलग हैं। मैं आपकी सहमति या असहमति का ख़याल किए बिना सदा स्वतंत्रतापूर्वक काम करता रहा हूँ।

मुझे यकीन है कि आपको यह बात याद होगी कि आप आरम्भ से ही मुझसे यह बात मनवा लेने की कोशिशें करते रहे हैं कि मैं अपना मुक़दमा संजीदगी से लड़ूँ और अपना बचाव ठीक से प्रस्तुत करूँ, लेकिन आपको यह भी मालूम है कि मैं सदा इसका विरोध करता रहा हूँ। मैंने कभी भी अपना बचाव करने की इच्छा प्रकट नहीं की और न ही मैंने कभी इस पर संजीदगी से ग़ौर किया है।

आप जानते हैं कि हम एक निश्चित नीति के अनुसार मुक़दमा लड़ रहे हैं। मेरा हर कदम इस नीति, मेरे सिद्धांतों और हमारे कार्यक्रम के अनुरूप होना चाहिए। आज स्थितियाँ बिलकुल अलग हैं। लेकिन अगर स्थितियाँ इससे कुछ और भी अलग होतीं तो भी मैं अंतिम व्यक्ति होता, जो बचाव प्रस्तुत करता। इस पूरे मुक़दमे में मेरे सामने एक ही विचार था और वह यह कि हमारे विरुद्ध जो संगीन आरोप लगाए गए हैं, बावजूद उनके हम पूर्णतया इस संबंध में अवहेलना का व्यवहार करें। मेरा नज़रिया यह रहा है कि सभी राजनीतिक कार्यकर्ताओं को ऐसी स्थितियों में उपेक्षा दिखानी चाहिए। इस पूरे मुक़दमे के दौरान हमारी योजना इसी सिद्धांत के अनुरूप रही है। हम ऐसा करने में सफल हुए या नहीं, यह फैसला करना मेरा काम नहीं। हम ख़ुदगर्ज़ी को त्यागकर अपना काम कर रहे हैं।

वायसराय ने लाहौर साजिश केस आर्डिनेंस जारी करते हुए इसके साथ जो वक्तव्य दिया था, उसमें उन्होंने कहा था कि इस साजिश के मुजरिम, शान्ति व्यवस्था को समाप्त करने के प्रयास कर रहे हैं। इससे जो हालात पैदा हुए उसने हमें यह मौका दिया कि हम जनता के समक्ष यह बात प्रस्तुत करें कि वह स्वयं देख ले कि शान्ति-व्यवस्था एवं क़ानून समाप्त करने की कोशिशें हम कर रहे हैं या हमारे विरोधी? इस बात पर मतभेद हो सकते हैं। शायद आप भी उनमें से एक हों, जो इस बात पर मतभेद रखते हैं लेकिन इसका मतलब यह नहीं कि आप मुझसे सलाह किए बिना मेरी ओर से ऐसे कदम उठाएँ। मेरी ज़िंदगी इतनी कीमती नहीं, जितनी कि आप सोचते हैं। कम-से-कम मेरे लिए तो इस जीवन की इतनी कीमत नहीं कि इसे सिद्धांतों को कुर्बान करके बचाया जाए। मेरे अलावा मेरे और साथी भी हैं, जिनके मुक़दमे इतने संगीन हैं, जितना कि मेरा मुक़दमा। हमने एक संयुक्त

योजना अपनाई है और इस योजना पर हम अंतिम समय तक डटे रहेंगे। हमें इस बात की कोई परवाह नहीं कि हमें व्यक्तिगत रूप से इस बात के लिए कितना मूल्य चुकाना पड़ेगा।

पिता जी, मैं बहुत दुख का अनुभव कर रहा हूँ। मुझे भय है कि आप पर दोषारोपण करते हुए या इससे बढ़कर आपके इस काम की निन्दा करते हुए, मैं कहीं सभ्यता की सीमाएँ न लाँघ जाऊँ और मेरे शब्द ज्यादा सख़्त न हो जाएँ। लेकिन मैं स्पष्ट शब्दों में अपनी बात अवश्य कहूँगा। यदि कोई अन्य व्यक्ति मुझसे ऐसा व्यवहार करता तो मैं इसे गद्दारी से कम न मानता, लेकिन आपके सन्दर्भ में मैं इतना ही कहूँगा कि यह एक कमजोरी है, निचले स्तर की कमजोरी।

यह एक ऐसा समय था जब हम सबका इम्तिहान हो रहा था। मैं यह कहना चाहता हूँ कि आप इस इम्तिहान में नाकाम रहे हैं। मैं जानता हूँ कि आप भी इतने ही देशप्रेमी हैं, जितना कि कोई और व्यक्ति हो सकता है। मैं जानता हूँ कि आपने अपनी पूरी ज़िंदगी भारत की आज़ादी के लिए लगा दी है, लेकिन इस अहम मोड़ पर आपने ऐसी कमजोरी दिखाई यह बात मैं समझ नहीं सकता।

अंत में मैं आपसे, आपके अन्य मित्रों एवं मेरे मुक़दमे में दिलचस्पी लेने वालों से यह कहना चाहता हूँ कि मैं आपके इस कदम को नापसंद करता हूँ। मैं आज भी अदालत में अपना कोई बचाव प्रस्तुत करने के पक्ष में नहीं हूँ। अगर अदालत हमारे कुछ साथियों की ओर से स्पष्टीकरण आदि के लिए प्रस्तुत किए गए आवेदन को मंजूर कर लेती, तो भी मैं कोई स्पष्टीकरण प्रस्तुत न करता।

भूख हड़ताल के दिनों में ट्रिब्यूनल को, जो आवेदन पत्र मैंने दिया था और उन दिनों में, जो साक्षात्कार दिया था उन्हें गलत अर्थों में समझा गया है और अख़बारों में यह प्रकाशित कर दिया गया कि मैं अपना स्पष्टीकरण प्रस्तुत करना चाहता हूँ, हालाँकि मैं हमेशा स्पष्टीकरण प्रस्तुत करने के विरोध में रहा। आज भी मेरी वही मान्यता है, जो उस समय थी।

बोर्स्टल जेल में बन्दी मेरे साथी इस बात को मेरी ओर से गद्दारी और विश्वासघात ही समझ रहे होंगे। मुझे उनके सामने अपनी स्थिति स्पष्ट करने का अवसर भी नहीं मिल सकता।

मैं चाहूँगा कि इस संबंध में जो उलझनें पैदा हो गई हैं, उनके विषय में जनता को असलियत का पता चल जाए। इसलिए मैं आपसे प्रार्थना करता हूँ कि आप जल्द-से-जल्द यह चिट्ठी प्रकाशित कर दें।

आपका आज्ञाकारी
भगतसिंह

राजनीतिक मामलों की पैरवी पर

[23 दिसम्बर, 1930 को पंजाब के गवर्नर सर ज्याफ्रेडी पर क्रांतिकारी युवक हरिकृष्ण ने गोली चलाई और उसे घायल कर दिया। हरिकृष्ण पकड़ा गया और उस पर केस चला। लेकिन वकील की सलाह पर हरिकृष्ण जिस तरह केस की पैरवी कर रहा था, भगतसिंह उसके तरीके से असहमत थे। इसलिए उन्होंने अपने एक साथी को जेल से दो पत्र इस सन्दर्भ में लिखे, जिनमें से पहला अनुपलब्ध है, लेकिन दूसरा पत्र, जो कि जून 1931 में लाहौर से प्रकाशित पीपुल्स नामक अंग्रेज़ी साप्ताहिक में छपा था, नीचे दिया जा रहा है। उल्लेखनीय है कि हरिकृष्ण को 9 जून, 1931 को फाँसी दी गई। –**सं.**]

मुझे यह जानकर बहुत अफसोस है कि इस संबंध में मेरा पहला पत्र समय पर अपने ठिकाने नहीं पहुँच सका और इसलिए उससे कोई फायदा न हो सका, या यह कि वह उस उद्देश्य की पूर्ति में असफल रहा, जिसके लिए वह लिखा गया था। इसलिए मैं आमतौर पर यह पत्र राजनीतिक मुक़दमों में पैरवी के सवाल के बारे में और खासतौर पर क्रांतिकारी मुक़दमे के बारे में अपने विचारों को प्रकट करने के लिए लिख रहा हूँ। पहले पत्र में विचारे गए खास-खास नुक्तों के अलावा इसका एक और मकसद भी है, और वह यह कि मैं घटनाओं से गुजर जाने के बाद भी समझदार नहीं बन रहा हूँ।

खैर, मैंने उस खत में यह लिखा था कि वकील पैरवी के लिए जो दलीलें दे रहा था, उन्हें माना न जाए। पर बावजूद आपके और मेरे विरोध के उन्हें मान लिया गया है।

बावजूद इसके हम अधिक रोशनी में इस बात पर विचार कर सकते हैं और पैरवी से संबंधित आगामी नीति के बारे में ठोस विचार बना सकते हैं।

आप यह जानते हैं कि मैं कभी भी हमारे राजनीतिक बन्दियों की बचाव वाली पैरवी करने का समर्थक नहीं रहा, परंतु इसका यह मतलब नहीं कि उचित संघर्ष की खूबसूरती बिलकुल ही बिगाड़ दी जाए। इस पर विशेष ध्यान की आवश्यकता है कि खूबसूरती शब्द यहाँ अवास्तविक शक्ल में प्रयोग नहीं किया गया है और इसका उस उद्देश्य से संबंध है, जिसने कि एक खास कार्यवाही के लिए हरिकृष्ण को प्रेरित किया। जब मैं यह जानता हूँ कि सब राजनीतिक बन्दियों को अपनी पैरवी स्वयं करनी चाहिए तो यह कुछ विशेष मान्यताओं के साथ कहता हूँ। मेरा मतलब सिर्फ़ एक ही बात से साफ हो सकता है।

एक मनुष्य एक ही विशेष मकसद को सामने रखकर काम नहीं करता। उसकी गिरफ़्तारी के बाद उसके काम का राजनीतिक महत्त्व समाप्त नहीं होना चाहिए और काम की अपेक्षा मरने की तैयारी ही ज्यादा जरूरी नहीं बन जानी चाहिए। हम इसे उदाहरण की मदद से और साफ करें, तो हरिकृष्ण गवर्नर को गोली मारने के लिए आए। मैं इस कार्रवाई का नैतिक पक्ष नहीं लेना चाहता। मैं सिर्फ़ इस केस के राजनीतिक पहलू पर विचार करना चाहता हूँ। गोली मारने वाला व्यक्ति गिरफ़्तार कर लिया गया। दुर्भाग्य से पुलिस कर्मचारी इस कार्रवाई में मर गया। अब पैरवी का सवाल सामने आता है। जब गवर्नर बच गया तो हरिकृष्ण के केस में बड़ा सुन्दर बयान आ सकता था। अर्थात असली तथ्यों का बयान जैसा कि हमारे केस में नीचे की अदालत में दिया गया था। इस प्रकार यह क़ानूनी मकसद को भी पूरा कर देता और कार्य के उद्देश्य को भी ऊपर उठाता पर वकील की कोशिश और काबिलियत सब-इन्सपेक्टर की मौत के बारे में दलीलें देने में उलझी रहीं। उसे यह कहकर क्या मिला कि हरिकृष्ण सिर्फ़ गवर्नर को जख़्मी करना चाहता था, मारना नहीं चाहता था? इसी तरह की दूसरी बातें थीं। क्या कोई समझदार एक क्षण के लिए भी ऐसी बात की उम्मीद कर सकता है? क्या इस दलील की कोई क़ानूनी कीमत थी? बिलकुल कोई कीमत नहीं, तो फिर गवर्नर पर गोली चलाने के विशेष कार्य की ही नहीं, बल्कि सारी क्रांतिकारी लहर की खूबसूरती खराब करने से क्या फायदा था?

प्रतिवाद तथा भावनाएँ ज्यादा देर तक नहीं चल सकतीं। क्रांतिकारी दल के द्वारा सरकार को बहुत समय पहले चेतावनी दी जा चुकी थी। इसके लिए क्रांतिकारी दल को भारत ने बेहद इज़्ज़त दी थी और क्रांति की लहर सही स्वरूप में आरम्भ हो गई थी। वायसराय की गाड़ी पर बम फेंकने का कार्य एक चेतावनी नहीं था, भले ही वह असफल रहा। चिटगाँव की घटनाएँ न चेतावनी थीं और न केवल विरोध-प्रदर्शन। इसी तरह हरिकृष्ण का एक्शन अपने आपमें क्रांतिकारी संघर्ष का एक हिस्सा था,

चेतावनी बिलकुल नहीं। कार्रवाई की असफलता के बाद अभियुक्त इस चीज़ को खिलाड़ी की तरह ले सकता है। मकसद पूरा होने पर संभव है भाग्यवश गवर्नर के बच जाने से हरिकृष्ण प्रसन्न हुआ हो। व्यक्तिगत रूप से किसी को मारने से कोई लाभ भी नहीं। इन कार्यों का राजनीतिक महत्त्व होता है, ये वह वातावरण और सोचने का ढंग बनाने में मदद करते हैं, जो कि आख़िरी संघर्ष के लिए बहुत जरूरी है। इतना ही पर्याप्त है। व्यक्तिगत कार्य लोगों की सहानुभूति जीतने के लिए होते हैं। हम कभी-कभी इनको अपने कार्यों के द्वारा प्रोपेगैंडा का नाम दे देते हैं।

इस विचार की रोशनी में क्रांतिकारी मुक़दमे की पैरवी होनी चाहिए। यह एक आम समझ वाला नियम है कि संघर्ष करने वाली सभी पार्टियाँ प्राप्त अधिक करना चाहती हैं और खोना कम। कोई भी जनरल ऐसी युद्ध-नीति नहीं अपना सकता, जिससे उसे सोचे हुए लाभ से अधिक बलिदान देना पड़े। मुझसे अधिक कोई भी हरिकृष्ण के अमूल्य जीवन को बचाने के लिए बेताब नहीं होगा, पर मैं आपको बताना चाहता हूँ कि, जो चीज़ उसकी ज़िंदगी को अनमोल बनाती है उसे आँख से ओझल नहीं करना चाहिए। किसी भी कीमत पर जीवन को बचाना ही हमारी नीति नहीं है। यह कांग्रेस की नीति हो सकती है, यह आरामकुर्सियों वाले राजनीतिज्ञों की नीति हो सकती है, परंतु यह हमारी नीति नहीं है। बचाव-नीति (डिफेंस पॉलिसी) अधिकतर अभियुक्त के अपने सोचने के ढंग पर आधारित होती है, पर यदि अभियुक्त न सिर्फ़ निडर हो, बल्कि हमेशा की तरह जोशीला भी रहे तो जिस कार्य के लिए उसने अपनी ज़िंदगी का खतरा मोल लिया उसे बयान में पहले लिया जाना चाहिए और व्यक्तिगत मसलों को बाद में। इसके बाद भी एक तरह की उलझन भरी स्थिति हो सकती है क्योंकि कुछ ऐसे केस हो सकते हैं, जिनमें स्थानीय महत्त्व के होने पर भी कार्रवाई (एक्शन) का आम महत्त्व न हो। वहाँ अपनी जिम्मेदारी स्वीकार करने में अभियुक्त को भावुक नहीं होना चाहिए। निर्मलकान्त राय का मशहूर मुक़दमा इसका सबसे अच्छा उदाहरण है, परंतु इस तरह के राजनीतिक महत्त्व के केस में व्यक्तिगत पहलू को राजनीतिक पहलू से अधिक महत्त्व नहीं दिया जाना चाहिए। अगर आप मेरा निष्पक्ष मत प्रस्तुत केस के बारे में पूछना चाहते हैं, तो मैं साफ-साफ बताना चाहता हूँ कि यह ऐतिहासिक महत्त्व की राजनीतिक हत्या बिलकुल नहीं है।

यहाँ मैं एक बात अवश्य बताना चाहता हूँ कि इस केस का गला घोंटने वाले लोग, जिन्हें अपनी गलती का अहसास हो गया है और उसके बाद, जो समझदार बन गए हैं, लेकिन अपने कन्धों पर उत्तरदायित्व लेने का हौसला नहीं कर पा रहे हैं हमारे

नौजवान साथी के चमत्कारी चरित्र के सौन्दर्य को नीचा दिखाने की कोशिश कर रहे हैं। मैंने उन्हें यह कहते सुना है कि हरिकृष्ण बहादुरी से सामना करने में काँप गया है। यह एक हद दर्जे का शर्मनाक झूठ है। मुझे उस जैसा हौसले वाला नौजवान कभी कोई नहीं मिला। लोगों को हमारे ऊपर मेहरबानी करनी चाहिए। हौंसलापस्त करने और नीचा दिखाने से तो अच्छा है कि वे हमारी तरफ ध्यान ही न दें।

वकीलों को उन नौजवानों की ज़िंदगियाँ यहाँ तक कि मौतों को खराब करने में इतने आत्महीन विशेषज्ञ (बेजमीरे एक्सपर्ट) नहीं होना चाहिए, जो दुखी जनता की मुक्ति के पवित्र काम में अपना आपा न्योछावर करने के लिए आते हैं। मुझे यह जानकर सचमुच बहुत दुख होता है कि धीरे-धीरे हम राजनीतिक कार्यकर्ताओं की एक नई अफसरशाही बना रहे हैं। यह बात ठीक नहीं है तो भला एक वकील किसी राजनीतिक मुक़दमे में यकीन न आने वाली फीस क्यों माँगे, जैसा कि इस केस में फीस दी गई है।

राजद्रोह के केसों में मैं वह हद बता सकता हूँ, जिस तक हम पैरवी की इजाज़त दे सकते हैं। गत वर्ष जब एक साथी पर समाजवादी भाषण देने का मुक़दमा चला और उसे गलत ढंग पर लड़ा गया तो हमें केवल हैरानगी ही हुई थी। ऐसे केसों में हमें अपने द्वारा प्रचारित विचारों और आदर्शों को स्वीकार कर लेना चाहिए और स्वतंत्र भाषण का अधिकार माँगना चाहिए, परंतु कहाँ यह बात और कहाँ यह कहना कि हमने कुछ कहा ही नहीं। हम इस तरह अपने ही आन्दोलन के हितों के विरुद्ध जाते हैं। कांग्रेस को मौजूदा आन्दोलन में बिना मुक़दमों की पैरवी किए जेल से नुकसान पहुँचा है। मेरे विचार में यह एक गलती थी।

खैर, मेरा ख़याल है कि आप मेरा यह पत्र पिछले पत्र के साथ पढ़ेंगे और राजनीतिक मुक़दमों की पैरवी के बारे में मेरे विचारों से अच्छी तरह परिचित हो जाएँगे। हरिकृष्ण के केस में मेरे ख़याल में जल्दी-से-जल्दी हाईकोर्ट में अपील कर देनी चाहिए और उसे बचाने की पूरी कोशिश होनी चाहिए। मुझे आशा है मेरे यह दोनों पत्र हर बात आपको बता देंगे, जो मैं आपको बताना चाहता हूँ।

आपका

भगतसिंह

सुखदेव को भूख हड़ताल के दौरान एक पत्र

[भूख हड़ताल शुरू होने के बाद भारतीय जनता की चेतना में भगतसिंह व बटुकेश्वर दत्त गहरे उतरते गए। भगतसिंह के शब्दों में हमारा कष्ट सहना फलीभूत हुआ। सारे देश में एक जनान्दोलन छिड़ गया। हम अपने लक्ष्य में सफल रहे। 13 सितम्बर 1929 को यतीन्द्रनाथ दास 63 दिन की भूख हड़ताल के बाद शहीद हो गए। जब उनका पार्थिव शरीर लाहौर से कलकत्ता ले जाया जा रहा था तो हर बड़े शहर के स्टेशन पर लाखों की भीड़ उनके अंतिम दर्शनों के लिए उमड़ पड़ती थी। कलकत्ता में 4 लाख लोग उनके अंतिम संस्कार में शामिल हुए।

इन दिनों भगतसिंह अपने किन विचारों के माध्यम से अपनी सारी लड़ाई लड़ रहे थे, इसका स्पष्ट पता उस पत्र से चलता है, जो उन्होंने सुखदेव के साथ चल रहे विचार-संघर्ष के सन्दर्भ में लिखा था। खेद है कि सुखदेव के जिस पत्र के उत्तर में भगतसिंह ने यह महत्त्वपूर्ण खत लिखा था, वह आज उपलब्ध नहीं है। फिर भी विचार और बहस के अंतर्गत आने वाले प्रायः सभी बिन्दु यहाँ स्पष्ट हैं। –सं.]

कष्टों से भागना कायरता है

प्रिय भाई,

मैंने आपके पत्र को कई बार ध्यानपूर्वक पढ़ा। मैं अनुभव करता हूँ कि बदली हुई परिस्थितियों ने हम पर अलग-अलग प्रभाव डाला है। जिन बातों से जेल के बाहर घृणा करते थे, वे आपके लिए अब अनिवार्य हो चुकी हैं। इसी प्रकार मैं जेल से बाहर जिन बातों का विशेष रूप से समर्थन करता था, वे अब मेरे लिए विशेष महत्त्व नहीं रखतीं। उदाहरणार्थ, मैं व्यक्तिगत प्रेम को विशेष रूप से मानने वाला था, परंतु अब इस भावना का मेरे हृदय एवं मस्तिष्क में कोई विशेष स्थान

नहीं रहा। बाहर आप इसके कड़े विरोधी थे, परंतु इस संबंध में अब आपके विचारों में भारी परिवर्तन एवं क्रांति आ चुकी है। आप इसे मानव-जीवन का एक अत्यन्त आवश्यक एवं अनिवार्य अंग अनुभव करते हैं और अनुभूति से आपको एक प्रकार का आनन्द भी प्राप्त हुआ है।

आपको याद होगा कि एक दिन मैंने आत्महत्या के विषय में आपसे चर्चा की थी। तब मैंने आपको बताया था, कई परिस्थितियों में आत्महत्या उचित हो सकती है, परंतु आपने मेरे दृष्टिकोण का विरोध किया था। मुझे उस चर्चा का समय एवं स्थान भली प्रकार याद है। हमारी यह बात शहंशाही कुटिया में शाम के समय हुई थी। आपने मजाक के रूप में हँसते हुए कहा था कि इस प्रकार की कायरता का कार्य कभी उचित नहीं माना जा सकता। आपने कहा था कि इस प्रकार का कार्य भयानक और घृणित है, परंतु इस विषय पर भी मैं देखता हूँ कि आपकी राय बिलकुल बदल चुकी है। अब आप उसे कुछ अवस्थाओं में न केवल उचित, वरन् अनिवार्य एवं आवश्यक अनुभव करते हैं। मेरी इस विषय में अब वही राय है, जो पहले आपकी थी, अर्थात आत्महत्या एक घृणित अपराध है; यह पूर्णतः कायरता का कार्य है। क्रांतिकारी का तो कहना ही क्या, कोई भी मनुष्य ऐसे कार्य को उचित नहीं ठहरा सकता है।

आप कहते हैं कि आप यह नहीं समझ सके कि केवल कष्ट सहन करने से आप अपने देश की सेवा किस प्रकार कर सकते हैं। आप जैसे व्यक्ति की ओर से ऐसा प्रश्न करना बड़े आश्चर्य की बात है, क्योंकि नौजवान भारत सभा के ध्येय सेवा द्वारा कष्टों को सहन करना एवं बलिदान करने को हमने सोच-समझकर कितना प्यार किया था। मैं यह समझता हूँ कि आपने अधिक-से-अधिक संभव सेवा की। अब वह समय है कि जो कुछ आपने किया है, उसके लिए कष्ट उठाएँ। दूसरी बात यह है कि यही वह अवसर है, जब आपको सारी जनता का नेतृत्व करना है।

मानव किसी भी कार्य को उचित मानकर ही करता है, जैसे कि हमने लेजिस्लेटिव असेम्बली में बम फेंकने का कार्य किया था। कार्य करने के पश्चात् उसका परिणाम और उसका फल भोगने की बारी आती है। क्या आपका यह विचार है कि यदि हमने दया के लिए गिड़गिड़ाते हुए दण्ड से बचने का प्रयत्न किया होता, तो हमारा यह कार्य उचित होता? नहीं, इसका प्रभाव लोगों पर उलटा होता। अब हम अपने लक्ष्य में पूर्णतया सफल हुए हैं।

बन्दी होने के समय हमारी संस्था के राजनीतिक बन्दियों की दशा अत्यन्त दयनीय थी। हमने उसे सुधारने का प्रयास प्रारम्भ कर दिया। मैं आपको पूरी गंभीरता

से बताता हूँ कि हमें यह विश्वास था कि हम बहुत कम समय के भीतर ही मर जाएँगे। हमें उपवास की स्थिति में कृत्रिम रीति से भोजन दिए जाने का न तो ज्ञान ही था, न हमें यह विचार सूझता ही था। हम तो मृत्यु के लिए तैयार थे। क्या आपका यह अभिप्राय है कि हम आत्महत्या करना चाहते थे? नहीं, प्रयत्नशील होना एवं श्रेष्ठ और उत्कृष्ट आदर्श के लिए जीवन दे देना कदापि आत्महत्या नहीं कही जा सकती। हमारे मित्र (श्री यतीन्द्रनाथ दास) की मृत्यु तो स्पृहणीय है। क्या आप इसे आत्महत्या कहेंगे? हमारा कष्ट सहन करना फलीभूत हुआ। समस्त देश में एक विराट और सर्वव्यापी आन्दोलन शुरू हो गया। हम अपने लक्ष्य में सफल हुए। इस प्रकार के संघर्ष में मरना एक आदर्श मृत्यु है।

इसके अतिरिक्त हममें से जिन लोगों को यह विश्वास है कि उनको मृत्युदण्ड दिया जाएगा, उनको धैर्यपूर्वक उस दिन की प्रतीक्षा करनी चाहिए जब यह सज़ा सुनाई जाएगी और तत्पश्चात उन्हें फाँसी दी जाएगी। यह मृत्यु भी सुन्दर होगी परंतु आत्महत्या करना केवल कुछ दुःखों से बचने के लिए अपने जीवन को समाप्त कर देना, तो कायरता है। मैं आपको बताना चाहता हूँ कि विपत्तियाँ व्यक्ति को पूर्ण बनाने वाली होती हैं। मैं और आप वरन् मैं कहूँगा, हममें से किसी ने भी किंचित् कष्ट सहन नहीं किया है। हमारे जीवन का यह भाग तो अभी आरम्भ होता है।

आपको यह याद होगा कि अनेक बार इस विषय पर हमने बातचीत की है कि रूसी साहित्य के प्रत्येक स्थान पर जो वास्तविकता मिलती है, वह हमारे साहित्य में कदापि नहीं दिखाई देती। हम उनकी कहानियों में कष्टों और दुखमयी स्थितियों को बहुत पसंद करते हैं, परंतु कष्ट सहने की उस भावना को अपने भीतर अनुभव नहीं करते। हम उनके उन्माद और उनके चरित्र की असाधारण ऊँचाइयों के प्रशंसक हैं, परंतु इसके कारणों पर सोच-विचार करने की कभी चिंता नहीं करते। मैं कहूँगा कि केवल विपत्तियाँ सहन करने के साहित्य के उल्लेख ने ही उन कहानियों में सहृदयता दर्द की गहरी टीस और उनके चरित्र तथा साहित्य में ऊँचाई उत्पन्न की है। हमारी दशा उस समय दयनीय और हास्यास्पद हो जाती है, जब हम अपने जीवन में अकारण ही रहस्यवाद प्रविष्ट कर लेते हैं, यद्यपि इसके लिए कोई प्राकृतिक या ठोस आधार नहीं होता। हमारे जैसे व्यक्तियों को, जो प्रत्येक दृष्टि से क्रांतिकारी होने का गर्व करते हैं, सदैव हर प्रकार से उन विपत्तियों, चिंताओं, दुखों और कष्टों को सहन करने के लिए तत्पर रहना चाहिए जिनको हम स्वयं आरम्भ के लिए संघर्ष के द्वारा आमन्त्रित करते हैं एवं जिनके कारण हम अपने आपको क्रांतिकारी कहते हैं।

मैं आपको बताता हूँ कि जेलों में और केवल जेलों में ही कोई व्यक्ति अपराध एवं पाप जैसे महान सामाजिक विषय का प्रत्यक्ष अध्ययन करने का अवसर पा सकता है। मैंने इस विषय का कुछ साहित्य पढ़ा है और जेलें ही ऐसे विषयों का स्वाध्याय करने के लिए सबसे अधिक उपयुक्त स्थान हैं। स्वाध्याय का सर्वश्रेष्ठ भाग है–स्वयं कष्टों को सहना।

आप भली प्रकार जानते हैं कि रूस में राजनीतिक बन्दियों का बन्दीगृहों में विपत्तियाँ सहन करना ही जारशाही का तख़्ता उलटने के पश्चात् उनके द्वारा जेलों के प्रबंध में क्रांति लाए जाने का सबसे बड़ा कारण था। क्या भारत को ऐसे व्यक्तियों की आवश्यकता नहीं है, जो इस विषय से पूर्णतया परिचित हों और इस समस्या का निजी अनुभव रखते हों। केवल यह कह देना कि दूसरा कोई इस काम को कर लेगा या इस कार्य को करने के लिए बहुत लोग हैं, किसी प्रकार भी उचित नहीं कहा जा सकता। इस प्रकार जो लोग क्रांतिकारी क्षेत्र के कार्यों का भार दूसरे लोगों पर छोड़ने को अप्रतिष्ठापूर्ण एवं घृणित समझते हैं, उन्हें पूरी लगन के साथ वर्तमान व्यवस्था के विरुद्ध संघर्ष आरम्भ कर देना चाहिए। उन्हें चाहिए कि वे उन विधियों का उल्लंघन करें, परंतु उन्हें औचित्य का ध्यान रखना चाहिए, क्योंकि अनावश्यक एवं अनुचित प्रयत्न कभी भी न्यायपूर्ण नहीं माना जा सकता। इस प्रकार का आन्दोलन क्रांति के कार्यकाल को बहुत सीमा तक कम कर देगा। जितने आन्दोलन अब तक आरम्भ हुए हैं, उन सबसे पृथक रहने के लिए आपने जो तर्क दिए हैं, मैं उन्हें समझने में असमर्थ हूँ। कुछ मित्र ऐसे हैं, जो या तो मूर्ख हैं या नासमझ। वे आपके इस व्यवहार को (जिसे वे स्वयं कहते हैं कि हमें किंचित भी नहीं समझ सकते, क्योंकि आप उनसे बहुत ऊँचे और उनकी समझ से बहुत परे हैं।) अनोखा और अद्‌भुत समझते हैं।

वास्तव में यदि आप यह अनुभव करते हैं कि बन्दीगृह का जीवन वास्तव में अपमानपर्ण है तो आप उसके विरुद्ध आन्दोलन करके उसे सुधारने का प्रयास क्यों नहीं करते? संभवतया आप यह कहेंगे कि यह संघर्ष सफल नहीं हो सकता परंतु यह तो वही तर्क है, जिसकी आड़ लेकर साधारणतया निर्बल लोग प्रत्येक आन्दोलन से बचना चाहते हैं। यह वह उत्तर है, जिसे हम उन लोगों से सुनते रहे हैं, जो जेल से बाहर क्रांतिकारी प्रयत्नों में सम्मिलित होने से जान बचाना चाहते थे। क्या आज यही उत्तर मैं आपके मुख से सुनूँगा? कुछ मुट्ठी भर कार्यकर्ताओं के आधार पर संगठित हमारी पार्टी अपने लक्ष्यों और आदर्शों की तुलना में क्या कर सकती थी? क्या हम इससे यह निष्कर्ष निकालें कि हमने इस काम को प्रारम्भ करने में नितान्त भूल की

है? नहीं, इस प्रकार का परिणाम निकालना उचित नहीं होगा। इससे तो उस व्यक्ति की भीतरी निर्बलता प्रकट होती है, जो इस प्रकार सोचता है।

आगे चलकर आप लिखते हैं कि चौदह वर्ष तक बन्दीगृह के कष्टों से भरपूर जीवन बिताने के पश्चात् किसी व्यक्ति से यह आशा नहीं की जा सकती कि उस समय भी उसके विचार वही होंगे, जो जेल में आने से पूर्व थे, क्योंकि जेल का वातावरण उसके समस्त विचारों को रौंदकर रख देगा। क्या मैं आपसे पूछ सकता हूँ कि क्या जेल से बाहर का वातावरण हमारे विचारों के अनुकूल था? फिर भी असफलताओं के कारण क्या हम उसे छोड़ सकते थे? क्या आपका आशय यह है कि यदि हम इस क्षेत्र में न उतरे होते, तो कोई भी क्रांतिकारी कार्य कदापि नहीं हुआ होता? यदि ऐसा है, तो आप भूल कर रहे हैं। यद्यपि यह ठीक है कि हम भी वातावरण को बदलने में बड़ी सीमा तक सहायक सिद्ध हुए हैं, तथापि हम तो केवल अपने समय की आवश्यकता की उपज हैं।

मैं तो यह भी कहूँगा कि साम्यवाद का जन्मदाता मार्क्स, वास्तव में इस विचार को जन्म देने वाला नहीं था। असल में यूरोप की औद्योगिक क्रांति ने ही एक विशेष प्रकार के विचारों वाले व्यक्ति उत्पन्न किए थे। उनमें मार्क्स भी एक था। हाँ, अपने स्थान पर मार्क्स भी निस्सन्देह कुछ सीमा तक समय के चक्र को एक विशेष प्रकार की गति देने में आवश्यक सहायक सिद्ध हुआ है।

मैंने (और आपने भी) इस देश में समाजवाद और साम्यवाद के विचारों को जन्म नहीं दिया, वरन् यह तो हमारे ऊपर हमारे समय एवं परिस्थिति के प्रभाव का परिणाम है। निस्सन्देह हमने इन विचारों का प्रचार करने के लिए कुछ साधारण एवं तुच्छ कार्य अवश्य किया है, इसलिए मैं कहता हूँ कि जब हमने इस प्रकार एक कठिन कार्य को हाथ में ले ही लिया है, तो हमें उसे जारी रखना चाहिए और आगे बढ़ना चाहिए। विपत्तियों से बचने के लिए आत्महत्या कर लेने से जनता का मार्गदर्शन नहीं होगा, वरन् यह तो एक प्रतिक्रियावादी कार्य होगा।

जेल के नियमों के अनुसार जीवन की निराशाओं, दबाव और हिंसा के असीम परीक्षायुक्त वातावरण का विरोध करते हुए हम कार्य करते रहे। जिस समय हम अपना कार्य करते थे, उस समय नाना प्रकार से हमें कठिनाइयों का निशाना बनाया जाता था। यहाँ तक कि जो लोग अपने आपको महान क्रांतिकारी कहने का गौरव अनुभव करते थे, वे भी हमको छोड़ गए। क्या ये परिस्थितियाँ असीम परीक्षायुक्त न थीं? फिर अपने आन्दोलन एवं प्रयासों को जारी रखने के लिए हमारे पास क्या कारण और तर्क था?

क्या स्वयं यही तर्क हमारे विचारों को शक्ति नहीं देता है? और क्या ऐसे क्रांतिकारी कार्यकर्ताओं के उदाहरण हमारे सामने नहीं हैं, जो जेलों से दण्ड भोग कर

लौटे और अब भी कार्य कर रहे हैं? यदि वाकुनिन ने आपके समान सोच-विचार किया होता, तो वह प्रारम्भ में ही आत्महत्या कर लेता। आज आपको ऐसे असंख्य क्रांतिकारी दिखाई देते हैं, जो रूसी राज्य में उत्तरदायी पदों पर विराजमान हैं और जिन्होंने अपने जीवन का अधिकतर भाग दण्ड भोगते हुए जेलों में बिताया है। मनुष्य को अपने विश्वासों पर दृढ़तापूर्वक अडिग रहने का प्रयत्न करना चाहिए। कोई नहीं कह सकता कि भविष्य में क्या घटना होने वाली है।

क्या आपको याद है कि जब हम इस विषय पर चर्चा कर रहे थे कि हमारी बम फैक्टरियों में अत्यन्त तीव्र एवं प्रभावकारी विष भी रखा जाना चाहिए, तो आपने बड़ी दृढ़ता से इसका विरोध किया था। आप इस विचार से ही घृणा करते थे। आपको इस पर विश्वास नहीं था। फिर अब क्या हुआ? यहाँ तो ऐसी विकट और जटिल परिस्थितियाँ भी नहीं हैं। मुझे तो इस प्रश्न पर विचार करने में भी घृणा होती है। आपको उस मनोवृत्ति से भी घृणा थी, जो आत्महत्या करने की अनुमति देती है। आप मुझे यह कहने के लिए क्षमा करें कि यदि आपने अपने बन्दी बनाए जाने के समय ही इन विचारों के अनुकूल कार्य किया होता (अर्थात आपने विष खाकर उस समय आत्महत्या कर ली होती) तो आपने क्रांतिकारी कार्य की बहुत बड़ी सेवा की होती, परंतु इस समय तो इस कार्य पर विचार करना भी हमारे लिए हानिकारक है।

एक और विशेष बात, जिस पर मैं आपका ध्यान आकर्षित करना चाहता हूँ, यह है कि हम लोग ईश्वर, पुनर्जन्म, नरक-स्वर्ग, दण्ड एवं पारितोषिक, अर्थात भगवान द्वारा किए जाने वाले जीवन के हिसाब आदि में कोई विश्वास नहीं रखते। अतः हमें जीवन एवं मृत्यु के विषय में भी नितान्त भौतिकवादी रीति से सोचना चाहिए। एक दिन जब मुझे पहचाने जाने के लिए कोई दिल्ली से यहाँ लाया गया था, तो गुप्तचर विभाग के कुछ अधिकारियों ने मेरे पिता जी की उपस्थिति में मुझसे इस विषय पर बातचीत की थी। उन्होंने कहा था कि मैं कोई भेद खोलने और इस प्रकार अपना जीवन बचाने के लिए तैयार नहीं हूँ, इससे सिद्ध होता है कि मैं जीवन से बहुत दुःखी हूँ। उनका तर्क था कि मेरी यह मृत्यु तो आत्महत्या के समान होगी, परंतु मैंने उनको उत्तर दिया था कि मेरे जैसे विश्वास और विचारों वाला व्यक्ति व्यर्थ में ही मरना कदापि सहन नहीं कर सकता। हम तो अपने जीवन का अधिक-से-अधिक मूल्य प्राप्त करना चाहते हैं। हम मानवता की अधिक-से-अधिक संभव सेवा करना चाहते हैं। विशेषकर मेरे जैसा भला मनुष्य, जिसका जीवन किसी भी रूप में दुःखी या चिन्तित नहीं है किसी समय भी आत्महत्या करना तो दूर रहा, उसका विचार भी हृदय में लाना ठीक नहीं समझता। वही बात मैं इस समय आपसे कहना चाहता हूँ।

आशा है आप मुझे अनुमति देंगे कि मैं आपको यह बताऊँ कि मैं अपने बारे में क्या सोचता हूँ। मुझे अपने लिए मृत्युदण्ड सुनाए जाने का अटल विश्वास है। मुझे किसी प्रकार की पूर्ण क्षमा या नम्र व्यवहार की तनिक भी आशा नहीं है। यदि कोई क्षमा हुई भी तो पूर्णतः सबके लिए न होगी, वरन् वह भी हमारे अतिरिक्त अन्य लोगों के लिए नितान्त सीमित एवं कई बंधनों से जकड़ी हुई होगी। हमारे लिए न तो क्षमा हो सकती है और न ही वह होगी। इस पर भी मेरी इच्छा है कि हमारी मुक्ति का प्रस्ताव सम्मिलित रूप में और विश्वव्यापी हो और उसके साथ ही मेरी अभिलाषा यह है कि जब यह आन्दोलन अपनी चरम-सीमा पर पहुँचे तो हमें फाँसी दे दी जाए। मेरी यह इच्छा है कि यदि कोई सम्मानपूर्ण और उचित समझौता होना कभी संभव हो जाए, तो हमारे जैसे व्यक्तियों का मामला उसके मार्ग में कोई रुकावट या कठिनाई उत्पन्न करने का कारण न बने। जब देश के भाग्य का निर्णय हो रहा हो, तो व्यक्तियों के भाग्य को पूर्णतया भुला देना चाहिए। हम क्रांतिकारी होने के नाते अतीत के समस्त अनुभवों से पूर्णतया अवगत हैं। इसलिए हम नहीं मान सकते कि हमारे शासकों और विशेषकर अंग्रेज़ जाति की भावनाओं में इस प्रकार का आश्चर्यजनक परिवर्तन उत्पन्न हो सकता है। इस प्रकार का परिवर्तन क्रांति के बिना संभव ही नहीं है। क्रांति तो केवल सतत् कार्य करते रहने से, प्रयत्नों से, कष्ट सहन करने एवं बलिदानों से ही उत्पन्न की जा सकती है और की जाएगी।

जहाँ तक मेरे दृष्टिकोण का संबंध है, मैं तो केवल उसी दशा में सबके लिए सुविधाओं और क्षमादान का स्वागत कर सकता हूँ, जब उसका प्रभाव स्थाई हो और देश के लोगों के हृदयों से हमारी फाँसियों से कुछ अमिट चिह्न अंकित हो जाएँ। बस यही; इससे अधिक कुछ नहीं।

विद्यार्थियों के नाम पत्र

[भगतसिंह और बटुकेश्वर दत्त की ओर से जेल से भेजा गया यह पत्र 19 अक्टूबर, 1929 को पंजाब छात्र संघ लाहौर के दूसरे अधिवेशन में पढ़कर सुनाया गया था। अधिवेशन के सभापति थे नेताजी सुभाषचन्द्र बोस। –**सं.**]

इस समय हम नौजवानों से यह नहीं कह सकते कि वे बम और पिस्तौल उठाएँ। आज विद्यार्थियों के सामने इससे भी अधिक महत्त्वपूर्ण काम है। आने वाले लाहौर अधिवेशन में कांग्रेस देश की आज़ादी के लिए जबरदस्त लड़ाई की घोषणा करने वाली है। राष्ट्रीय इतिहास के इन कठिन क्षणों में नौजवानों के कन्धों पर बहुत बड़ी जिम्मेदारी आ पड़ेगी। यह सच है कि स्वतंत्रता के इस युद्ध में अग्रिम मोर्चों

पर विद्यार्थियों ने मौत से टक्कर ली है। क्या परीक्षा की इस घड़ी में वे उसी प्रकार की दृढ़ता और आत्मविश्वास का परिचय देने से हिचकिचाएँगे? नौजवानों को क्रांति का यह संदेश देश के कोने-कोने में पहुँचाना है, फैक्टरी कारख़ानों के क्षेत्रों में गन्दी बस्तियों और गाँवों में और जर्जर झोंपड़ियों में रहने वाले करोड़ों लोगों में इस क्रांति की अलख जगानी है, जिससे आज़ादी आएगी और तब एक मनुष्य द्वारा दूसरे मनुष्य का शोषण असंभव हो जाएगा। पंजाब वैसे ही राजनीतिक तौर पर पिछड़ा हुआ माना जाता है। इसकी भी जिम्मेदारी युवक वर्ग पर ही है। आज देश के प्रति अपनी असीम श्रद्धा और शहीद यतीन्द्रनाथ दास के महान बलिदान से प्रेरणा लेकर यह सिद्ध कर दें कि स्वतंत्रता के इस संघर्ष में वे दृढ़ता से टक्कर ले सकते हैं।

22 अक्टूबर, 1929 के ट्रिब्यून (लाहौर) में प्रकाशित।

संपादक, माडर्न रिव्यू के नाम पत्र

[भगतसिंह ने अपने विचार स्पष्ट रूप से भारतीय जनता के सामने रखे। उनके विचार में, क्रांति की तलवार विचारों की धार से ही तेज होती है। वे विचारधारात्मक क्रांतिकारी हालात के लिए संघर्ष कर रहे थे। अपने विचारों पर हुए सभी वारों का उन्होंने तर्कपूर्ण उत्तर दिया। यह वार अंग्रेज़ी सरकार की ओर से किए गए या देशी नेताओं की ओर से अख़बारों में।

यतीन्द्रनाथ दास 63 दिन की भूख हड़ताल के बाद शहीद हुए! 'माडर्न रिव्यू' के संपादक रामानन्द चट्टोपाध्याय ने उनकी शहादत के बाद भारतीय जनता द्वारा शहीद के प्रति किए गए सम्मान और उनके 'इंकलाब जिन्दाबाद' के नारे की आलोचना की। भगतसिंह और बी.के. दत्त ने 'माडर्न रिव्यू' के संपादक को उनके उस संपादकीय का निम्नलिखित उत्तर दिया था। –**सं.**]

इंकलाब जिन्दाबाद क्या है?

श्री संपादक जी,

माडर्न रिव्यू।

आपने अपने सम्मानित पत्र के दिसम्बर 1929 के अंक में एक टिप्पणी 'इंकलाब जिन्दाबाद' शीर्षक से लिखी है और इस नारे को निरर्थक ठहराने की चेष्टा की है। आप सरीखे परिपक्व विचारक तथा अनुभवी और यशस्वी संपादक की रचना में दोष निकालना तथा उसका प्रतिवाद करना, जिसे प्रत्येक भारतीय सम्मान की दृष्टि से देखता है, हमारे लिए एक बड़ी धृष्टता होगी। तो भी इस प्रश्न का उत्तर देना हम अपना कर्तव्य समझते हैं कि इस नारे से हमारा क्या अभिप्राय है।

यह आवश्यक है, क्योंकि इस देश में इस समय, इस नारे को सब लोगों तक पहुँचाने का कार्य हमारे हिस्से में आया है। इस नारे की रचना हमने नहीं की है। यही नारा रूस के क्रांतिकारी आन्दोलन में प्रयोग किया गया है। प्रसिद्ध समाजवादी लेखक अप्टन सिंक्लेयर ने अपने उपन्यासों 'बोस्टन' और 'आईल' में यही नारा कुछ अराजकतावादी क्रांतिकारी पात्रों के मुख से प्रयोग कराया है। इसका अर्थ क्या है? इसका यह अर्थ कदापि नहीं है कि सशस्त्र संघर्ष सदैव जारी रहे और कोई भी व्यवस्था अल्प समय के लिए भी स्थाई न रह सके। दूसरे शब्दों में, देश और समाज में अराजकता फैली रहे।

दीर्घकाल से प्रयोग में आने के कारण इस नारे को एक ऐसी विशेष भावना प्राप्त हो चुकी है, जो संभव है भाषा के नियमों एवं कोष के आधार पर इसके शब्दों से उचित तर्कसम्मत रूप में सिद्ध न हो पाए, परंतु इसके साथ ही इस नारे से उन विचारों को पृथक नहीं किया जा सकता, जो इसके साथ जुड़े हुए हैं। ऐसे समस्त नारे एक ऐसे स्वीकृत अर्थ के द्योतक हैं, जो एक सीमा तक उनमें उत्पन्न हो गए हैं तथा एक सीमा तक उनमें निहित हैं।

उदाहरण के लिए हम यतीन्द्रनाथ जिन्दाबाद का नारा लगाते हैं। इससे हमारा तात्पर्य यह होता है कि उनके जीवन के महान आदर्शों तथा उस अथक उत्साह को सदा-सदा के लिए बनाए रखें, जिसने इस महानतम बलिदानी को उस आदर्श के लिए अकथनीय कष्ट झेलने एवं असीम बलिदान करने की प्रेरणा दी। यह नारा लगाने से हमारी यह लालसा प्रकट होती है कि हम भी अपने आदर्शों के लिए अचूक उत्साह को अपनाएँ। यही वह भावना है, जिसकी हम प्रशंसा करते हैं। इसी प्रकार हमें 'इंकलाब' शब्द का अर्थ भी कोरे शाब्दिक रूप में नहीं लगाना चाहिए। इस शब्द का उचित एवं अनुचित प्रयोग करने वाले लोगों के हितों के आधार पर इसके साथ विभिन्न अर्थ एवं विभिन्न विशेषताएँ जोड़ी जाती हैं। क्रांतिकारी की दृष्टि में यह एक पवित्र वाक्य है। हमने इस बात को ट्रिब्यूनल के सम्मुख अपने वक्तव्य में स्पष्ट करने का प्रयास किया था।

इस वक्तव्य में हमने कहा था कि क्रांति इंकलाब का अर्थ अनिवार्य रूप में सशस्त्र आन्दोलन नहीं होता। बम और पिस्तौल कभी-कभी क्रांति को सफल बनाने के साधन मात्र हो सकते हैं। इसमें भी सन्देह नहीं है कि कुछ आन्दोलनों में बम एवं पिस्तौल एक महत्त्वपूर्ण साधन सिद्ध होते हैं, परंतु केवल इसी कारण से बम और पिस्तौल क्रांति के पर्यायवाची नहीं हो जाते। विद्रोह को क्रांति नहीं कहा जा सकता। यद्यपि यह हो सकता है कि विद्रोह का अंतिम परिणाम क्रांति हो।

इस वाक्य में क्रांति शब्द का अर्थ 'प्रगति के लिए परिवर्तन की भावना एवं आकांक्षा' है। लोग साधारणतया जीवन की परंपरागत दशाओं के साथ चिपक जाते हैं और परिवर्तन के विचारमात्र से ही काँपने लगते हैं। यही एक अकर्मण्यता की भावना है, जिसके स्थान पर क्रांतिकारी भावना जाग्रत करने की आवश्यकता है। दूसरे शब्दों में कहा जा सकता है कि अकर्मण्यता का वातावरण निर्मित हो जाता है और रूढ़िवादी शक्तियाँ मानव समाज को कुमार्ग पर ले जाती हैं। ये परिस्थितियाँ मानव समाज की उन्नति में गतिरोध का कारण बन जाती हैं।

क्रांति की इस भावना से मनुष्य जाति की आत्मा स्थाई तौर पर ओतप्रोत रहनी चाहिए, जिससे कि रूढ़िवादी शक्तियाँ मानव समाज की प्रगति की दौड़ में बाधा डालने के लिए संगठित न हो सकें। यह आवश्यक है कि पुरानी व्यवस्था सदैव न रहे और वह नयी व्यवस्था के लिए स्थान रिक्त करती रहे, जिससे कि एक आदर्श व्यवस्था संसार को बिगड़ने से रोक सके। यह है हमारा वह अभिप्राय, जिसको हृदय में रखकर हम 'इंकलाब जिन्दाबाद' का नारा ऊँचा करते हैं।

भगतसिंह, बी.के. दत्त
22 दिसम्बर, 1929

'हमें गोली से उड़ाया जाए' पंजाब के गवर्नर के नाम पत्र

[फाँसी पर लटकाये जाने से 3 दिन पूर्व–20 मार्च, 1931 को सरदार भगतसिंह और उनके सहयोगियों श्री राजगुरु एवं श्री सुखदेव ने निम्नांकित पत्र के द्वारा सम्मिलित रूप से पंजाब के गवर्नर से माँग की थी कि उन्हें युद्धबंदी माना जाए और फाँसी पर लटकाये जाने के बजाय गोली से उड़ा दिया जाए। यह पत्र इन राष्ट्रवीरों की प्रतिभा राजनीतिक मेधा साहस एवं शौर्य की अमरगाथा का एक महत्त्वपूर्ण अध्याय है। –**सं.**]

20 मार्च, 1931
प्रति, गवर्नर पंजाब, शिमला

महोदय

उचित सम्मान के साथ हम नीचे लिखी बातें आपकी सेवा में रख रहे हैं भारत की ब्रिटिश सरकार के सर्वोच्च अधिकारी वायसराय ने एक विशेष अध्यादेश जारी करके लाहौर षड्यंत्र अभियोग की सुनवायी के लिए एक विशेष न्यायाधिकरण ट्रिब्यूनल स्थापित किया था, जिसने 7 अक्टूबर, 1930 को हमें फाँसी का दण्ड

सुनाया। हमारे विरुद्ध सबसे बड़ा आरोप यह लगाया गया है कि हमने सम्राट जॉर्ज पंचम के विरुद्ध युद्ध किया है।

न्यायालय के इस निर्णय से दो बातें स्पष्ट हो जाती हैं–

पहली यह कि अंग्रेज़ जाति और भारतीय जनता के मध्य एक युद्ध चल रहा है। दूसरे यह कि हमने निश्चित रूप में इस युद्ध में भाग लिया है, अतः हम युद्धबंदी हैं।

यद्यपि इनकी व्याख्या में बहुत सीमा तक अतिश्योक्ति से काम लिया गया है, तथापि हम कहे बिना नहीं रह सकते कि ऐसा करके हमें सम्मानित किया गया है। पहली बात के संबंध में हम तनिक विस्तार से प्रकाश डालना चाहते हैं। हम नहीं समझते कि प्रत्यक्ष रूप में ऐसी कोई लड़ाई छिड़ी हुई है। हम नहीं जानते कि युद्ध छिड़ने से न्यायालय का आशय क्या है? परंतु हम इस व्याख्या को स्वीकार करते हैं और साथ ही इसे इसके ठीक संदर्भ में समझाना चाहते हैं।

युद्ध की स्थिति

हम यह कहना चाहते हैं कि युद्ध छिड़ा हुआ है और यह लड़ाई तब तक चलती रहेगी जब तक कि शक्तिशाली व्यक्तियों ने भारतीय जनता और श्रमिकों की आय के साधनों पर अपना एकाधिकार कर रखा है; चाहे ऐसे व्यक्ति अंग्रेज़ पूँजीपति और अंग्रेज़ या सर्वथा भारतीय ही हों, उन्होंने आपस में मिलकर एक लूट जारी कर रखी है। चाहे शुद्ध भारतीय पूँजीपतियों के द्वारा ही निर्धनों का खून चूसा जा रहा हो तो भी इस स्थिति में कोई अंतर नहीं पड़ता। यदि आपकी सरकार कुछ नेताओं या भारतीय समाज के मुखियों पर प्रभाव जमाने में सफल हो जाये, कुछ सुविधाएँ मिल जाएँ अथवा समझौते हो जाएँ, तो भी स्थिति बदल नहीं सकती, तथा जनता पर इसका प्रभाव बहुत कम पड़ता है। हमें इस बात की भी चिंता नहीं कि युवकों को एक बार फिर धोखा दिया गया है और इस बात का भी भय नहीं है कि हमारे राजनीतिक नेता पथ-भ्रष्ट हो गए हैं और वे समझौते की बातचीत में इन निरपराध बेघर और निराश्रित बलिदानियों को भूल गए हैं, जिन्हें दुर्भाग्य से क्रांतिकारी पार्टी का सदस्य समझा जाता है। हमारे राजनीतिक नेता उन्हें अपना शत्रु मानते हैं, क्योंकि उनके विचार में वे हिंसा में विश्वास रखते हैं। हमारी वीरांगनाओं ने अपना सबकुछ बलिदान कर दिया है। उन्होंने अपने पतियों को बलिवेदी पर भेंट किया, भाई भेंट किए, और जो कुछ भी उनके पास था सब न्यौछावर कर दिया। उन्होंने अपने आपको भी न्यौछावर कर दिया। परंतु आपकी सरकार उन्हें विद्रोही समझती है। आपके एजेण्ट भले ही झूठी कहानियाँ बनाकर उन्हें बदनाम कर दें और पार्टी की प्रसिद्धि को हानि पहुँचाने का प्रयास करें, परंतु यह युद्ध चलता रहेगा।

युद्ध के विभिन्न स्वरूप

हो सकता है कि यह लड़ाई भिन्न-भिन्न दशाओं में भिन्न-भिन्न स्वरूप ग्रहण करे। किसी समय यह लड़ाई प्रकट रूप ले ले, कभी गुप्त दशा में चलती रहे, कभी भयानक रूप धारण कर ले, कभी किसान के स्तर पर युद्ध जारी रहे और कभी यह घटना इतनी भयानक हो जाए कि जीवन और मृत्यु की बाज़ी लग जाए। चाहे कोई भी परिस्थिति हो, इसका प्रभाव आप पर पड़ेगा। यह आपकी इच्छा है कि आप जिस परिस्थिति को चाहें चुन लें, परंतु यह लड़ाई जारी रहेगी। इसमें छोटी-छोटी बातों पर ध्यान नहीं दिया जाएगा। बहुत संभव है कि यह युद्ध भयंकर स्वरूप ग्रहण कर ले। पर निश्चय ही यह उस समय तक समाप्त नहीं होगा जब तक कि समाज का वर्तमान ढाँचा समाप्त नहीं हो जाता, प्रत्येक वस्तु में परिवर्तन या क्रांति समाप्त नहीं हो जाती और मानवी सृष्टि में एक नवीन युग का सूत्रपात नहीं हो जाता।

अंतिम युद्ध

निकट भविष्य में अंतिम युद्ध लड़ा जाएगा और यह युद्ध निर्णायक होगा। साम्राज्यवाद व पूँजीवाद कुछ दिनों के मेहमान हैं। यही वह लड़ाई है, जिसमें हमने प्रत्यक्ष रूप से भाग लिया है और हम अपने पर गर्व करते हैं कि इस युद्ध को न तो हमने प्रारम्भ ही किया है और न यह हमारे जीवन के साथ समाप्त ही होगा। हमारी सेवायें इतिहास के उस अध्याय में लिखी जाएँगी, जिसको यतीन्द्रनाथ दास और भगवतीचरण के बलिदानों ने विशेष रूप से प्रकाशमान कर दिया है। इनके बलिदान महान हैं। जहाँ तक हमारे भाग्य का संबंध है, हम जोरदार शब्दों में आपसे यह कहना चाहते हैं कि आपने हमें फाँसी पर लटकाने का निर्णय कर लिया है। आप ऐसा करेंगे ही, आपके हाथों में शक्ति है और आपको अधिकार भी प्राप्त है। परंतु इस प्रकार आप जिसकी लाठी उसकी भैंस वाला सिद्धांत ही अपना रहे हैं और आप उस पर कटिबद्ध हैं। हमारे अभियोग की सुनवाई इस बात को सिद्ध करने के लिए पर्याप्त है कि हमने कभी कोई प्रार्थना नहीं की और अब भी हम आपसे किसी प्रकार की दया की प्रार्थना नहीं करते। हम आपसे केवल यह प्रार्थना करना चाहते हैं कि आपकी सरकार के ही एक न्यायालय के निर्णय के अनुसार हमारे विरुद्ध युद्ध जारी रखने का अभियोग है। इस स्थिति में हम युद्धबंदी हैं, अत: इस आधार पर हम आपसे माँग करते हैं कि हमारे प्रति युद्धबंदियों जैसा ही व्यवहार किया जाए और हमें फाँसी देने के बदले गोली से उड़ा दिया जाए।

अब यह सिद्ध करना आपका काम है कि आपको उस निर्णय में विश्वास है, जो आपकी सरकार के एक न्यायालय ने किया है। आप अपने कार्य द्वारा इस बात का

प्रमाण दीजिए। हम विनयपूर्वक आपसे प्रार्थना करते हैं कि आप अपने सेवा-विभाग को आदेश दे दें कि हमें गोली से उड़ाने के लिए एक सैनिक टोली भेज दी जाए।

भवदीय,

भगतसिंह, राजगुरु, सुखदेव

बलिदान से पहले साथियों को अंतिम पत्र

22 मार्च, 1931

साथियों,

स्वाभाविक है कि जीने की इच्छा मुझमें भी होनी चाहिए, मैं इसे छिपाना नहीं चाहता। लेकिन मैं एक शर्त पर जिन्दा रह सकता हूँ कि मैं क़ैद होकर या पाबन्द होकर जीना नहीं चाहता।

मेरा नाम हिन्दुस्तानी क्रांति का प्रतीक बन चुका है और क्रांतिकारी दल के आदर्शों और कुर्बानियों ने मुझे बहुत ऊँचा उठा दिया है, इतना ऊँचा कि जीवित रहने की स्थिति में इससे ऊँचा मैं हर्गिज़ नहीं हो सकता।

आज मेरी कमजोरियाँ जनता के सामने नहीं हैं। अगर मैं फाँसी से बच गया तो वे जाहिर हो जाएँगी और क्रांति का प्रतीक चिह्न मद्धिम पड़ जाएगा या संभवत: मिट ही जाए। लेकिन दिलेराना ढंग से हँसते-हँसते मेरे फाँसी चढ़ने की सूरत में हिन्दुस्तानी माताएँ अपने बच्चों के लिए भगतसिंह बनने की आरज़ू किया करेंगी और देश की आज़ादी के लिए कुर्बानी देने वालों की तादाद इतनी बढ़ जाएगी कि क्रांति को रोकना साम्राज्यवाद या तमाम शैतानी शक्तियों के बूते की बात नहीं रहेगी।

हाँ, एक विचार आज भी मेरे मन में आता है कि देश और मानवता के लिए जो कुछ करने की हसरतें मेरे दिल में थीं, उनका हज़ारवाँ भाग भी पूरा नहीं कर सका। अगर स्वतंत्र, जिन्दा रह सकता तब शायद उन्हें पूरा करने का अवसर मिलता और मैं अपनी हसरतें पूरी कर सकता। फाँसी से बचे रहने का इसके सिवाय मेरे मन में कभी कोई लालच नहीं आया। मुझसे अधिक सौभाग्यशाली कौन होगा? आजकल मुझे स्वयं पर बहुत गर्व है। अब तो बड़ी बेताबी से अंतिम परीक्षा का इंतजार है। कामना है कि यह और नज़दीक हो जाए।

आपका साथी

भगतसिंह

[मूल पत्र यहीं समाप्त होता है और अंतिम अक्षर अस्पष्ट हैं। –**सं.**]

बचपन के दोस्त जयदेव गुप्ता को पत्र

सेण्ट्रल जेल, लाहौर
3 जून, 1930

मेरे प्रिय श्री जयदेव,

कृपा करके मेरा हार्दिक धन्यवाद स्वीकार कीजिए, कपड़े के उन जूतों और सफेद पॉलिश की शीशी के लिए, जो आपने भेजे हैं। आपके शब्दों में (जैसा कि श्री कुलबीर ने कहा) मैं आपको कुछ अन्य चीज़ें लाने को यह पत्र लिख रहा हूँ। मुझे विश्वास है कि आप इसे महसूस नहीं करेंगे। कृपया देख लें कि क्या आप श्री बी.के. दत्त के लिए कपड़े का एक और जूता भेजने की व्यवस्था कर सकते हैं (साइज नं. सात), लेकिन दुकानदार से वापसी की शर्त पर लेना, शायद इनके पैर में फिट न आए। यह बात मैंने अपने लिए लिखते समय ही लिखी होती, पर श्री दत्त उस दिन सरल भाव (ईजी मूड) में नहीं थे। लेकिन मेरे लिए इसे अकेले पहनना बहुत मुश्किल है। इसलिए मैं आशा करता हूँ कि अगली मुलाकात के समय एक और जूता यहाँ होगा।

साथ ही कृपया एक ट्वैल शर्ट (कमीज) जिसका साइज छाती 34 और कमर 29 हो भेज दें। उस पर शेक्सपीरियन कॉलर हो और आधी आस्तीन हो। वह भी श्री दत्त के लिए चाहिए। क्या आप सोचेंगे कि हम जेल में भी अपने रहन-सहन के खर्चीले ढंग पर रोक नहीं लगा सके? अंततः यह आवश्यकताएँ हैं, विलासिताएँ नहीं। नहाने और व्यायाम करने के लिए किसी मुलायम कपड़े के बने दो लंगोट भी भेज दें और कपड़े धोने के साबुन की कुछ टिकियाएँ भी। साथ ही कुछ बादाम और स्वान इंक की एक शीशी भी।

सरदार जी (पिता जी) के बारे में क्या खबर है? क्या वे लुधियाना से वापस आ गए हैं? इन दिनों में कचहरी बन्द रहेगी और मुक़दमा आगे नहीं बढ़ेगा। यदि वे नहीं आए तो उन्हें लाने के लिए किसी को भेज दें। जो हो, उनके और मेरे मुक़दमे का अंत करीब ही है। कह नहीं सकता कि हमें एक-दूसरे से मिलने का और अवसर मिलेगा या नहीं, इसलिए उन्हें तुरंत बुला लें, ताकि वे इस सप्ताह में मुझसे दो बार मिल सकें। यदि वे जल्दी ही नहीं आ पा रहे हैं तो कृपा कर कुलबीर और बहन जी को मुझसे मुलाकात के लिए कल या परसों भेज दें। मेरे मित्रों को मेरी याद दिलाना। क्या आप फारसी का एक कायदा उर्दू अनुवाद सहित भेजने की व्यवस्था कर सकेंगे? चार आने की सूची भी भेज दें।

तुम्हारा
भगतसिंह

बटुकेश्वर दत्त की बहन प्रोमिला को पत्र

सेण्ट्रल जेल, लाहौर
17 जुलाई, 1930

प्यारी बहन,

कल बटु ने स्वयं तुम्हें एक पत्र लिखा था, जिसमें यह सूचित किया था कि जब तक तुम्हें उनका दूसरा पत्र न मिले, यहाँ मत आना। कल रात बटु को किसी दूसरी जेल में भेज दिया गया। इस समय तक हमें उनके स्थान के बारे में कुछ भी ज्ञात नहीं है। जो भी हो, मैं तुमसे प्रार्थना करूँगा कि तुम बनारस से लाहौर के लिए तब तक न चलना, जब तक कि तुम्हें उनका पत्र न मिले।

उनकी जुदाई मेरे लिए भी असह्य है। आज यह पहला दिन है, जब मैं अपने को पूरी तरह उद्विग्न पा रहा हूँ और मेरे लिए हर मिनट एक बोझ बन गया है। सचमुच एक मित्र से जुदा होना, जो मुझे सगे भाइयों से भी अधिक प्रिय है बहुत दुखद है। खैर, हमें यह सब शांति से सहना है। मैं तुमसे धीरज रखने की प्रार्थना करता हूँ। हौसले से काम लेना, घबराना नहीं, इसी में से कुछ अच्छी बात निकलेगी।

तुम्हारा
भगतसिंह

बटुकेश्वर दत्त के नाम पत्र

सेण्ट्रल जेल, लाहौर
अक्टूबर, 1930

प्रिय भाई,

मुझे दंड सुना दिया गया है और फाँसी का आदेश हुआ है। इन कोठरियों में मेरे अतिरिक्त फाँसी की प्रतीक्षा करने वाले बहुत-से अपराधी हैं। ये लोग यही प्रार्थना कर रहे हैं कि किसी तरह फाँसी से बच जाएँ, परंतु उनके बीच शायद मैं ही एक ऐसा आदमी हूँ, जो बड़ी बेताबी से उस दिन की प्रतीक्षा कर रहा हूँ, जब मुझे अपने आदर्श के लिए फाँसी के फंदे पर झूलने का सौभाग्य प्राप्त होगा।

मैं ख़ुशी के साथ फाँसी के तख़्ते पर चढ़कर दुनिया को यह दिखा दूँगा कि क्रांतिकारी अपने आदर्शों के लिए कितनी वीरता से बलिदान दे सकते हैं।

मुझे फाँसी का दंड मिला है, किन्तु तुम्हें आजीवन कारावास का दंड मिला है। तुम जीवित रहोगे और तुम्हें जीवित रहकर दुनिया को यह दिखाना है कि क्रांतिकारी अपने आदर्शों के लिए केवल मर ही नहीं सकते, बल्कि जीवित रहकर हर मुसीबत का मुक़ाबला भी कर सकते हैं। मृत्यु सांसारिक कठिनाइयों से मुक्ति प्राप्त करने का साधन नहीं बननी चाहिए, बल्कि जो क्रांतिकारी संयोगवश फाँसी के फंदे से बच गए हैं, उन्हें जीवित रहकर दुनिया को यह दिखा देना चाहिए कि वे न केवल अपने आदर्शों के लिए फाँसी पर चढ़ सकते हैं, बल्कि जेलों की अंधकारपूर्ण छोटी कोठरियों में घुल-घुलकर निष्कृटतम दर्जे के अत्याचारों को सहन भी कर सकते हैं।

तुम्हारा
भगतसिंह

छोटे भाई कुलबीर को पत्र

सेण्ट्रल जेल, लाहौर
16 सितम्बर, 1930

प्यारे भाई कुलबीर जी,

सत श्री अकाल!

तुम्हें मालूम ही होगा कि उच्च अधिकारियों के आदेशानुसार मुझसे मुलाकातों पर पाबन्दी लगा दी गयी है। इन स्थितियों में फिलहाल मुलाकात न हो सकेगी और

मेरा ख़याल है कि जल्द ही फैसला सुना दिया जाएगा फिर किसी दूसरी जेल में भेज दिया जाएगा। इसलिए किसी दिन जेल में आकर मेरी किताबें और कागज़ात, आदि चीज़ें ले जाना मैं बर्तन, कपड़े, किताबें और अन्य कागज़ात जेल के डिप्टी सुपरिण्टेंडेंट के दफ़तर में भेज दूँगा, आकर ले जाना। पता नहीं क्यों मुझे बार-बार यह ख़याल क्यों आ रहा है कि इसी हफ्ते के अंदर-अंदर या ज्यादा-से-ज्यादा इसी माह में फैसला और चालान हो जाएगा। इन स्थितियों में अब तो किसी दूसरी जेल में मुलाकात हो तो हो, यहाँ तो उम्मीद नहीं।

वकील को भेज सको तो भेजना। मैं प्रिवी कौंसिल के सिलसिले में एक जरूरी मशविरा करना चाहता हूँ। माँ जी को दिलासा देना, घबराएँ नहीं।

आपका भाई

भगतसिंह

कुलबीर को एक और पत्र

सेण्ट्रल जेल, लाहौर

25 सितम्बर, 1930

प्रिय भाई कुलबीरसिंह जी,

सत श्री अकाल!

मुझे यह मालूम करके कि एक दिन आप वालिदा को साथ लेकर आए और मुलाकात की इजाज़त न मिलने पर मायूस लौट गए, बड़ा अफसोस हुआ। आख़िर तुम्हें तो मालूम हो चुका था कि जेल वाले मुलाकात की इजाज़त नहीं देते। फिर वालिदा को साथ क्यों लाए? मैं जानता हूँ वो इस वक़्त सख़्त घबराई हुई हैं, मगर इस घबराहट और परेशानी का क्या फायदा? नुकसान जरूर है, क्योंकि जब से मुझे मालूम हुआ कि वो बहुत रो रही हैं, मुझे ख़ुद भी बेचैनी हो रही है। घबराने की कोई बात नहीं और इससे कुछ हासिल भी नहीं। सब हौसले से हालात का मुक़ाबला करें। आख़िर दुनिया में दूसरे लोग भी तो हज़ारों मुसीबतों में फँसे हुए हैं और फिर लगातार एक साल मुलाकातें करके तबियत सेर नहीं हुई, तो वो और दो-चार मुलाकातों से भी तसल्ली न हो सकेगी। मेरा ख़याल है कि फैसला और चालान के बाद मुलाकातें खुल जाएँगी, लेकिन अगर फर्ज किया जाए कि फिर भी मुलाकात की इजाज़त न मिले तो घबराने से क्या फायदा?

तुम्हारा भाई

भगतसिंह

कुलबीर के नाम अंतिम पत्र

लाहौर सेण्ट्रल जेल,
3 मार्च, 1931

प्रिय कुलबीरसिंह,

तुमने मेरे लिए बहुत कुछ किया। मुलाकात के वक़्त तुमने अपने खत के जवाब में कुछ लिख देने के लिए कहा। कुछ अलफाज (शब्द) लिख दूँ बस! देखो, मैंने किसी के लिए कुछ न किया, तुम्हारे लिए भी कुछ नहीं। आजकल बिलकुल मुसीबत में छोड़कर जा रहा हूँ। तुम्हारी ज़िंदगी का क्या होगा? गुजारा कैसे करोगे? यही सब सोचकर काँप जाता हूँ, मगर भाई हौसला रखना, मुसीबत में भी कभी मत घबराना। इसके सिवा और क्या कह सकता हूँ। अमेरिका जा सकते तो बहुत अच्छा होता, मगर अब तो यह भी नामुमकिन मालूम होता है। आहिस्ता-आहिस्ता मेहनत से पढ़ते जाना। अगर कोई काम सीख सको तो बेहतर होगा, मगर सबकुछ पिता जी की सलाह से करना। जहाँ तक हो सके, मुहब्बत से सब लोग गुजारा करना। इसके सिवाय क्या कहूँ?

जानता हूँ कि आज तुम्हारे दिल के अंदर गम का समुद्र ठाठे मार रहा है। भाई, तुम्हारी बात सोचकर मेरी आँखों में आँसू आ रहे हैं, मगर क्या किया जाए, हौसला करना। मेरे अजीज मेरे बहुत-बहुत प्यारे भाई ज़िंदगी बड़ी सख़्त है और दुनिया बड़ी बे-मुरबत। सब लोग बड़े बेरहम हैं। सिर्फ़ मुहब्बत और हौसले से ही गुजारा हो सकेगा। कुलतार की तालीम की फिक्र भी तुम ही करना। बड़ी शरम आती है और अफसोस के सिवाय मैं कर ही क्या सकता हूँ! साथ वाला खत हिन्दी में लिखा हुआ है। खत बी.के. की बहन को दे देना। अच्छा नमस्कार, अजीज भाई अलविदा...रुखस्त।

तुम्हारा खैर-अंदेश
भगतसिंह

छोटे भाई कुलतार के नाम अंतिम पत्र

सेण्ट्रल जेल, लाहौर
3 मार्च, 1931

अजीज कुलतार,

आज तुम्हारी आँखों में आँसू देखकर बहुत दुख हुआ। आज तुम्हारी बातों में बहुत दर्द था, तुम्हारे आँसू मुझसे सहन नहीं होते।

बरखुर्दार, हिम्मत से शिक्षा प्राप्त करना और सेहत का ख़याल रखना। हौसला रखना और क्या कहूँ!

उसे यह फिक्र है हरदम नया तर्जे-जफ़ा क्या है,
हमें यह शौक़ है देखें सितम की इन्तहा क्या है।
दहर से क्यों ख़फ़ा रहें, चर्ख़ का क्यों गिला करें,
सारा जहाँ अदू सही, आओ मुक़ाबला करें।
कोई दम का मेहमाँ हूँ ऐ अहले-महफ़िल,
चराग़े-सहर हूँ बुझा चाहता हूँ।
हवा में रहेगी मेरे ख़याल की बिजली,
ये मुश्ते-ख़ाक है फानी, रहे, रहे न रहे।

अच्छा रुखस्त। ख़ुश रहो अहले-वतन, हम तो सफर करते हैं। हिम्मत से रहना। नमस्ते।

तुम्हारा भाई
भगतसिंह

जयदेव के नाम पत्र

अपने बचपन के मित्र जयदेव के नाम भगतसिंह का यह पत्र किताबों की उनकी भूख का प्रमाण है। इनमें से अनेक किताबों के नोट्स इस नोटबुक में मिलते हैं, जिससे पता चलता है कि ये उन तक पहुँच गई थीं। पत्र से यह भी पता चलता है कि भगतसिंह अपने साथियों के अध्ययन के बारे में भी सचेत थे और उसमें जेल से ही यथासंभव मदद करने की कोशिश करते रहते थे।

सेंट्रल जेल, लाहौर
24 जुलाई, 1930

मेरे प्रिय जयदेव,

कृपया निम्नलिखित किताबें द्वारकानाथ पुस्तकालय से मेरे नाम पर जारी करवाकर शनिवार को कुलबीर के हाथ भेज देना–

मैटीरियलिज़्म : कार्ल लीब्कनेख़्त
व्हाई मैन फाइट–बी. रसेल
सोवियट्स एट वर्क
कोलैप्स ऑफ सेकण्ड इण्टरनेशनल
लेफ्ट विंग कम्युनिज़्म
म्युचुअल एण्ड : प्रिंस क्रोपाटकिन
फील्ड्स, फैक्ट्रीज एण्ड वर्कशाप्स
सिविल वार इन फ्रांस : मार्क्स
लैण्ड रिवोल्यूशन इन एशिया, और
अप्टन सिंकलेयर की 'स्पाई'।

कृपया यदि हो सके तो मुझे एक और किताब भेजने का प्रबंध करना, जिसका नाम 'थ्योरी ऑफ हिस्टोरिकल मैटिरियलिज़्म : बुखारिन' है। (यह पंजाब पब्लिक लाइब्रेरी से मिल जायेगी। और पुस्तकालयाध्यक्ष से यह मालूम करना कि कुछ किताबें क्या बोटल जेल में भेजी गयी हैं? उन्हें किताबों की बहुत जरूरत है। उन्होंने सुखदेव के भाई जयदेव के हाथों एक सूची भेजी थी, लेकिन उनको अभी तक किताबें नहीं मिलीं। अगर उनके (पुस्तकालय) पास कोई सूची न हो, तो कृपया लाला फिरोजचन्द से जानकारी ले लेना और उनकी पसंद के अनुसार कुछ रोचक किताबें भेज देना। इस रविवार जब मैं वहाँ जाऊँ तो उनके पास किताबें पहुँची हुई होनी चाहिए। कृपया यह काम किसी भी हालत में कर देना। इसके साथ ही डार्लिंग की 'पंजाब पेजेण्ट्री इन प्रॉसपैरिटी एण्ड डैट' और इसी तरह की एक-दो अन्य किताबें किसान समस्या पर डॉ. आलम के लिए भेज देना।

आशा है तुम इन कष्टों को ज्यादा महसूस न करोगे। भविष्य के लिए तुम्हें यकीन दिलाता हूँ कि तुम्हें कभी भी कोई कष्ट न दूँगा। सभी मित्रों को मेरी याद कहना और लज्जावती जी को मेरी ओर से अभिवादन। उम्मीद है कि दत्त की बहन अगर आयीं तो वे मुझसे मुलाकात करने का कष्ट करेंगी।

आदर के साथ
भगतसिंह

परिशिष्ट-1

क्रांतिकारी आन्दोलन का वैचारिक विकास
(चापेकर बँधुओं से भगतसिंह तक)

शिव वर्मा
(भगतसिंह के साथी क्रांतिकारी)

स्वाधीनता संग्राम में क्रांतिकारियों के प्रवेश की घोषणा करने वाला पहला धमाका 1897 में पूना में चापेकर बँधुओं ने किया था। पूना शहर में उन दिनों प्लेग जोरों पर था। रैंड नाम के एक अंग्रेज़ को वहाँ प्लेग कमिश्नर बनाकर भेजा गया। वह बड़ा ही जालिम और तानाशाह किस्म का आदमी था। उसने प्लेग से प्रभावित मकानों को बिना कोई अपवाद खाली कराये जाने का हुक्म जारी कर दिया। जहाँ तक उस हुक्म का सवाल है, उसमें कोई गलत बात नहीं थी। लेकिन जिस तरह रैंड ने इस हुक्म पर अमल करवाया, उससे वह अलोकप्रिय हो गया। लोगों को उनके घरों से निकाला गया और उन्हें कपड़े, बर्तन आदि तक ले जाने का समय नहीं दिया गया।

4 मई, 1897 को लोकमान्य तिलक ने अपने पत्र केसरी में एक लेख लिखकर न सिर्फ़ नीचे के अफसरों पर बल्कि ख़ुद सरकार पर इलज़ाम लगाया कि वह जान-बूझकर जनता का उत्पीड़न कर रही है। उन्होंने रैंड को निरंकुश बतलाया और सरकार पर "दमन का सहारा लेने" का आरोप लगाया।

फिर आया शिवाजी समारोह। इस अवसर पर 12 जून, 1897 को एक सार्वजनिक सभा में अध्यक्ष पद से बोलते हुए तिलक ने कहा-"क्या शिवाजी ने अफजल खान को मारकर कोई पाप किया था? इस प्रश्न का उत्तर महाभारत में

मिल सकता है। गीता में श्रीमन कृष्ण ने अपने गुरुओं और बांधवों तक को मारने का उपदेश दिया है। उनके अनुसार अगर कोई व्यक्ति निष्काम भाव से कर्म करता है, तो वह किसी भी तरह पाप का भागी नहीं बनता है। श्री शिवाजी ने अपने उदर-पूर्ति के लिए कुछ नहीं किया था। बहुत ही नेक इरादे के साथ, दूसरों की भलाई के लिए उन्होंने अफजल खान का वध किया। अगर चोर हमारे घर में घुस आयें और हमारे अन्दर उनको बाहर निकालने की ताकत न हो, तो हमें बेहिचक दरवाज़ा बन्द करके उनको जिन्दा जला देना चाहिए। ईश्वर ने हिन्दुस्तान पर राज करने का पट्टा ताम्र-पत्र पर लिखकर विदेशियों को तो नहीं दिया है। शिवाजी महाराज ने उनको अपनी जन्मभूमि से बाहर खदेड़ने की कोशिश की। ऐसा करके उन्होंने दूसरों की वस्तु हड़पने का पाप नहीं किया। कुएँ के मेढ़क की तरह अपनी दृष्टि को संकुचित मत करो, ताजीराते-हिन्द की क़ैद से बाहर निकलो श्रीमद्-भगवद्गीता के अत्यन्त उच्च वातावरण में पहुँची और महान व्यक्तियों के कार्यों पर विचार करो।"[1]

और 22 जून को चापेकर भाइयों ने रैंड व ऐवर्स्ट को मार दिया। इस तरह ऊपरी तौर पर देखने से यही लगता है कि चापेकर भाइयों के कार्य के तात्कालिक प्रेरक तत्त्व रैंड की निरंकुशता और तिलक का भाषण थे। लेकिन यह सिर्फ़ अर्धसत्य है। दरअसल चापेकर बंधुओं के विचार महामारी फैलने या रैंड के पूना आने से बहुत पहले से ही एक शक्ल अख़्तियार करने लगे थे।

1894 में ही चापेकर भाइयों ने पूना में शारीरिक और सैनिक प्रशिक्षण के लिए 'हिन्दू धर्म अवरोध निवारण समिति' कायम कर रखी थी कि, जिसे हिन्दू संरक्षिणी समिति भी कहा जाता था। यह समिति हर साल नियमपूर्वक शिवाजी व गणपति समारोह आयोजित करती थी। इन समारोहों में चापेकर भाइयों द्वारा पढ़े जाने वाले श्लोकों से उनकी भावना का पता चलता है। जनता से तलवार उठाने का आग्रह करते हुए 'शिवाजी श्लोक' कहता है-"भांड की तरह शिवाजी की कहानी दुहराने मात्र से स्वाधीनता प्राप्त नहीं की जा सकती। आवश्यकता इसकी है कि शिवाजी और बाज़ी की तरह तेजी के साथ काम किये जायें। आज हर भले आदमी को तलवार और ढाल पकड़नी चाहिए, यह जानते हुए कि हमें राष्ट्रीय संग्राम के युद्धक्षेत्र में जीवन का जोखिम उठाना होगा। हम धरती पर उन दुश्मनों का खून बहा देंगे, जो हमारे धर्म का विनाश कर रहे हैं। हम तो मारकर मर जायेंगे, लेकिन तुम औरतों की तरह सिर्फ़ कहानियाँ सुनाते रहोगे!"[2]

'गणपति श्लोक' तो 'शिवाजी श्लोक' से भी ज्यादा उग्र था। गौ और धर्म की रक्षा के लिए उठ खड़े होने का आवाहन करते हुए इसमें हिंदुओं से कहा गया है

"अफसोस, तुम गुलामी की ज़िंदगी पर शर्मिन्दा नहीं हो; जाओ, आत्महत्या कर लो। उफ्! यह कमीने कसाइयों की तरह गाय और बछड़ों को मार रहे हैं; उसे (गौ को) इस संकट से मुक्त कराओ; मरो लेकिन अंग्रेज़ों को मारकर; नपुंसक होकर धरती पर बोझ न बनो। इस देश को हिन्दुस्तान कहा जाता है; अंग्रेज़ भला किस तरह यहाँ राज कर रहे हैं?"[3]

इस तरह हम देखते हैं कि चापेकर बंधु और उनके सहयोगी मुख्यत: तीव्र धार्मिक भावनाओं से उत्प्रेरित थे और उनका दृष्टिकोण घोर कट्टरपंथी था। संभवत: इसी कारण से वे ब्रिटिश विरोधी ही नहीं, मुस्लिम विरोधी भी थे।

चापेकर बंधुओं की देशभक्ति हिन्दुत्व पर आधारित थी। वे हिन्दू धर्म और गौ की रक्षा के लिए अंग्रेज़ों को बाहर भगाना चाहते थे। रैंड की हत्या भी एक ऐसे व्यक्ति के प्रति उनकी गहरी नफरत का नतीजा थी, जो अपनी दमन और निरंकुशता की कार्रवाइयों के कारण पूरी जनता की घृणा का पात्र बन गया था।

जहाँ तक उनको प्रेरित करने वाले दूसरे कारणों का सवाल है, इसका कोई सुबूत नहीं मिलता कि वे 1857 के भारतीय स्वाधीनता संग्राम से या फ्रांसिसी व इतालवी क्रांतियों से प्रभावित रहे हों।

इन तमाम सीमाओं के बावजूद मुक़दमे के दौरान या बाद में, चापेकर भाइयों ने जिस वीरता, साहस और आत्म-बलिदान की भावना का परिचय दिया उसके महत्त्व को किसी भी तरह कम करके आँका नहीं जा सकता। सर ऊँचा किये हुए तीनों भाइयों ने फाँसी के फंदे को चूमा।

गुलामी और आज़ादी की समस्याओं के प्रति यह धार्मिक दृष्टिकोण चापेकर भाइयों तक ही सीमित नहीं था। सावरकर बंधु भी धार्मिक रहे...बंगाल के क्रांतिकारियों ने भी धर्म के सहारे लोगों को उभाड़ा था। इस वाक्य से शायद यह गलतफहमी हो कि वे धर्म को न मानते थे केवल उभाड़ने का काम उससे लेते थे, इसलिए यह कह देना जरूरी है कि वे स्वयं कट्टर धार्मिक थे।[4]

1902 में कलकत्ता में कायम अनुशीलन समिति की कार्य-प्रणाली का वर्णन करते हुए तारिणीशंकर चक्रवर्ती लिखते हैं-"क्रांतिकारी कार्य के लिए जो इस समिति में आते थे, उनको दो वर्गों में बाँटा जाता था। धर्म में जिनकी आस्था थी उनको एक वर्ग और धर्मविशेष में, जिन्हें आस्था नहीं थी परंतु क्रांतिकारी कार्यों में विशेष निष्ठा थी, ऐसे लड़कों को दूसरे वर्ग में रखा जाता था।" "धर्म के प्रति जो श्रद्धावान थे वे इस बग़ीचे (मानिकतल्ला बाग़ान-सं.) में रहते थे...ये ही लड़के प्रथम कोटि के क्रांतिकारी समझे जाते थे!"[5]

उस समय बंगाल के क्रांतिकारियों का बहुमत बंकिमचन्द्र चटर्जी और स्वामी विवेकानन्द से बेहद प्रभावित था। "अनुशीलन समिति के सदस्यों को हिन्दू ग्रन्थों, खासकर गीता को बहुत ध्यान से पढ़ना पढ़ता था।"[6]

"बंकिमचन्द्र चटर्जी और स्वामी विवेकानन्द की बौद्धिक परंपरा में पले-बढ़े बंगाल के बीसवीं सदी के पहले दशक के ये क्रांतिकारी धार्मिक उपादानों और कर्मकांडों से तथा प्राचीन व तात्कालिक हिन्दुत्व के पौराणिक उपाख्यानों प्रतीकों गीतों और नारों से प्रेरणा ग्रहण करते थे।"[7]

इस तरह क्रांतिकारी आन्दोलन के पहले चरण (1897-1913) के क्रांतिकारी आमतौर पर हिन्दू धर्म के प्रति आस्थावान थे और उससे प्रेरणा ग्रहण करते थे। यह कोई आकस्मिक बात नहीं थी। इसके ऐतिहासिक कारण थे। पिछली सदी के आठवें दशक में तरुण भारत के दिलों को एक नयी भावना मथ रही थी। शिक्षित युवक राजनीतिक दृष्टिकोण से सोचने लगे थे। एक नयी किस्म का राष्ट्रवाद जन्म ले रहा था। यह नया राष्ट्रवाद पुराने राजनीतिवाद के मुक़ाबले ज्यादा संजीदा, ज्यादा खुले दिमाग वाला था। यह इस विचार से लैस और प्रेरित था कि पूरे राष्ट्रीय जीवन का पुनरुत्थान आवश्यक है। भारतीय मानस किस सीमा तक आन्दोलित हो उठा था, इसका अनुमान इसी तथ्य से लगाया जा सकता है कि सभी बेहतरीन सोच के लोगों की नयी भावनाएँ और विचार धर्म से अनुप्राणित थे। पुराने देवताओं की जगह घृणा और रक्त के नये देवताओं की पूजा होने लगी थी।[8]

इस सीमा तक, धर्म की एक सकारात्मक भूमिका अवश्य थी। लेकिन इसका एक नकारात्मक पहलू भी था। इस दौर में बाल गंगाधर तिलक, विपिनचन्द्र पाल, ब्रह्म बांधव उपाध्याय और अरविंद घोष जैसे सभी जुझारू राष्ट्रीय नेता राजनीति को धर्म के रंग में रंग रहे थे। इस तरह अचेतन रूप में ही सही, उन्होंने सांप्रदायिक राजनीति के विषवृक्ष लगाये। गांधी और उनके अनुयायियों ने इस परंपरा को आगे बढ़ाया और अंत तक उससे चिपके रहे, जबकि क्रांतिकारियों ने 1914 में ही जब उनका आन्दोलन दूसरे चरण में प्रवेश कर रहा था, इसे छोड़कर धर्म निरपेक्षता को अपना लिया था। धर्म और राजनीति का यह तालमेल तब से आज तक लगातार हमारे सार्वजनिक जीवन को तबाह करता रहा है, और अब तो इसके कारण हमारी राष्ट्रीय एकता का ढाँचा ही चरमराता नज़र आ रहा है।

हालाँकि महाराष्ट्र के चापेकर बंधु और बंगाल के पहले दशक के क्रांतिकारी, दोनों प्राचीन भारतीय संस्कृति से प्रेरणा ग्रहण करते थे लेकिन दोनों के बीच एक मार्क का अंतर भी है।

30 अप्रैल, 1908 को किंग्सफोर्ड की बग्घी पर एक बम आकर गिरा, जिससे दो महिलाओं की मृत्यु हो गयी। इस घटना पर टिप्पणी करते हुए 22 जून के केसरी में लोकमान्य तिलक ने लिखा–"1897 की हत्या और बंगाल के बम कांड के बीच काफी अंतर है। जहाँ तक दिलेरी और कार्य को कुशलतापूर्वक सम्पन्न करने का सवाल है चापेकर भाइयों का दर्जा बंगाल की बम पार्टी के सदस्यों से ऊँचा है। लेकिन अगर साध्य और साधन के नज़रिये से देखें तो बंगालियों की ज्यादा तारीफ करनी होगी...वर्ष 1897 में पूना निवासी प्लेग के समय के दमन के शिकार थे, और उस दमन से उत्पन्न उत्तेजना का कोई शुद्ध राजनीतिक चरित्र नहीं था। यह शासन प्रणाली ही खराब है और जब तक अधिकारियों को छाँट-छाँटकर व्यक्तिगत रूप से आतंकित नहीं किया जाता, तब तक वे व्यवस्था को बदलने पर तैयार नहीं होंगे; ऐसा कोई महत्त्वपूर्ण प्रश्न चापेकर भाइयों के सामने नहीं था। उनका कर्म प्लेग के बाद जारी दमन के, यानी एक विशेष कार्य के ख़िलाफ़ था। निश्चय ही बंगाल की बम पार्टी की दृष्टि एक ज्यादा व्यापक पटल पर थी, जिसे बंगाल के विभाजन ने उभारा था।"[9]

इतना ही नहीं, बंगाल के क्रांतिकारी, धर्म को बहुत ज्यादा महत्त्व देते थे। इस तथ्य के बावजूद आन्दोलन के अंतिम लक्ष्य की दृष्टि से कहें तो 1902 में ही उन्होंने एक बहुत महत्त्वपूर्ण घोषणा की थी। इसी वर्ष बंगाल के क्रांतिकारियों ने अपने को 'अनुशीलन समिति' नाम की एक पार्टी के रूप में संगठित किया था। समिति की स्थापना के समय जारी घोषणापत्र में कहा गया था–"अनुशीलन की कल्पना के समाज में अनपढ़ गरीब लोग नहीं होंगे, कायर, दुष्ट लोग नहीं होंगे और अस्वस्थ लोग भी नहीं होंगे। ऐसे समाज के निर्माण के लिए सभी प्रकार की विषमताओं को समाप्त करना होगा। विषमता के बीच मानव की मानवता विकसित नहीं हो सकती। मानव समाज से धन की विषमता सामाजिक विषमता, सांप्रदायिक विषमता और प्रादेशिक विषमता दूर कर सभी मनुष्यों में समानता लानी होगी। केवल राष्ट्रीय सरकार द्वारा ही ऐसा किया जाना संभव है। पराधीनता की दशा में अनुशीलन के स्वप्न के समाज की स्थापना संभव नहीं है, इसीलिए अनुशीलन पराधीनता के विरुद्ध विद्रोह की घोषणा करती है। अनुशीलन भारत की पूर्ण स्वतंत्रता चाहती है!'[10]

अनुशीलन समिति की यह घोषणा निश्चय ही आगे की तरफ एक बहुत बड़ा कदम था। यहीं पर बंगाल के क्रांतिकारी 1897 के पूना केंद्र से आगे हैं। चापेकर बंधु विदेशियों से नफरत तो करते थे, मगर वे ख़ुद क्या चाहते हैं इसके बारे में स्पष्ट

नहीं थे। यह बात बंगाल के क्रांतिकारियों के साथ नहीं थी। ये लोग मुस्लिम विरोधी भी नहीं थे, हालाँकि वे धार्मिक लोग थे और हिन्दू ग्रन्थों से प्रेरणा प्राप्त करते थे।

इसके विपरीत इस दौर के पंजाब के क्रांतिकारी आरम्भ से ही सांप्रदायिकता के दोष से मुक्त थे। सरदार अजीतसिंह, लालचंद 'फलक', सूफी अम्बा प्रसाद, लाला हरदयाल और उनके सभी सहयोगी धर्मनिरपेक्ष थे। धर्म उनके लिए एक निजी मामला था।

शताब्दी के पहले दशक के क्रांतिकारी जिन स्रोतों से प्रेरणा ग्रहण कर रहे थे उनमें धर्म के अलावा एक था 1857 का भारत का पहला स्वाधीनता संग्राम। "इस विषय पर 1907 या 1908 में लंदन में लिखी गई वीर सावरकर की पुस्तक ने अपनी तमाम अपर्याप्तताओं के बावजूद, जो उस दौर में और उस समय की हालातों में स्वाभाविक थी, बड़ी महत्त्वपूर्ण भूमिका अदा की। इस विषय पर ब्रिटिश साम्राज्यवादी लेखकों द्वारा फैलाये गये लांछनों तथा उनके झूठे ऐतिहासिक लेखन की धज्जी उड़ाकर इस पुस्तक ने बहुत बड़ा काम किया। इसने बातों को सही तौर पर सामने रखा। इस किताब पर ब्रिटिश शासकों ने फौरन प्रतिबंध लगा दिया, लेकिन फिर भी यह मेहनत से और गुप्त रूप से तैयार की गयी पांडुलिपि के रूप में भारत के उस समय के क्रांतिकारियों के बीच घूमती रही।"[11]

वास्तविकता यह है कि 1857 का जन विद्रोह पूरे स्वाधीनता संग्राम के दौरान सभी स्वाधीनता सेनानियों के लिए प्रेरणा का स्रोत बना रहा।

शताब्दी के पहले दशक में क्रांतिकारियों के लिए प्रेरणा का दूसरा स्रोत था फ्रांसीसी, इतालवी और रूसी क्रांतिकारियों की कहानियाँ।

आन्दोलन के पहले चरण की कमजोरियाँ और सीमाएँ

आन्दोलन के पहले चरण के दौरान पूना और बंगाल के क्रांतिकारियों की पहली कमजोरी थी उनका हिन्दू पूर्वाग्रह। इस पूर्वाग्रह ने मुस्लिम जनता को आन्दोलन से दूर रखा। हालाँकि बंगाल के क्रांतिकारी मुस्लिम विरोधी नहीं थे, लेकिन मुस्लिम जनता से कार्यकर्ता भर्ती करने का कोई गम्भीर प्रयास उन्होंने कभी नहीं किया। इस कथन के कुछ अपवाद यहाँ-वहाँ मिल सकते हैं। लेकिन अपवाद कभी नियम नहीं बनते।

आन्दोलन के दायरे को सीमित करने वाली दूसरी कमजोरी थी जनता के साथ जीवन्त संबंधों का न होना। स्वदेशी आन्दोलन के तीन या चार सालों को छोड़कर, जब बंगाल के क्रांतिकारी जनता के बीच गये और लोगों को सक्रिय होने के लिए प्रोत्साहित किया, आमतौर पर क्रांतिकारी व्यक्तिगत क्रियाशीलता में विश्वास रखते थे, जिसे सरकार आतंकवाद के गलत नाम से पुकारती थी। जनता इन क्रांतिकारियों

के आत्म-बलिदान, निर्भीकता और साहस की प्रशंसा तो करती थी लेकिन अपनी रोजमर्रा की समस्याओं के साथ उनकी कार्यवाहियों को जोड़ सकने में असमर्थ रहती थी। ऐसी स्थिति में साम्राज्यवादियों के लिए क्रांतिकारियों का दमन कर सकना और भी आसान हो जाता था।

आन्दोलन की तीसरी सीमा थी, उसके कार्यकर्ताओं का वर्ग-चरित्र। क्रांतिकारी आन्दोलन के कार्यकर्ताओं का एक बड़ा बहुमत निम्न-मध्यम वर्ग से संबंधित था। इस चरण में यह एकदम स्वाभाविक था। यह वही दौर था, जबकि नई पीढ़ी विदेशी शासन से पूर्ण मुक्ति का दावा करने लगी थी। यह पीढ़ी ख़ुद को 'वयस्क' समझने लगी थी। नौजवान तबके में बेचैनी थी मगर पुराना नेतृत्व होम रूल के लिए प्रस्तावों और प्रार्थनापत्रों से आगे बढ़ने को तैयार न था। लेकिन शिक्षित नौजवान एक नयी दुनिया पाने के लिए अपना सब लुटा देने पर आमादा था। नौजवानों का विश्वास था कि वे जुझारू सशस्त्र संघर्ष के जरिये देश को आज़ाद करा सकते हैं। इसके लिए वे अपना जीवन तक होम कर देने को तैयार थे।

मध्यम वर्ग स्वभाव से ही व्यक्तिवादी होता है। यह एक शक्तिशाली सहयोगी हो सकता है। अगर यह पूँजीपति वर्ग की तरफ जाता है, तो प्रतिक्रियावाद का वाहक हो जाता है। अगर यह मजदूर वर्ग के साथ खड़ा होता है, तो स्वयं नेतृत्व प्रदान कर सकने की क्षमता न होते हुए भी एक क्रांतिकारी शक्ति बन जाता है। इसकी स्वतंत्र कार्रवाईयाँ प्राय: व्यक्तिगत कार्रवाईयों का रूप ले लेती हैं। जिस दौर की बात हम कर रहे हैं, उस समय स्वाधीनता के लिए जन आन्दोलन खड़ा कर सकने में न तो पूँजीपति वर्ग समर्थ था और न मजदूर वर्ग ही। इस चुनौती का सामना अपने सपनों को साकार करने के लिए सबकुछ कुर्बान कर देने को तैयार इन मध्यमवर्गीय नौजवानों ने स्वभावत: अपने ढंग से किया, जो आरम्भ में व्यक्तिगत कार्रवाइयों का ही रूप ले सकती थी। यह सीमा एक ऐतिहासिक प्रक्रिया की उपज थी।

गुलामी की अपमानजनक स्थिति के सामने समर्पण करने से बेहतर होता है चोट करना और नष्ट हो जाना। किसी-न-किसी को पहली चोट करनी ही पड़ती है। पहली चोट का कोई नतीजा नहीं निकलता और पहली चोट करने वाले ज्यादातर नष्ट हो जाते हैं। लेकिन उनकी कुर्बानियाँ कभी बेकार नहीं जातीं। झरना बढ़कर गरजता हुआ दरिया बन जाता है, चिंगारी ज्वालामुखी बनती है, व्यक्ति समष्टि से एकाकार हो जाता है। पुरानी व्यवस्था की जगह एक नयी व्यवस्था आती है, और सपना एक हकीकत का रूप ले लेता है। क्रांतियाँ इसी तर्ज पर आगे बढ़ती हैं। भारत का क्रांतिकारी आन्दोलन भी ठीक इसी तर्ज पर आगे बढ़ा।

"भारतीय क्रांतिकारियों ने अकल्पनीय कठिनाइयों के बीच भी, आधुनिक युग की सबसे बड़ी साम्राज्यवादी-उपनिवेशवादी ताकत को चुनौती देने की जुर्रत की। इतना ही नहीं उस युग के क्रांतिकारी शूरवीरों-चापेकर भाइयों, खुदीराम, कनाईलाल और मदनलाल धींगरा ने अपने आत्म-बलिदान और शहादत के माध्यम से अपने ऊँघते हुए देशवासियों को जगाया और उन्हें राष्ट्रीय स्वाधीनता तथा अपने जन्मसिद्ध जनवादी राजनीतिक अधिकारों के उच्च विचारों से भी परिचित कराया। क्रांतिकारी आन्दोलन ऐतिहासिक रूप से अपने ढंग का वह पहला आन्दोलन था, जिसने राष्ट्रीय स्वाधीनता और संप्रभुता के लिए भारत के संघर्ष के राजनीतिक उद्देश्य के रूप में पूर्ण स्वाधीनता तथा ब्रिटिश साम्राज्य से हर तरह के राजनीतिक संबंध-विच्छेद के लक्ष्य को जनता के सामने रखा। ठीक इसी उद्देश्य को ध्यान में रखकर उन्होंने विदेशी साम्राजी शासन के विरुद्ध संगठित हथियारबन्द संघर्ष के लिए जनता का आह्वान किया।"

"वे शुरू से ही भारतीय जनता के लिए पूर्ण राष्ट्रीय प्रभुसत्ता और लोकतांत्रिक स्वतंत्रता के लिए अनवरत संघर्ष करते रहे और उस लक्ष्य से कभी डिगे नहीं।"

"उनकी शहादतों ने उनके प्रति जनता की प्रशंसा को उभारकर विदेशी साम्राज्यवादी शासन के प्रति उसकी नफरत को और भी तीखा बनाया और उसके संघर्षशील साहस को और भी ऊँचा उठाया!"[12]

गदर पार्टी की स्थापना

क्रांतिकारी आन्दोलन के पहले दौर में बहुत-से क्रांतिकारी देश छोड़कर यूरोप और अमेरिका चले गये थे। उनका उद्देश्य था भारत में क्रांतिकारी गतिविधियों के संचालन के लिए धन संग्रह करना, प्रचार करना और साहसी आत्मत्यागी तथा समर्पित युवकों की एक टीम खड़ी करना। इस काम में उनको कुछ कम सफलता नहीं मिली। लेकिन जहाँ तक अंतिम लक्ष्य का प्रश्न है, उनके विचार अभी तक भारत की आज़ादी की एक भावनात्मक धारणा तक ही सीमित थे। क्रांति के बाद स्थापित होने वाली सरकार की रूपरेखा क्या होगी, दूसरे देशों की क्रांतिकारी शक्तियों के साथ उसके संबंध क्या होंगे, नई व्यवस्था में धर्म का क्या स्थान होगा, आदि प्रश्नों पर उस समय के अधिकांश क्रांतिकारी स्पष्ट नहीं थे। यह सूरत कमोबेश 1913 तक जारी रही। इन सभी मुद्दों पर स्पष्ट रवैया अपनाने का श्रेय गदर पार्टी के नेताओं को जाता है।

इस शताब्दी के पहले दशक में भारत छोड़कर जाने वाले क्रांतिकारियों को अंग्रेज़ सरकार के हाथों में पड़ने से बचने के लिए एक देश से दूसरे देश तक

भटकना पड़ता था। अंत में उनमें से कइयों ने अमेरिका में बसने और उस देश को अपने कार्य का आधारक्षेत्र बनाने का फैसला किया। इनमें प्रमुख थे–तारकनाथ दास, शैलेन्द्र घोष, चन्द्र चक्रवर्ती, नन्दलाल कार, बसन्तकुमार राय, सारंगधर दास, सुधीन्द्रनाथ बोस तथा जी.डी. कुमार। पहले दशक के अंत तक लाला हरदयाल भी उनसे आ मिले। इन लोगों ने अमेरिका और कनाडा में बसे भारतीय प्रवासियों से संपर्क किया, धन संग्रह किया, अख़बार निकाले और कई जगहों पर गुप्त संस्थाएँ कायम कीं।

तारकनाथ दास ने फ्री हिन्दुस्तान नाम से अख़बार निकाला और अमेरिका में रह रहे भारतीय छात्रों तथा भारतीय प्रवासियों के लिए व्याख्यान देते रहे। वे समिति नाम की एक गुप्त संस्था के प्रधान भी थे। इस संस्था के अन्य सदस्य थे–शैलेन्द्रनाथ बोस, सारंगधर दास, जी.डी. कुमार, लस्कर और ग्रीन नामक एक अमेरिकी।

रामनाथ पुरी ने 1908 में ओकलैण्ड में हिन्दुस्तान एसोसियेशन नाम की एक संस्था कायम की और सर्कुलर ऑफ फ्रीडम नाम से एक अख़बार निकाला। ये इस अख़बार के माध्यम से अंग्रेज़ों को भारत से खदेड़ जाने की वकालत करते रहे। जी.डी. कुमार ने वैकोवर से स्वदेशी सेवक नामक अख़बार निकाला। वे वहाँ की एक गुप्त संस्था के सदस्य भी थे। इस संस्था के सदस्य रहीम और सुन्दर सिंह भी थे। सुन्दर सिंह आर्यन नाम के एक अख़बार का संपादन भी करते थे और उसके जरिये लगातार ब्रिटिश-विरोधी प्रचार चलाते थे। रहीम और आत्माराम ने कोवर में यूनाइटेड इंडिया लीग का गठन किया।

लाला हरदयाल 1911 में अमेरिका पहुँचे और वहाँ स्टैनफोर्ड विश्वविद्यालय में प्राध्यापक हो गये। सैन फ्रांसिस्को में 'हिन्दुस्तानी स्टूडेन्ट्स एसोसियेशन' नाम की एक संस्था उन्होंने गठित की। सन् 1913 में एस्टोरिया की 'हिन्दुस्तानी एसोसियेशन' का गठन हुआ। करीम बख्श, नवाबखान, बलवन्तसिंह, मुंशीराम, केसरसिंह और कर्तारसिंह सराभा इसके सदस्य थे। ठाकुरदास और उनके मित्रों ने सेन्ट जॉन में रहने वाले भारतीयों की एक संस्था गठित की। सन् 1913 में शिकागो में 'हिन्दुस्तानी एसोसियेशन ऑफ दि युनाइटेड स्टेट्स ऑफ अमेरिका' का गठन हुआ।[13]

लाला हरदयाल ने महसूस किया कि संयुक्त राज्य अमेरिका के विभिन्न हिस्सों में कार्यरत इन संगठनों की गतिविधियों का समन्वय आवश्यक है। अत: उन्होंने कनाडा और अमेरिका में रहने वाले भारतीय क्रांतिकारियों की एक मीटिंग बुलाई। इस मीटिंग में 'हिन्दुस्तानी एसोसियेशन ऑफ द पैसिफिक कोस्ट' नाम की एक संस्था के गठन का फैसला लिया गया। बाबा सोहनसिंह भकना और लाला हरदयाल

इसके क्रमश: अध्यक्ष और सचिव चुने गये। लाला हरदयाल नौकरी से इस्तीफा देकर अपना पूरा समय एसोसियेशन के काम में लगाने लगे। मार्च 1913 में एसोसियेशन ने सैन फ्रांसिस्को से गदर नाम से एक अख़बार निकालने का फैसला किया। उसके बाद एसोसियेशन का नाम भी बदलकर 'गदर' पार्टी कर दिया गया।

आगे की तरफ एक बड़ा कदम

1913 में गदर पार्टी का गठन क्रांतिकारी आन्दोलन के विकास की दिशा में एक बहुत बड़ा एवं महत्त्वपूर्ण कदम था। इसने राजनीति को धर्म से मुक्त किया और धर्म-निरपेक्षता को अपनाया। धर्म को निजी मामला घोषित कर दिया गया। अख़बार गदर ने हिन्दू-मुसलमान दोनों का आह्वान किया कि वे आर्थिक मसलों पर ज्यादा ध्यान दें क्योंकि उनका दोनों के जीवन पर एक-जैसा प्रभाव पड़ता है। प्लेग से हिन्दू और मुसलमान दोनों ही मर रहे हैं। अकाल पड़ने पर अन्न से दोनों ही वंचित रहते हैं। बेगार के लिए जोर-जबर्दस्ती दोनों पर की जाती है और दोनों को ही अत्यधिक ऊँची दरों पर भूराजस्व तथा जल-कर देना पड़ता है। समस्या हिन्दू बनाम मुसलमान की नहीं, बल्कि भारतीय बनाम अंग्रेज़ शोषकों की है। हिन्दू-मुस्लिम एकता को इतना मजबूत बनाया जाना चाहिए कि कोई उसे तोड़ न सके।[14]

"गदर पार्टी" धर्मनिरपेक्षता में विश्वास करती थी और ठोस हिन्दू-मुस्लिम एकता की तरफदार थी। वह छूत और अछूत के भेदभाव को भी नहीं मानती थी। भारत की एकता और भारत के स्वाधीनता संग्राम के लिए एकता यही उसे प्रेरित करने वाले प्रमुख सिद्धांत थे!"[15] इस मामले में गदर पार्टी उस समय के भारतीय नेताओं से मीलों आगे थी। सोहन सिंह जोश के अनुसार-"गदर के क्रांतिकारी राजनीतिक-सामाजिक सुधार के सवालों पर अपने समसामयिकों से आगे थे।"[16]

14 मई, 1914 को गदर में प्रकाशित एक लेख में लाला हरदयाल ने लिखा-"प्रार्थनाओं का समय गया; अब तलवार उठाने का समय आ गया है। हमें पंडितों और काज़ियों की कोई जरूरत नहीं है।"[17] सन् 1913 में पोर्टलैण्ड में भाषण देते हुए उन्होंने कहा था कि गदर के क्रांतिकारियों को आगामी क्रांति के लिए तैयार रहना चाहिए। उन्हें भारत जाकर और वहाँ से अंग्रेज़ों को भगाकर अमेरिका जैसी एक जनतांत्रिक सरकार कायम करनी चाहिए, जिसमें धर्म, जाति और रंग के अंतर से परे सभी भारतीय समान और स्वतंत्र हों।

लाला हरदयाल ने, जो अपने आप को अराजकतावादी कहा करते थे, एक बार कहा था कि स्वामी और सेवक के बीच कभी कोई समानता नहीं हो सकती, भले ही वे दोनों मुसलमान हों, सिख हों अथवा वैष्णव हों। अमीर हमेशा गरीब

पर शासन करेगा...आर्थिक समानता के अभाव में भाईचारे की बात सिर्फ़ एक सपना है।"[18]

हिन्दुस्तानियों के बीच सांप्रदायिक सद्‌भाव बढ़ाने को गदर पार्टी ने अपना एक उद्देश्य बनाया। युगान्तर आश्रम नाम के गदर पार्टी के दफ़तर में सवर्ण हिन्दू, अछूत, मुसलमान और सिख, सभी जमा होते और साथ-साथ भोजन करते थे। धर्म जब राजनीति के साथ घुल-मिल जाता है, तो वह एक घातक विष बन जाता है, जो राष्ट्र के जीवन्त अंगों को धीरे-धीरे नष्ट करता रहता है, भाई को भाई से लड़ाता है, जनता के हौसले पस्त करता है, उसकी दृष्टि को धुँधला बनाता है, असली दुश्मन की पहचान कर पाना मुश्किल कर देता है, जनता की जुझारू मन:स्थिति को कमजोर करता है और इस तरह राष्ट्र को साम्राज्यवादी साजिशों की आक्रमणकारी योजनाओं का लाचार शिकार बना देता है। भारत में इस बात को सबसे पहले गदर के क्रांतिकारियों ने महसूस किया। उन्होंने दिलेरी के साथ ऐलान किया कि वे इस जहर को अपनी राजनीति से दूर ही रखेंगे। और उन्होंने जो कहा वैसा ही किया भी। भारतीय राजनीति में यह उनकी पहली महान उपलब्धि थी।

गदर के क्रांतिकारियों की दूसरी महान उपलब्धि थी, उनका अंतरराष्ट्रीय दृष्टिकोण। "गदर का आन्दोलन एक अंतरराष्ट्रीय आन्दोलन था। उसकी शाखाएँ मलाया, शंघाई, इन्डोनेशिया, ईस्ट इन्डीज, फिलीपीन, जापान, मनीला, न्यूजीलैंड, हांगकांग, सिंगापुर, फिजी, बर्मा और दूसरे देशों में कार्यरत थीं। गदर पार्टी के उद्देश्यों के प्रति इंडस्ट्रियल वर्कर्स ऑफ ए वर्ल्ड (आई.डब्ल्यू.डब्ल्यू.) की बहुत हमदर्दी थी...वे (गदर के क्रांतिकारी) सभी देशों की आज़ादी के तरफदार थे।"[19]

कई कवियों की लिखी हुई कविताओं के संग्रह 'गदर दी गूँज' में एक कवि कहता है—"भाइयों, चीन के ख़िलाफ़ जंग में न लड़ो। भारत, चीन और तुर्की के अवाम आपस में भाई हैं। दुश्मन को इसकी इजाज़त नहीं दी जानी चाहिए कि वह इस भाईचारे को तहस-नहस कर सके।"[20]

वैंकूवर में 1911 में एक संस्था कायम हुई थी, जिसका उद्देश्य था बाकी दुनिया के साथ भारतीय राष्ट्र के स्वतंत्रता, समानता और भाईचारे के संबंध कायम करना। लाला हरदयाल ने भी कई बार अपने भाषणों में यह घोषणा की थी कि वे केवल भारत में ही नहीं, बल्कि हर उस देश में क्रांति चाहते हैं, जहाँ गुलामी और शोषण मौजूद है।[21]

गदर के क्रांतिकारियों के प्रचार का एक प्रमुख अंग था दुनिया की श्रमिक यूनियनों के नाम अपील जारी करना। उन्होंने पूरी दुनिया के जनसाधारण से अपील की कि वे साम्राजी निज़ाम को उखाड़ फेंकने के लिए एकजुट हों।[22]

विचारधारा और कार्यक्रम

गदर पार्टी ब्रिटिश शासन की विरोधी थी और उसका उद्देश्य था सशस्त्र संघर्ष के जरिये भारत को ब्रिटिश शासन से मुक्त करके यहाँ अमेरिकी ढंग का प्रजातंत्र स्थापित करना। उसका विश्वास था कि प्रस्तावों, प्रतिनिधिमंडलों और प्रार्थना-पत्रों से हमें कुछ मिलने वाला नहीं है। अंग्रेज़ शासकों के सामने नर्मदलीय नेताओं का नाचना भी वे पसंद नहीं करते थे। जिस गणतंत्र की बात वे करते थे, उसमें किसी तरह के राजा की नहीं, बल्कि एक चुने हुए राष्ट्रपति की गुंजाइश थी।

भारत की आज़ादी हासिल करने के लिए गदर पार्टी व्यक्तिगत कार्रवाइयों पर उतना निर्भर नहीं करती थी, जितना इस बात पर कि सेना में प्रचार करके सैनिकों को विद्रोह के लिए प्रोत्साहित किया जाये। उन्होंने सैनिकों से अपील की कि वे विद्रोह के लिए उठ खड़े हों।

गदर के क्रांतिकारियों का वर्ग चरित्र भी पहले के क्रांतिकारियों से भिन्न था। पुराने क्रांतिकारी मुख्यतः निम्न-मध्यम वर्ग के कुछ शिक्षित लोग थे, जबकि गदर पार्टी के अधिकांश सदस्य किसान से मजदूर बने लोग थे और इसलिए उन्होंने विद्रोह के लिए किसानों से भी उठ खड़े होने की अपील की।

दो कमजोरियाँ

गदर पार्टी की स्थापना अमेरिका में हुई थी, जहाँ लोगों को कुछ नागरिक स्वाधीनताएँ और अभिव्यक्ति की आज़ादी हासिल थी, जबकि उस समय भारत में ये चीज़ें नहीं थीं। वहाँ गदर के नेता खुलकर अपनी योजनाओं, इरादों और कार्यक्रम पर बहस करते और उन पर लेख लिखते थे। इस तरह ब्रिटिश साम्राज्यवादियों को उनकी योजनाओं को पूरी-पूरी जानकारी रहती थी और वे गदर के क्रांतिकारियों की गतिविधियों से पैदा हो सकने वाली हर स्थिति से निपटने को तैयार थे। गदर के नेताओं और कार्यकर्ताओं की इस अगोपनीयता की बहुत बड़ी कीमत पार्टी को चुकानी पड़ी।

दूसरी प्रमुख कमजोरी उनका यह भ्रामक विश्वास था कि एक साम्राज्यवादी शक्ति उनको दूसरी साम्राज्यवादी शक्ति के चंगुल से आज़ाद कराने में ईमानदारी के साथ सहायता करेगी। उनके दिमाग में यह बात साफ नहीं थी कि जर्मन हो या ब्रिटिश या कोई और–सभी साम्राज्यवादी शक्तियों की प्रवृत्ति एक जैसी होती है। जब पहला विश्वयुद्ध आरम्भ हुआ तब गदर पार्टी और दूसरे क्रांतिकारियों ने नारा दिया कि "ब्रिटेन की मुसीबत हमारे लिए सुनहरा अवसर है" और कि "दुश्मन का दुश्मन दोस्त होता है"। इस विश्वास के साथ उन्होंने जर्मनी के कैसर से सहायता

के लिए संपर्क किया। कैसर के प्रतिनिधियों से बातचीत के दौरान स्वाधीन भारत की भावी व्यवस्था से संबंधित कुछ शर्तें भी उन्होंने रखने की कोशिश की। मगर इस नुक्ते पर कैसर का जवाब हमेशा अस्पष्ट रहा। उसकी दिलचस्पी जंग के दौरान ब्रिटेन के ख़िलाफ़ गदर पार्टी के क्रांतिकारियों का अधिक-से-अधिक इस्तेमाल कर सकने तक ही सीमित थी। उसके अपने जंगी उद्देश्य थे–ब्रिटेन और फ्रांस से अधिक-से-अधिक उपनिवेश छीनना। इस तरह गदर के क्रांतिकारी साम्राज्यवाद की वास्तविक प्रकृति से एकदम अनजान थे। वास्तविक और स्थायी मुक्ति के लिए गुलाम देशों को पूरी साम्राज्यवादी व्यवस्था से लड़ाई लड़नी होगी, यह बात रूस में अक्टूबर (नई प्रणाली में नवम्बर) 1917 की क्रांति के बाद ही पूरी तरह स्पष्ट हुई।

महान अक्टूबर क्रांति और उसका प्रभाव

1917 की अक्टूबर समाजवादी क्रांति मानवता के इतिहास में एक युगान्तरकारी घटना है। उसने केवल रूस में ही साम्राज्यवाद को पराजित नहीं किया, बल्कि पूरी साम्राज्यवादी व्यवस्था को भी एक जबरदस्त झटका दिया। इस क्रांति ने रूस में मनुष्य द्वारा मनुष्य के और राष्ट्र द्वारा राष्ट्र के शोषण पर आधारित व्यवस्था को समाप्त कर दिया। सोवियत जनता अपने भाग्य का स्वामी बन गयी। खेतों, कारख़ानों और वर्कशॉपों पर उसका सामूहिक स्वामित्व कायम हो गया। अक्टूबर क्रांति ने न सिर्फ़ रूस के अवाम को पूँजीपतियों और जमींदारों की गुलामी से मुक्त किया, बल्कि एक बिलकुल नये समाज और नये इनसान को भी जन्म दिया। उसने गुलाम देशों के स्वाधीनता सेनानियों को प्रेरित किया और 1947 उनके अन्दर विश्वास जगाया कि उनकी लड़ाई कामयाब होकर रहेगी। उसने दुनिया के विभिन्न हिस्सों में चल रहे मुक्ति-संघर्षों को नये आयाम भी दिये।

विश्वव्यापी साम्राज्यवाद-विरोधी संग्राम का अंग होने के नाते भारत का स्वाधीनता संग्राम भी इससे अछूता नहीं रहा। उसके दृष्टिकोण में भी एक फैलाव आया और महसूस किया गया कि आर्थिक और सामाजिक समानताओं के बिना आज़ादी का कोई अर्थ नहीं होगा।

अक्टूबर क्रांति और यूरोप तथा एशिया में साम्राज्यवाद-विरोधी क्रांति की लहर ने और साथ ही प्रथम विश्वयुद्ध के उपरान्त भारतीय जनता के क्रांति की तरफ बढ़ते कदमों ने ब्रिटिश साम्राज्यवादियों को चौकन्ना कर दिया था। उन्होंने अप्रिय स्थिति से निपटने के लिए दोतरफा नीति अपनायी। एक तरफ तो उन्होंने माण्टेग्यू-चेम्सफोर्ड सुधारों का ढकोसला खड़ा करके नरमपंथी राष्ट्रीय नेताओं का समर्थन प्राप्त करने की कोशिश की और दूसरी तरफ राजद्रोह के मामलों की छानबीन करने और

क्रांतिकारियों के दमन के उपाय सुझाने के लिए न्यायमूर्ति रौलट की अध्यक्षता में एक कमेटी नियुक्त की। इस कमेटी की सिफारिशें बड़ी ही पाशविक थीं। उसने साधारण राजनीतिक गतिविधियों तक को राजद्रोह करार दे दिया था। रौलट कमेटी की दमनकारी सिफारिशों के विरोध में गांधी ने एक दिन आम हड़ताल का आह्वान किया। इस आह्वान के अप्रत्याशित प्रभाव हुए और जनता अपना क्रोध व्यक्त करने के लिए एकजुट होकर सामने आ गयी। यह सरकार के लिए ही नहीं, हमारे नेताओं के लिए भी एक नयी बात थी। अंग्रेज़ों ने भारतीयों को सबक सिखाने का निश्चय किया और 13 अप्रैल, 1919 को जलियाँवाला बाग़ में इस निश्चय को अमली रूप भी दे दिया गया। इसके बाद तो जनता में गुस्से की लहर दौड़ गयी और पंजाब के लगभग सभी शहरों में लोग सड़कों पर निकल आये। सरकार ने उसे संगठित विद्रोह की संज्ञा दी। लेकिन गांधी जी इस सबके लिए तैयार नहीं थे। उन्होंने ऐलान किया कि एक दिन की आम हड़ताल का नारा देकर उन्होंने भयंकर भूल की थी। उन्होंने लोगों से आन्दोलन बन्द करने और सुधारों पर अमल करने का अनुरोध किया।

सितम्बर, 1920 में लाला लाजपत राय ने कांग्रेस को आगाह करते हुए कहा था कि जनता क्षुब्ध एवं परेशान है और कुछ कर गुजरने के मूड में है। उन्होंने कांग्रेस से यह भी कहा कि अगर जनता के इस गुस्से को सही रास्ते पर न डाला गया तो वह अपना रास्ता अपनायेगी, जो देश के लिए अहितकर होगा। "इस तथ्य की ओर से आँखें बन्द करने से कोई लाभ नहीं होगा कि हम क्रांतिकारी युग से होकर गुजर रहे हैं।" उन्होंने ऐलान किया और कहा–"प्रकृति से और परंपरा से हम क्रांतियों को पसंद नहीं करते हैं!"[23] कांग्रेस ने नागपुर अधिवेशन में लाला जी की उस चेतावनी पर भी विचार किया और गांधी को निर्देश दिया गया कि वे स्वराज्य के लिए असहयोग आन्दोलन आरम्भ करें। आन्दोलन शुरू करने से पहले गांधी जी बंगाल गये और कुछ क्रांतिकारी नेताओं से मिलकर उनसे एक साल का समय माँगा और कहा कि अगर वे एक साल के अन्दर स्वराज्य न प्राप्त कर लें, तो क्रांतिकारियों को अपने रास्ते पर चलने की पूरी छूट होगी। क्रांतिकारी नेताओं ने गांधी की बात मान ली। सत्याग्रह आन्दोलन शुरू हुआ। देखते-देखते वह सारे देश में फैल गया और गाँवों की छोटी-छोटी झोंपड़ियों तक में 'स्वराज्य' शब्द गूँजने लगा। आन्दोलन में भाग लेने के लिए गांधी ने, जो भी रोकथाम की शर्त लगाई थी, उन सबको तोड़कर किसान पूरे जोश के साथ आन्दोलन में कूद पड़े। "सरकार परेशान और घबड़ाई हुई थी, उसके हाथ पैर-फूलने लगे थे। यदि सरकार की चौमुखी अवज्ञा की छूत, शहरों से चलकर करोड़ों किसानों तक पहुँच जाती है, तो अंग्रेज़ी हुकूमत के पास बचत

के लिए कोई चारा नहीं रह जायेगा; तीस करोड़ जनता के विद्रोह की खौलती हुई हांडी से उनकी सारी तोपें और हवाई जहाज भी उन्हें बचा नहीं सकेंगे।"[24] गांधी जी भी ख़ुश नहीं थे, बल्कि उतने ही घबराये हुए थे। वे आन्दोलन वापस लेने के लिए किसी अवसर की प्रतीक्षा में थे और फरवरी, 1922 में चौरी-चौरा की घटना से उन्हें यह अवसर मिल गया। बजाय इसके कि वे उस घटना का स्वागत करते और जनता से उसी प्रकार की हज़ारों और घटनाओं की माँग करते उन्होंने किसी से सलाह लिये बग़ैर चुपचाप आन्दोलन वापस ले लिया और राजनीति से अलग हो गये। इस पृष्ठभूमि में क्रांतिकारियों ने, जिन्होंने गांधी के कहने पर हथियार रख दिये थे, अपने को संगठित करके फिर से हथियार उठाने का फैसला किया।

हिन्दुस्तान रिपब्लिकन एसोसिएशन

सभी क्रांतिकारियों को एक अखिल भारतीय पार्टी में संगठित करने में पहल की शचीन्द्रनाथ सान्याल ने। इसी उद्देश्य से उन्होंने 1923 के अंत में हिन्दुस्तान प्रजातंत्र संघ (हिन्दुस्तान रिपब्लिकन एसोसिएशन) की बुनियाद डाली। उन्होंने पार्टी का संविधान भी तैयार किया, जो पीले काग़ज़ पर छपा था और इसीलिए वह 'पीला पर्चा' के नाम से मशहूर है। एक और महत्त्वपूर्ण दस्तावेज़, जो उन्होंने तैयार किया वह था हिन्दुस्तान प्रजातंत्र संघ का घोषणापत्र, जिसका शीर्षक था 'दि रिवोल्यूशनरी'। यह दस्तावेज़ पहली जनवरी, 1925 की रात में पूरे उत्तर भारत में बाँटा गया था। 1917 की अक्टूबर क्रांति से प्रभावित होकर घोषणापत्र में भारतीय क्रांतिकारियों के उद्देश्य का ऐलान नीचे लिखे शब्दों में किया गया था–

"राजनीति के क्षेत्र में क्रांतिकारी पार्टी का तात्कालिक उद्देश्य संगठित सशस्त्र क्रांति द्वारा भारत के संयुक्त राज्यों का एक संघीय गणराज्य (फेडरल रिपब्लिक ऑफ यूनाइटेड स्टेट्स ऑफ इण्डिया) स्थापित करना है। इस गणराज्य के अंतिम संविधान का निर्माण एवं घोषणा तब होगी, जब सम्पूर्ण भारत के प्रतिनिधि अपने निर्णयों को लागू करने में सक्षम होंगे। लेकिन इस गणराज्य का मूलभूत सिद्धांत सार्वजनिक मताधिकार पर और शोषण पर आधारित ऐसी समस्त व्यवस्थाओं की समाप्ति पर आधारित होगा, जो मनुष्य द्वारा मनुष्य के शोषण को संभव बनाती हैं। इस गणराज्य में मतदाताओं को, यदि वे चाहें तो, प्रतिनिधियों को वापस बुलाने का अधिकार होगा अन्यथा प्रजातंत्र एक माखौल बनकर रह जायेगा।"

घोषणापत्र में कहा गया था कि "यह क्रांतिकारी पार्टी इन अर्थों में राष्ट्रीय न होकर अंतरराष्ट्रीय है कि इसका अंतिम उद्देश्य विश्व में मेल एवं सामंजस्य स्थापित करना है। यह विभिन्न राष्ट्रों और राज्यों के बीच प्रतिद्वन्द्विता के बजाय सहयोग

चाहती है; और इन अर्थों में वह भारत के उज्ज्वल अतीत के महान ऋषियों एवं आज के बोल्शेविक रूस का अनुसरण करेगी।"[25]

घोषणापत्र में सांप्रदायिक समस्या के बारे में, जनता के आर्थिक एवं सामाजिक हितों के सवाल पर और कांग्रेस तथा अन्य राजनीतिक पार्टियों के बारे में क्रांतिकारियों के दृष्टिकोण को स्पष्ट किया गया था।

इन सभी सवालों पर घोषणापत्र का दृष्टिकोण निश्चित रूप से अतीत का दामन छोड़कर समाजवाद का और सोवियत रूस को 'विजयी समाजवाद का पहला देश' कहकर उसका स्वागत करता है। उसमें हमें राष्ट्रीय आज़ादी के लिए चलने वाले आन्दोलनों के अंतरराष्ट्रीय चरित्र की समझ भी देखने को मिलती है। हालाँकि यह समझ अभी बहुत साफ नहीं है। स्वतंत्र भारत की सामाजिक-आर्थिक व्यवस्था कैसी होगी, घोषणापत्र में उस पर भी प्रकाश डालने का प्रयास किया गया है और इस उद्देश्य की पूर्ति के लिए मजदूरों और किसानों को संगठित करने की आवश्यकता को भी स्वीकार किया गया है। लेकिन इसका यह मतलब नहीं कि घोषणापत्र का लेखक मार्क्सवादी था या उसने वैज्ञानिक समाजवाद के सारतत्त्व को आत्मसात कर लिया था। उसका झुकाव खासतौर पर ईश्वर और रहस्यवाद की ओर है। घोषणापत्र के अनुसार–"पार्टी का उद्देश्य सत्य को प्रस्थापित करना और उसका प्रचार करना है। विश्व न माया है और न भ्रम, कि उसकी तरफ से आँख बन्द कर ली जाये और उसकी उपेक्षा की जाये। वह एक अविभाज्य आत्मा का प्रकट स्वरूप है आत्मा जो शक्ति, ज्ञान और सौन्दर्य का सर्वोच्च उद्‌गम है।" लेखक मार्क्सवाद के आर्थिक पक्ष को स्वीकार करता है, जो काकोरी से पहले के क्रांतिकारियों के मुकाबले निश्चय ही एक आगे बढ़ा हुआ कदम है। लेकिन जहाँ तक मार्क्सवाद के दार्शनिक पक्ष का सवाल है, लेखक भौतिकवाद को न मानकर भगवान और धैर्य पर अडिग रहता है। आगे चलकर सान्याल जी स्वयं लिखते हैं–"कम्युनिस्ट दर्शन में इतिहास के भौतिकवादी विश्लेषण का एक महत्त्वपूर्ण स्थान है। और इतिहास की भौतिकवादी व्याख्या में वर्ग-संघर्ष की अवधारणा शुरू से आख़िर तक लगातार मौजूद है...मैं आज भी इन सिद्धांतों को स्वीकार नहीं कर पाया हूँ..।"[26]

एक और महत्त्वपूर्ण मुद्दा जिस पर उनका कम्युनिज़्म से मतभेद था, वश था सर्वहारा वर्ग के नेतृत्व की अवधारणा। उनका यह मत था कि, "सिर्फ़ मध्यम वर्ग के नौजवान ही नेतृत्व प्रदान करने की क्षमता रखते हैं, जबकि मजदूर और किसान क्रांतिकारी सेना के सिपाही का काम करेंगे।"[27]

शचीन्द्रनाथ सान्याल और उनके समय के अन्य क्रांतिकारियों की सैद्धान्तिक मान्यताओं का सत्येन्द्र नारायण मजूमदार ने अपनी पुस्तक इन सर्च ऑफ ए रिवोल्यूशनरी आइडियालोजी एण्ड रिवोल्यूशनरी प्रोग्राम में संक्षेप में बड़ा अच्छा खुलासा प्रस्तुत किया है। दोनों दस्तावेज़ों 'क्रांतिकारी' और 'हिन्दुस्तान प्रजातंत्र संघ' के संविधान पर टिप्पणी करते हुए उन्होंने लिखा है–"यह दोनों दस्तावेज़ उन क्रांतिकारियों की सोच का प्रतिनिधित्व करते हैं, जो उन दिनों साम्यवाद की तरफ आकर्षित हो रहे थे।"[28] इसके बाद दोनों दस्तावेज़ों की विशिष्टताओं का उल्लेख करते हुए वे लिखते हैं–"इन दोनों दस्तावेज़ों की विशिष्टताएँ हैं–(क) समाजवाद की विजय-पताका फहराने वाले पहले देश के रूप में बोल्शेविक रूस के प्रति और साम्यवाद के प्रति स्पष्ट झुकाव; (ख) राष्ट्रीय मुक्ति के लिए क्रांति के अंतरराष्ट्रीय चरित्र को समझने की शुरुआत, हालाँकि यह समझ अभी बहुत साफ नहीं थी; (ग) स्वतंत्र भारत की सामाजिक तथा आर्थिक व्यवस्था की रूपरेखा तैयार करने की कोशिश; (घ) मजदूरों और किसानों को संगठित करने के लिए कृत-संकल्प होना; (ङ) पार्टी में जनवादी-केंद्रीयता के सिद्धांत का प्रवेश।"[29]

दोनों दस्तावेज़ों की कमजोरियों को मजूमदार ने इस प्रकार गिनाया है–"(क) साम्यवाद के प्रति झुकाव अवश्य था; लेकिन अभी तक साम्यवाद के अध्ययन का ठोस आधार उसे नहीं मिला था; (ख) राष्ट्रीय मुक्ति संघर्ष में मजदूरों और किसानों की भूमिका के वास्तविक महत्त्व को स्पष्ट रूप से नहीं समझा गया था; (ग) घोषणापत्र का लेखक अभी तक धार्मिक रहस्यवाद के प्रभाव से ग्रस्त है; (घ) घोषणापत्र यह समझने में असफल रहा कि आतंकवाद का मुक़ाबला करने के लिए जवाबी आतंकवादी अभियान का मजदूरों और किसानों को संगठित करने के कार्य से सामंजस्य बैठाना अव्यावहारिक है; (ङ) राष्ट्रीय स्थिति का गलत विश्लेषण देते हुए घोषणापत्र में कहा गया था कि 'हमारे जीवन के हर क्षेत्र में चरम असहायत्व की भावना विद्यमान है और आतंकवाद उसमें यथोचित उत्साह पैदा करने का प्रभावकारी साधन' आदि। जबकि उस समय तक भारत की मेहनतकश जनता संघर्ष की राह पर कूच कर चुकी थी। उसका अगुवा दस्ता मजदूर वर्ग निर्मम पुलिस-दमन के बावजूद लगातार और बहादुरी के साथ शानदार लड़ाइयाँ लड़ रहा था।"[30]

बंगाल में भी उसी दिशा में विकास हो रहा था। वहाँ अनुशीलन और युगान्तर के कई नेताओं ने सोवियत रूस तथा कम्युनिज़्म में दिलचस्पी लेनी शुरू कर दी थी। लेकिन यह दिलचस्पी साम्यवाद के अध्ययन पर या अक्टूबर क्रांति और उसकी विशिष्टता की ठीक समझ पर आधारित नहीं थी। वे सोवियत यूनियन और

कोमिन्टर्न को "हथियार तथा अन्य प्रकार की सहायता, मसलन बम बनाने की शिक्षा आदि प्राप्त करने के एक सम्भावित स्रोत के रूप में देखते थे। लेकिन जब उन्हें पता चला कि सोवियत यूनियन और कम्युनिस्ट इंटरनेशनल दोनों ही जनता से अलग किसी प्रकार की सशस्त्र गतिविधियों को प्रोत्साहन नहीं देते हैं, तो उनकी दिलचस्पी ठंडी पड़ गयी।[31]

उस समय अर्थात तीसरे दशक के उत्तरार्ध में भारतवर्ष में कम्युनिस्ट विचारधारा जनप्रिय हो रही थी। अक्टूबर क्रांति और रूस के ख़िलाफ़ साम्राज्यवादी हस्तक्षेप की पराजय के अलावा इस बदलाव के कुछ अन्य कारण भी थे। यथा–(क) पेशावर और कानपुर के बोल्शेविक षड्यंत्र केस। (ख) देश के कई भागों में किसानों के जुझारू संघर्ष। (ग) मजदूरों की देशव्यापी बड़ी-बड़ी हड़तालें। (घ) मजदूर-किसान पार्टी का गठन। (ङ) देश के विभिन्न कम्युनिस्ट ग्रुपों को मिलाकर एक अखिल भारतीय पार्टी के गठन का प्रयास। राष्ट्रीय तथा अंतरराष्ट्रीय पैमाने पर घटित इन घटनाओं से प्रभावित होकर अनुशीलन के कुछ कार्यकर्ता पार्टी से अलग होकर कम्युनिस्ट आन्दोलन में चले गये। अनुशीलन में उनका अच्छा सम्मान था और क्रांतिकारी युवकों में साम्यवाद को जनप्रिय बनाने में उन लोगों की काफी हद तक महत्त्वपूर्ण भूमिका थी।

हिन्दुस्तान समाजवादी प्रजातंत्र संघ का गठन

संयुक्त प्रान्त (अब उत्तर प्रदेश) में 1925 में क्रांतिकारी पार्टी के प्रायः सभी प्रमुख नेता काकोरी षड्यंत्र केस के सिलसिले में पकड़कर जेल में बन्द कर दिये गये थे। इसमें हिन्दुस्तान प्रजातंत्र संघ के संगठन को बहुत बड़ा धक्का लगा। केवल चन्द्रशेखर आज़ाद और कुन्दनलाल गुप्त ही पुलिस के चंगुल से बचकर निकल पाये थे। इनके अतिरिक्त बाहर जो साथी रह गये थे, वे सब दूसरी पंक्ति के सिपाही थे। पार्टी को फिर से संगठित करने का दायित्व इन्हीं दूसरी पंक्ति के साथियों पर पड़ा। उस समय अर्थात 1925 में कुछ क्रांतिकारी लाहौर में सक्रिय थे और कुछ कानपुर में फिर से काम आरम्भ करने का प्रयास कर रहे थे। सैद्धान्तिक दृष्टिकोण से उस समय तक इन दोनों केंद्रों के साथियों के दिमाग साफ नहीं थे। हाँ, एक सही सिद्धांत की तलाश अवश्य आरम्भ हो गयी थी। इस दिशा में दोनों केंद्रों के साथियों को योग्य मार्गदर्शक भी मिल गये थे।

इस समय (1925-26) लाहौर के साथी, खासकर भगतसिंह और सुखदेव, रूसी अराजकतावादी बाकुनिन से प्रभावित थे। भगतसिंह को अराजकतावाद से समाजवाद की ओर लाने का श्रेय दो व्यक्तियों को है–कामरेड सोहनसिंह जोश जो

अब हमारे बीच में नहीं हैं और लाला छबीलदास। जोश एक मशहूर कम्युनिस्ट नेता और किरती नाम की पंजाबी मासिक पत्रिका के संपादक थे। वे भगतसिंह से विभिन्न विषयों पर बातचीत करते और उन्हें किरती में लिखने के लिए प्रोत्साहित करते थे। लाला छबीलदास 'तिलक स्कूल ऑफ पॉलिटिक्स', जो नेशनल कॉलेज के नाम से भी प्रसिद्ध था, के प्रधानाचार्य थे। वे नौजवान क्रांतिकारियों को बतलाते रहते थे कि क्या पढ़ें और कैसे पढ़ें। भगवतीचरण वोहरा का समाजवाद की तरफ आरम्भ से ही रुझान था। सोहनसिंह जोश का सारा मार्ग-दर्शन और लाला छबीलदास के किताबों के बारे में सारे सुझाव पुस्तकों के अभाव में व्यर्थ ही रह जाते। इस आवश्यकता को कुछ हद तक पूरा किया लाला लाजपत राय की 'द्वारकादास लाइब्रेरी' ने। इस पुस्तकालय में राजनीति संबंधी पुस्तकों का अच्छा संग्रह था, जिनमें मार्क्सवादी और सोवियत रूस पर ऐसी पुस्तकें भी शामिल थीं, जिन्हें सरकार ने जब्त नहीं किया था।

लाहौर के क्रांतिकारियों ने उस पुस्तकालय से पूरा लाभ उठाया। उस काम में उन्हें पुस्तकालय के अध्यक्ष और क्रांतिकारियों के हमदर्द श्री राजाराम शास्त्री (अब स्वर्गीय) से काफी सहायता मिलती थी। पुस्तकें प्राप्त करने का एक और भी सोर्स था 'रामकृष्ण एण्ड सन्स' नाम की किताबों की एक दुकान। यह दुकान अनारकली बाज़ार में थी और उसके पास इंग्लैंड से जब्तशुदा पुस्तकें मँगवाने की अच्छी व्यवस्था थी। पंजाब के क्रांतिकारियों ने, खासकर भगतसिंह और भगवतीचरण वोहरा ने, इन सुविधाओं से पूरा लाभ उठाया। श्री राजाराम शास्त्री ने एक बार इन पंक्तियों के लेखक से कहा था कि भगतसिंह वस्तुतः पुस्तकों को पढ़ता नहीं निगलता था, लेकिन फिर भी उसकी ज्ञान की पिपासा सदा अनबुझी ही रहती थी। भगतसिंह पुस्तकों का अध्ययन करता, नोट्स बनाता, अपने साथियों से उन पर विचार-विमर्श करता, अपनी समझ को नये ज्ञान की कसौटी पर आत्मालोचनात्मक ढंग से परखने का प्रयास करता और इस प्रक्रिया में अपनी समझ में जो-जो गलतियाँ दिखलाई पड़ती उन्हें सुधारने की कोशिश करता। इन सब बातों ने पंजाब ग्रुप को तेजी के साथ आगे बढ़ने में मदद की। परिणामस्वरूप 1928 के आरम्भ में उन्होंने अराजकतावाद को छोड़कर समाजवाद को ध्येय के रूप में स्वीकार कर लिया। इसका यह मतलब नहीं कि उन्होंने मार्क्सवाद को पूरी तरह से समझ लिया था। अतीत के प्रभाव से अभी पूरी तरह छुटकारा नहीं मिल पाया था।

कानपुर के साथी भी ठीक उसी दिशा में आगे बढ़ रहे थे, हालाँकि उनकी आगे बढ़ने की गति में वह तेजी नहीं थी, जो लाहौर के साथियों में थी। कानपुर में राधामोहन गोकुल जी, सत्यभक्त और मौलाना हसरत मोहानी अपने को कम्युनिस्ट

कहते थे। इनमें से राधामोहन जी का नाम विशेष रूप से उल्लेखनीय है। उनके पास पुस्तकों का अच्छा संग्रह था। अध्ययनशील व्यक्ति होने के साथ ही वे एक सशक्त लेखक भी थे। सन् 1927 में उन्होंने एक पुस्तक लिखी थी "कम्युनिज़्म क्या है?" सरल और सीधी-सादी भाषा में इस पुस्तक के माध्यम से उन्होंने हिन्दी के पाठकों के सामने कम्युनिस्ट सिद्धांत के प्रमुख मुद्दों को प्रस्तुत किया था। इन पंक्तियों के लेखक को भी कम्युनिज़्म का पहला सबक राधामोहन जी से ही मिला था। राधामोहन जी कट्टर नास्तिक थे। ईश्वर, धर्म, अन्धविश्वास आदि पर उन्होंने पत्र-पत्रिकाओं में काफी कुछ लिखा था। उनका यह रूप देखकर हिन्दी के उपन्यास-सम्राट प्रेमचन्द ने उन्हें 'आधुनिक चार्वाक' कहकर पुकारा था।

सत्यभक्त का कम्युनिज़्म अध्यात्मवादी रंग का था और मौलाना हसरत मोहानी के विचार कम्युनिज़्म और इस्लाम की खिचड़ी कहे जा सकते हैं। इन कमजोरियों के बावजूद सोवियत रूस और साम्यवाद को हिन्दी भाषा-भाषी जनता के बीच जनप्रिय बनाने में इन तीनों की भूमिका से इनकार नहीं किया जा सकता। कानपुर के युवा क्रांतिकारियों ने समाजवाद की प्रथम दीक्षा इन्हीं महानुभावों से प्राप्त की थी। शौकत उस्मानी भी विजय कुमार सिन्हा के माध्यम से कानपुर ग्रुप के संपर्क में थे, लेकिन हम लोगों को उनसे किसी प्रकार का सैद्धान्तिक मार्गदर्शन नहीं मिल सका था। श्री गणेशशंकर विद्यार्थी से भी, जो कानपुर की बहुत बड़ी मशहूर हस्ती थे, क्रांतिकारियों को हर तरह की सहायता मिलती रहती थी। वे राजनीतिक अध्ययन और जनता के बीच काम पर विशेष रूप से बल देते थे।

इस सबके परिणामस्वरूप कानपुर के साथियों का झुकाव भी समाजवाद की तरफ हो गया था। लेकिन यह झुकाव बुद्धिसंगत होने के बजाय भावात्मक अधिक था। उस समय तक कानपुर ग्रुप चन्द्रशेखर आज़ाद और कुन्दनलाल गुप्त से संपर्क स्थापित कर चुका था। यह दोनों साथी काकोरी षड्यंत्र केस में फरार घोषित किये जा चुके थे।

यह थी पृष्ठभूमि जब 1928 के आरम्भ में भगतसिंह ने विभिन्न दलों को मिलाकर क्रांतिकारियों का एक अखिल भारतीय संगठन बनाने का विचार अपने साथियों के सामने रखा। उनके प्रस्ताव इस प्रकार थे-(क) समय आ गया है कि हम समाजवाद को साहस के साथ अपना अंतिम लक्ष्य घोषित करें। (ख) पार्टी का नाम तदनुसार बदला जाना चाहिए ताकि लोग जान सकें कि हमारा अंतिम लक्ष्य क्या है। (ग) हमें सिर्फ़ उन्हीं कामों को हाथ में लेना चाहिए, जिनका सीधा संबंध जनता की जरूरतों और भावनाओं से हो सकता है और हमें मामूली पुलिस अधिकारियों

अथवा भेदियों को मारने में अपनी शक्ति और समय का अपव्यय नहीं करना चाहिए। (घ) धन के लिए हमें सरकारी ख़ज़ाने पर ही हाथ डालना चाहिए और यथासंभव निजी घरों पर कार्रवाई नहीं करनी चाहिए। और (ङ) सामूहिक नेतृत्व के सिद्धांत का कड़ाई से पालन करना चाहिए।

भगतसिंह ने इन सब मुद्दों पर लाहौर और कानपुर के अपने साथियों के साथ विचार-विमर्श किया और चन्द्रशेखर आज़ाद तथा कुन्दनलाल की सहमति भी ले ली। इसके बाद यह तय किया गया कि विभिन्न प्रान्तों के प्रतिनिधियों की एक बैठक 8 और 9 सितम्बर, 1928 को दिल्ली में आयोजित की जाये। पाँच प्रान्तों के प्रतिनिधियों को इसके लिए आमन्त्रित किया गया लेकिन इनमें से चार प्रान्तों ने ही अपनी स्वीकृति दी। बंगाल को मीटिंग में भाग लेने के लिए हम राज़ी नहीं कर पाये।

इस संबंध में एस.एन. मजूमदार ने लिखा है कि–"हिन्दुस्तान रिपब्लिकन एसोसियेशन के बंगाल के प्रतिनिधियों ने मीटिंग में भाग नहीं लिया क्योंकि ऐसा कहा जाता है कि वे आतंकवाद तथा हिंसा के ख़िलाफ़ थे।" यह सही नहीं है। पार्टी की ओर से स्वयं मुझे ही अगस्त 1928 के अंतिम सप्ताह में कलकत्ता भेजा गया था ताकि बंगाल के साथियों के साथ प्रस्तावों पर बातचीत करके उन्हें दिल्ली मीटिंग में आने के लिए आमंत्रित किया जा सके। संपर्क मिला था वाराणसी के एक तारापद भट्टाचार्य से। कलकत्ते में मेरा परिचय जिन सज्जन से कराया गया उनके बारे में कहा गया कि वे अभी-अभी जेल से छूटकर आये हैं। देखने से वे बुजुर्ग लगते थे, उनका शरीर मोटा और थुलथुला था और उनका व्यवहार बड़ा ही अरुचिकर था। उनकी बातचीत और हाव-भाव से मुझे यह समझने में देरी नहीं लगी कि मैं जिस व्यक्ति से मिल रहा हूँ, वह तानाशाही प्रवृत्ति वाला एक दम्भी एवं बड़ा अहंकारी व्यक्ति है। चार-पाँच नौजवान लड़के, जो बराबर वहाँ मौजूद रहे, उन्हें सुशील दा कहकर संबोधित करते थे। मैंने जैसे ही उनके कमरे में प्रवेश किया वैसे ही उन्होंने यू.पी. ग्रुप को काकोरी काण्ड के लिए डाँटना-फटकारना शुरू कर दिया–"तुम लोगों ने यह काम हम लोगों से पूछे बग़ैर क्यों किया? और अब सारा संगठन चौपट कर देने के बाद हमसे सहायता माँगने आने से क्या फायदा?" मैंने उनसे कहा कि मैं आपसे कोई सहायता माँगने नहीं आया हूँ, बल्कि कुछ मुद्दों पर बातचीत करने और आपको दिल्ली मीटिंग के लिए आमंत्रित करने आया हूँ। इसके बाद मैंने एक-एक करके सभी प्रस्तावों के बारे में उन्हें बतलाया और उनसे दिल्ली मीटिंग में भाग लेने का अनुरोध किया। उन्होंने कहा कि वे अपनी शर्तों पर ही मीटिंग में भाग ले सकेंगे और मुझसे यह आश्वासन माँगा कि उनकी शर्तें मान ली

जायेंगी। उनकी शर्तें इस प्रकार थीं–(क) कि हम लोग समाजवाद या कम्युनिज़्म से कोई सरोकार नहीं रखेंगे। (ख) कि पार्टी का नाम नहीं बदला जायेगा। (ग) कि सरकार से सीधे भिड़ा देने वाले काकोरी जैसे काम भविष्य में हमसे पूछे बग़ैर नहीं किये जायेंगे। (घ) कि केंद्रीय कमेटी जैसी कोई चीज़ नहीं होगी, और हम लोगों को केवल उन्हीं के माध्यम से बंगाल के मातहत रहकर काम करना होगा। (ङ) कि हम लोगों को अपनी गतिविधियाँ सिर्फ़ संगठन बनाने, हथियार और पैसा जमा करने तक ही सीमित रखनी होंगी। (च) कि पैसे के लिए सिर्फ़ अराजनीतिक कामों की ही इजाज़त होगी। मैंने उन्हें इस बात पर राज़ी करने की कोशिश की कि वे बग़ैर किसी प्रकार की शर्तें लगाये खुले दिल से मीटिंग में आयें और सभी बातों पर बहस में हिस्सा लें। उन्होंने मेरी बात मानने से साफ इनकार कर दिया। चूँकि उनकी सभी शर्त हमारे प्रस्तावों से बिलकुल भिन्न थीं इसलिए मैंने विनम्रतापूर्वक उनकी शर्तें मानने से इनकार कर दिया। इन कारणों से दिल्ली मीटिंग बंगाल के साथियों की अनुपस्थिति में ही करनी पड़ी।

दिल्ली मीटिंग और उसके बाद

आठ सितम्बर, 1928 को मीटिंग में भाग लेने के लिए चार प्रान्तों का प्रतिनिधित्व करने वाले कुल मिलाकर दस साथी कोटला फिरोजशाह में जमा हुए थे। इनमें दो बिहार से दो पंजाब से एक राजस्थान से और पाँच संयुक्त प्रान्त (अब उत्तर प्रदेश) से थे। यू.पी. के पाँच साथियों में से भी दो ने मीटिंग में बैठने से इनकार कर दिया क्योंकि बाकी साथियों ने उनकी कुछ शर्तें नहीं मानीं। इस प्रकार केवल आठ साथियों ने ही बातचीत में भाग लिया। आज़ाद को सुरक्षा की दृष्टि से दिल्ली नहीं लाया गया था। लेकिन उनसे सभी मुद्दों पर पूर्वस्वीकृति प्राप्त कर ली गयी थी। मीटिंग में दो दिन की बहस के बाद भगतसिंह द्वारा रखे गये सभी प्रस्तावों को दो के ख़िलाफ़ छः के बहुमत से स्वीकार कर लिया गया। फणीन्द्रनाथ घोष और मनमोहन बनर्जी (दोनों बिहार से) ने समाजवाद को पार्टी के अंतिम लक्ष्य के रूप में अपनाये जाने और पार्टी का नाम बदलने के प्रस्ताव का विरोध किया। आगे चलकर जब दिसम्बर 1928 में भगतसिंह कलकत्ता गये और त्रैलोक्य चक्रवर्ती तथा प्रतुल गांगुली, जो उस समय तक जेल से छूटकर बाहर आ चुके थे, से मिले तो उन्होंने बताया कि दिल्ली मीटिंग के लिए बंगाल को आमंत्रित करने के लिए जो साथी पहले आये थे, उनको दुर्भाग्यवश एक गलत आदमी से मिला दिया गया था। भगतसिंह ने दोनों नेताओं को दिल्ली के फैसलों से अवगत कराया और सभी मुद्दों पर उनकी सहमति भी प्राप्त कर ली।

वे हममें से कुछ साथियों को बम बनाने का प्रशिक्षण देने के लिए यतीन्द्रनाथ दास को आगरा भेजने के लिए भी सहमत हो गये।

1928 के आते-आते हम लोगों ने समाजवाद को सिद्धांत के रूप में स्वीकार कर लिया था, लेकिन अमल में हम पर अतीत का साया अब भी हावी था। फिर भी यह कहना गलत होगा कि सांडर्स वध और केंद्रीय असेम्बली में बम फेंकने के पीछे भगतसिंह की किसी प्रकार की मानसिक कुण्ठा या निराशा काम कर रही थी जैसा कि एस.एन. मजूमदार ने साबित करने की कोशिश की है। वे लिखते हैं– "त्रैलोक्य चक्रवर्ती ने उन्हें (भगतसिंह को) पाँच हज़ार की एक युवा वालंटियर वाहिनी संगठित करने की सलाह दी जैसी कि कांग्रेस के कलकत्ता अधिवेशन के समय (दिसम्बर 1928) संगठित की गयी थी। चक्रवर्ती ने आगे लिखा है कि भगतसिंह ने उनकी सलाह पर अमल करने की कोशिश की लेकिन असफल रहा। इसने उसके दिमाग में कुण्ठा और निराशा को जन्म दिया और कुछ सनसनीखेज काम की अनिवार्य आवश्यकता के बारे में उसके विश्वास को और पक्का कर दिया। शीघ्र ही उसके बाद असेम्बली में बम फेंकने की घटना हुई।"[32]

यह सारी कहानी तथ्यों से मेल नहीं खाती है। पहली बात तो यह कि भगतसिंह ने कभी कोई बड़ा राजनीतिक कदम पार्टी की केंद्रीय कमेटी को विश्वास में लिये बग़ैर नहीं उठाया। पाँच हज़ार नौजवानों की एक वालंटियर सेना गठित करने का प्रश्न कभी भी केंद्रीय समिति के सामने बहस के लिए नहीं आया। दूसरी बात यह कि इस प्रकार की किसी वालंटियर सेना का विचार हवा में पुल बाँधने जैसा विचार था। चार-पाँच दिनों के लिए थैलियों के सहारे खुले तौर पर पाँच हज़ार की वालंटियर सेना (कांग्रेस द्वारा-स.) खड़ी कर लेना एक बात थी, लेकिन गुप्त क्रांतिकारी काम के लिए राजनीतिक तौर पर सजग प्रशिक्षित और अनुशासित नौजवानों की इतनी बड़ी सेना कुछ महीनों में खड़ी कर लेना संभव भी नहीं था। यहाँ यह बात भी ध्यान में रखनी चाहिए कि भगतसिंह कलकत्ते से जनवरी 1929 के पहले सप्ताह में वापस आये। फरवरी में जब यतीन्द्रनाथ दास आगरा आये तो हममें से हर कोई किसी-न-किसी रूप में बम फैक्ट्री स्थापित करने के काम में व्यस्त हो गया था। फिर मेरठ की गिरफ़्तारियों से पहले फरवरी के अंत में आगरा में ही असेम्बली में बम फेंकने का फैसला लिया गया। ऐसी स्थिति में भगतसिंह का त्रैलोक्य बाबू की सलाह पर अमल करने का प्रयास करना, विफल होना, निराशा और पस्ती का शिकार होना आदि का प्रश्न नहीं उठता था। इस प्रकार की असफलता, निराशा, कुण्ठा आदि की मनगढ़ंत बातों से असेम्बली में बम फेंकने के

काम का राजनीतिक महत्त्व ही समाप्त हो जाता है और वह एक व्यक्ति की कुण्ठा और निराशा का परिणाम मात्र रह जाता है।

ऐसी ही हानिकारक और असेम्बली में बम फेंकने के महत्त्व को कम करने वाली कहानी मन्मथनाथ गुप्त ने दी है। सुखदेव राज (शहीद सुखदेव नहीं), जो 1928 और 29 के पूर्वार्ध में कहीं भी तसवीर में नहीं था, द्वारा प्रसारित एक सौ फीसदी मनगढ़ंत कहानी को आधार बनाकर गुप्त जी ने कहा है कि पार्टी असेम्बली में बम फेंकने के लिए सुखदेव तथा बटुकेश्वर दत्त को भेजने के पक्ष में थी। लेकिन भगतसिंह के प्रति व्यक्तिगत ईर्ष्या के कारण उसने भगतसिंह को बी. के. दत्त के साथ जाने के लिए मजबूर कर दिया। चन्द्रशेखर आज़ाद और दूसरे लोग बम फेंकने के बाद सदन से निकल आने के पक्ष में थे। लेकिन भगतसिंह इसके लिए राजी नहीं हुए। उनका तर्क था कि जनता को जगाने के लिए उच्चतम बलिदान की आवश्यकता है।[33]

यहाँ पर यह कहना गलत है कि असेम्बली में बम फेंकने के लिए सुखदेव को चुना गया था। आगरे में केंद्रीय कमेटी की पहले दिन की मीटिंग में जो दो नाम तय हुए थे, वे थे बटुकेश्वर दत्त और विजय कुमार सिन्हा। इस काम के लिए किसी भी स्तर पर सुखदेव का नाम कमेटी में विचारार्थ नहीं आया। हमारे सामने विचार-विमर्श का मुख्य विषय राजनीति था, न कि व्यक्तिगत ईर्ष्या या वैरभाव, जो सौभाग्यवश उस समय हमारे बीच में नहीं था। इसमें संदेह नहीं कि असेम्बली में बम फेंकने के लिए विजय कुमार सिन्हा के स्थान पर भगतसिंह को भेजने के लिए सुखदेव पूरी तरह उत्तरदायी था। उसने यह इसलिए किया क्योंकि वह ईमानदारी के साथ विश्वास करता था कि भगतसिंह के अलावा और किसी के जाने से काम का राजनीतिक उद्देश्य पूरा नहीं होगा। जहाँ तक उच्चतम बलिदान का सवाल है, क्रांतिकारी आन्दोलन में बलिदान की कमी नहीं रही (और हर बलिदान उच्चतम होता है)। ऐसा नहीं था कि भगतसिंह एक निराश एवं विफल मनोरथ नौजवान था, जिसने असेम्बली में बम फेंककर आत्महत्या करने का एक आसान रास्ता निकाल लिया था।

असेम्बली में बम फेंकने का फैसला कैसे और कब लिया गया?

राष्ट्रीय मुक्ति संघर्ष के इतिहास में तीसरे दशक के अंतिम वर्ष, खासकर 1928-30 के वर्ष, बड़े ही महत्त्वपूर्ण थे। यही समय था जब वामपन्थी शक्तियों ने संगठित रूप से एवं दृढ़तापूर्वक बोलना आरम्भ कर दिया था। सर्वहारा वर्ग की बड़ी-बड़ी जुझारू हड़तालों ने देशव्यापी रूप धारण कर लिया था। मजदूरों की

संगठित ट्रेड यूनियन गतिविधियाँ बढ़ती जा रही थीं, जिसके फलस्वरूप मजदूर काम के हालातों में सुधार और मजदूरी में बढ़ोतरी के लिए और अधिक मुस्तैदी के साथ संघर्ष करने की स्थिति में आ गये थे। मजदूरों, नौजवानों और विद्यार्थियों में कम्युनिस्टों का प्रभाव तेजी के साथ बढ़ रहा था, देश में पहली बार बाएँ बाजू का राजनीतिक आन्दोलन सर उठा रहा था। उस समय की युवा पीढ़ी की सोच की दिशा का वर्णन करते हुए जवाहरलाल नेहरू ने लिखा है–"बुद्धिजीवियों, यहाँ तक कि सरकारी अफसरों में भी साम्यवाद और समाजवाद के अस्पष्ट विचार फैल चुके थे। कांग्रेस के नौजवान पुरुष और महिलाएँ जो पहले 'ब्राइस ऑन डिमोक्रेसी', मार्ले और कीथ और मैजिनी पढ़ा करते थे, अब जब भी उन्हें उपलब्ध होतीं तो समाजवाद, कम्युनिज़्म और रूस पर किताबें पढ़ते थे, इन नये विचारों की तरफ लोगों का रुझान पैदा करने में मेरठ षड्यंत्र केस ने काफी सहायता पहुँचाई थी। विश्व-आर्थिक संकट ने भी लोगों को इस तरफ ध्यान देने के लिए मजबूर कर दिया था। चारों तरफ जिज्ञासा की एक नयी भावना स्पष्ट दिखलाई पड़ रही थी–मौजूदा संस्थाओं के प्रति एक प्रश्नवाचक और चुनौती भरी जिज्ञासा। उस मानसिक तूफान का आम रुख स्पष्ट था। लेकिन वह अभी एक हलकी बयार थी–स्वयं अपने से अनभिज्ञ।"[34]

अंग्रेज़ साम्राज्यवादियों को इस सबसे चिंता हुई और उन्होंने आन्दोलन को प्रारम्भ में ही कुचल देने का फैसला किया। अधिकारी कितने घबड़ाये हुए थे और सरकार का दिमाग किस तरह काम कर रहा था, यह देखने के लिए एक मिसाल ही पर्याप्त होगी। गुप्तचर ब्यूरो के निदेशक सर डेविड पेट्रिक ने 'भारत में कम्युनिज़्म' पर अपनी रिपोर्ट में, जिसे उन्होंने 1929 में तैयार किया था, 'बोल्शेविक अभिशाप' के स्वरूप का नीचे लिखे शब्दों में वर्णन किया है–"सन् 1920 में तीसरी इण्टरनेशनल ने अपनी दूसरी कांग्रेस में जो थीसिस पास की थी उसमें सर सेसिल केए ने भारत के ख़िलाफ़ एक सुनिश्चित षड्यंत्र के कीटाणुओं को ठीक ही पहचाना था। उस थीसिस में कहा गया था उपनिवेशिक और अर्ध-उपनिवेशिक देशों का राष्ट्रीय आन्दोलन वस्तुगत दृष्टिकोण से और बुनियादी तौर पर क्रांतिकारी संघर्ष है और इसलिए वह विश्व-क्रांतिकारी संघर्ष का हिस्सा है। इसमें कोई संदेह नहीं हो सकता कि ग्रेट ब्रिटेन ने बोल्शेविक हमले का मुख्य प्रहार अपने ऊपर लिया है...क्योंकि वह विश्व-क्रांति, जिसे बोल्शेविक लोग अपनी अंतिम सफलता के लिए जरूरी शर्त मानते हैं, के ख़िलाफ़ मुख्य किलों में से एक है। बोल्शेविकों का यह विश्वास है कि ब्रिटिश साम्राज्य में भारत सबसे कमजोर बिन्दु है। और वे इसे धार्मिक विश्वास के रूप में दिल में सँजोये हुए

हैं कि जब तक भारत आज़ाद नहीं हो जाता तब तक रूस इंग्लैंड के अभिशाप से मुक्त नहीं हो सकेगा।"[35]

जे. केरर ने, जो उस समय भारत सरकार के होम मेम्बर थे, कहा था कि एक व्यवस्थित समाज के लिए कम्युनिज़्म के सिद्धांत और अमल से अधिक विध्वंसक और कोई चीज़ नहीं हो सकती।[36]

कम्युनिज़्म, बाएँ बाजू की शक्तियों और श्रमिक वर्ग के आन्दोलन को कुचलने के लिए सरकार ने केंद्रीय असेम्बली में दो बिल पेश करने का फैसला किया-पब्लिक सेफ्टी बिल और ट्रेड डिस्प्यूट्स बिल। पहला बिल उन लोगों के ख़िलाफ़ था, जो ब्रिटिश-भारत या किसी भारतीय रजवाड़े के निवासी नहीं थे। पहले बिल में गवर्नर जनरल को यह अधिकार दिया गया था कि वह अंग्रेज़ या अन्य विदेशी कम्युनिस्ट को भारत से निकाल दें। दूसरे बिल का उद्देश्य मजदूरों के ट्रेड यूनियन अधिकारों की कटौती करना था।

असेम्बली में पूरे विरोधी पक्ष ने, जनता ने और प्रेस ने दोनों बिलों का जमकर विरोध किया। इस चौमुखी विरोध को नज़रअन्दाज़ करते हुए सरकार ने 6 सितम्बर, 1928 को पब्लिक सेफ्टी बिल असेम्बली में पेश किया। 24 सितम्बर को सदन ने उसे नामंजूर कर दिया। जनवरी 1929 में कुछ फेरबदल के साथ सरकार ने उसे फिर असेम्बली के सामने रखा।[37]

जिस समय समाचार पत्रों में यह खबर छपी कि सरकार ने बिल को असेम्बली में फिर से पेश करने का फैसला कर लिया है उस समय भगतसिंह आगरे में था। इस समाचार पर उसकी, जो प्रतिक्रिया हुई वह बड़ी तीखी थी। उसने कहा कि सरकार के इस मनमानेपन के ख़िलाफ़ प्रतिवाद के रूप में कुछ-न-कुछ जरूर करना चाहिए। वह लाहौर गया, सुखदेव के साथ अपने प्रस्तावों पर बात की, वापस आया, केंद्रीय कमेटी की बैठक बुलायी और उसके सामने अपने प्रस्ताव रखे। संक्षेप में उसके प्रस्ताव इस प्रकार थे-(1) पार्टी को असेम्बली में बम फेंककर सरकार के इस सख़्त एवं हठी रवैये का विरोध करना चाहिए। (2) इस काम को करने के लिए जो साथी तैनात किये जायें वे काम के बाद भागने की कोशिश करने के बजाय वहीं आत्मसमर्पण कर दें और केस के दौरान अदालत को पार्टी के उद्देश्यों के प्रचार के लिए मंच के तौर पर इस्तेमाल करें; और (3) इस फैसले को कार्यान्वित करने के लिए एक और साथी के साथ उसे स्वयं जाने की अनुमति दी जाये। भगतसिंह के पहले दो सुझावों का केंद्रीय कमेटी के सभी सदस्यों ने स्वागत किया। लेकिन उसका तीसरा सुझाव किसी ने भी नहीं माना। यह मीटिंग आगरे में हुई थी

और पहले दिन सुखदेव उसमें उपस्थित नहीं था। वह दूसरे दिन आया। सुखदेव के आ जाने पर भगतसिंह को बल मिला और काफी बहस के बाद अंत में कमेटी ने भगतसिंह का तीसरा प्रस्ताव भी मान लिया।

दूसरा बिल (ट्रेड डिस्प्यूट बिल) असेम्बली में 4 सितम्बर, 1928 को पेश किया गया था। सदन ने उसे सेलेक्ट कमेटी के पास भेज दिया। वहाँ से कुछ फेर-बदल के साथ उसे 2 अप्रैल, 1929 को बहस के लिए असेम्बली के सामने फिर लाया गया। सदन ने 8 अप्रैल को 38 के ख़िलाफ़ कुछ वोटों से उसे पास कर दिया। जैसे ही अध्यक्ष महोदय वोटिंग का परिणाम घोषित करने के लिए उठे वैसे ही भगतसिंह और बटुकेश्वर दत्त ने दर्शक दीर्घा से असेम्बली भवन में बम फेंके और नारे लगाने के साथ-साथ पर्चे भी गिराये, जिनमें बम फेंकने के राजनीतिक उद्देश्य को स्पष्ट किया गया था। यह पर्चा उसी दिन हिन्दुस्तान टाइम्स के संध्याकालीन परिशिष्ट में प्रकाशित हो गया था। यह हमें क्रांतिकारी आन्दोलन के एक छोटे दौर में पहुँचा देता है, जिसका ज़िक्र लोग कभी-कभी आतंकवादी-साम्यवाद या टेरो-कम्युनिज़्म के नाम से करते हैं।

कम्युनिज़्म या आतंकवादी-साम्यवाद

लाहौर तथा कानपुर के क्रांतिकारियों ने 1926-27 से ही समाजवाद की ओर बढ़ना शुरू कर दिया था। आठ-नौ सितम्बर 1928 की दिल्ली मीटिंग में हालाँकि समाजवाद को सिद्धांत के रूप में और समाजवादी समाज की स्थापना को अंतिम उद्देश्य के रूप में स्वीकार कर लिया गया था, अमल में हम लोग उसी पुराने व्यक्तिवादी ढंग के कामों में ही लगे रहे। हम मजदूरों, किसानों, युवकों और मध्यवर्ग के बुद्धिजीवियों को संगठित करने की बात तो करते थे लेकिन पंजाब में नौजवान भारत सभा के गठन को छोड़कर और कहीं भी संजीदगी के साथ उस दिशा में कदम उठाने की कोशिश नहीं की गयी। उस मानी में हमारी वैज्ञानिक समाजवाद अर्थात मार्क्सवाद की समझ अधकचरी थी। मार्क्सवाद अमल को सिद्धांत से अलग करने की इजाज़त नहीं देता, यह बात हम समझ नहीं पाये थे और यह कि उसमें व्यक्तिगत कामों के लिए कोई स्थान नहीं है। हम हिंसात्मक गतिविधियों को, जिसमें जालिम सरकारी अधिकारियों की हत्या और छुटपुट विद्रोह शामिल थे, मजदूरों, किसानों, युवकों और विद्यार्थियों के जन-संगठन बनाने के काम में मिलाना चाहते थे। लेकिन अमल में हमारा जोर हिंसात्मक गतिविधियों और सशस्त्र कामों की तैयारी तक ही सीमित रहा। हमारा विश्वास था कि लोगों को नींद से जगाने के लिए और सरकारी दमन का जवाब देने के लिए यह सब आवश्यक है। कांग्रेस के कलकत्ता

अधिवेशन के अवसर पर दिसम्बर 1928 में भगतसिंह ने का. सोहनसिंह जोश से कहा था–"हम आपकी पार्टी के कामों से और उसके कार्यक्रम से सौ फीसदी सहमत हैं, लेकिन कभी-कभी ऐसे भी क्षण आते हैं जब जनता में विश्वास की भावना जागृत करने के लिए दुश्मन के प्रहार का सशस्त्र कामों द्वारा तत्काल जवाब देना आवश्यक हो जाता है।"[38] उस समय हमारे दिमाग इसी तरह काम कर रहे थे। हमारी समझ में निहित अंतर्विरोध का अपना तर्क था। मजदूरों-किसानों को संगठित करने का हमारा फैसला केवल एक पवित्र इरादा बनकर ही रह गया। हमारी शक्ति का अधिकांश हिस्सा प्रतिशोधात्मक कामों को संगठित करने में ही जाया हुआ।

हमारी गलत समझ को ठीक करने का एक प्रयास तीसरी इण्टरनेशनल ने किया था। यह प्रयास विदेश में गठित भारत की कम्युनिस्ट पार्टी द्वारा "राष्ट्रवादियों से अपील" के जरिये किया गया था। यह अपील 15 दिसम्बर, 1924 के वैनगार्ड के परिशिष्ट में प्रकाशित हुई थी। अपील में क्रांतिकारियों के बारे में कहा गया था–"गुप्त सभाओं द्वारा किये जाने वाले छुटपुट आतंकवादी काम भी कुछ कम प्रभावहीन नहीं हैं। इस प्रकार के व्यर्थ उग्रवाद को अपनाने वालों की क्रांति की समझ भी उतनी ही गलत है। समाज की मौजूदा स्थिति में ऐसी उम्मीद नहीं की जा सकती है कि राजनीतिक और सामाजिक क्रांतियाँ अहिंसात्मक होंगी या उनमें रक्तपात नहीं होगा। लेकिन हर रक्तपात या हिंसात्मक काम को क्रांति नहीं कहा जा सकता। एक खास सामाजिक व्यवस्था को या राजनीतिक संस्था को उसके चन्द समर्थकों को मारकर कभी भी समाप्त नहीं किया जा सकता है। और यह तो और भी नामुमकिन है कि थोड़े से सरकारी अफसरों को मारकर या ब्रिटिश पार्लियामेण्ट से बहुत से सुधार पास करवाकर देश की आज़ादी हासिल की जा सके। ये दोनों उपाय समान रूप से प्राणहीन हैं, क्योंकि इनमें से कोई भी बुराई की जड़ पर चोट नहीं करते। दोनों ही राजनीतिक भूल हैं। लेकिन आतंकवादियों को 'क्रांतिकारी अपराधी' कहना निपट मूर्खता है, क्योंकि 'संवैधानिकतावादी' निश्चित रूप से ग़ैर-क्रांतिकारी हैं और निर्णायक घड़ी आते ही वे प्रतिक्रियावादी हो जायेंगे।"[39]

उसी लेख में दूसरी जगह पर क्रांति की सही-सही परिभाषा दे दी गयी थी–

"क्रांति क्या है? भारत के राष्ट्रीय हलकों में इसके बारे में एक बड़ी गलत धारणा बनी हुई है। आमतौर पर क्रांति को बम रिवाल्वर और गुप्त संस्थाओं से जोड़ दिया जाता है। भारतीय राजनीतिक शब्दकोश में बहु-प्रचलित वाक्य 'क्रांतिकारी अपराध' क्रांति की इसी गलत अवधारणा की उपज है। बहरहाल, क्रांति इस सबसे कहीं अधिक गंभीर समस्या है। क्रांति एक महत्त्वपूर्ण ऐतिहासिक घटना है, जो प्रस्तुत

ऐतिहासिक युग का अंत और उसके स्थान पर एक नये युग का शुभारम्भ करती है। चूँकि जाने वाले समाज के प्रतिनिधि या दलाल आर्थिक वर्ग और राजनीतिक संस्थाएँ, जो उस समाज में प्रचलित हालातों से लाभान्वित होती रही हैं, एक भयानक प्रतिरोध के बग़ैर ऐसा कोई परिवर्तन नहीं होने देंगे, जिससे उनके प्रभुत्व का अंत हो जाये और जैसा कि आमतौर पर होता है, जिसका अंत उनके चौमुखी विनाश में हो जाये। इसीलिए आमतौर पर राजनीतिक हिंसा और सामाजिक उथल-पुथल 'क्रांति' कहलाने वाली ऐतिहासिक घटना के अंग बन जाते हैं।"[40]

सन् 1925 में यंग कम्युनिस्ट इण्टरनेशनल ने बंगाल के युवा क्रांतिकारी संगठन के नाम एक अपील शाया की थी। यह यंग कम्युनिस्ट इण्टरनेशनल के घोषणापत्र के रूप में थी, जो मासेज के जिल्द 1 नम्बर, 7 में प्रकाशित हुआ था। घोषणापत्र में इस बात को स्वीकार किया गया था कि पूरब के क्रांतिकारी नौजवान राष्ट्रीय आज़ादी की लड़ाई में बड़ी महत्त्वपूर्ण भूमिका अदा कर रहे हैं। जनता के लिए अपना जीवन बलिदान करने वाले 'हीरो-आतंकवादी' के साहस और बहादुरी के प्रति गहरा आदर व्यक्त करते हुए घोषणापत्र में कहा गया था कि-"एक क्रांतिकारी, जो जनता के लिए लड़ रहा है, उसे नैतिक अधिकार है कि वह जनता का गला घोंटने वालों और जल्लादों को रास्ते से हटा दे।"[41]

दुर्भाग्यवश इनमें से कोई भी दस्तावेज़ उस समय हमें नहीं मिला और हमें अपने अनुभवों के सहारे ही आगे बढ़ना पड़ा। व्यक्तिगत कामों का दायरा बहुत सीमित है यह समझने में हमें तीन साल लग गये। हम कदम-ब-कदम समाजवाद की तरफ बढ़ रहे थे। गिरफ़्तारी के बाद जेल में काफी समय मिला, पढ़ने के लिए काफी सामग्री मिली, आपस में बहस करने और अपने अतीत पर संजीदगी से सोचने का काफी मौका मिला और तब कहीं जाकर हम सही नतीजे पर पहुँच पाये।

इसका यह मतलब नहीं कि जिस दौर की समीक्षा की जा रही है, उसमें सकारात्मक कुछ था ही नहीं। उसकी कमजोरियों के साथ ही उसके कुछ सकारात्मक और मजबूत पहलू भी थे। मैं अपनी और अपने साथियों की समझ की खास कमियों पर रोशनी डाल चुका हूँ। संक्षेप में फिर से दोहरा दूँ, पहली बात तो यह कि हमारा कम्युनिज़्म को स्वीकार करना मार्क्सवाद के सही अध्ययन पर आधारित नहीं था। दूसरी कमजोरी थी मजदूरों और किसानों को संगठित करने और जवाबी आतंकवाद के बीच तालमेल बिठलाने की अव्यावहारिकता को न समझ पाना।

इन सारी कमियों और सीमाओं के बावजूद इस थोड़े समय तक चलने वाले चर्चित दौर के खाते में कुछ बहुत महत्त्वपूर्ण उपलब्धियाँ भी हैं। लाहौर की नौजवान

भारत सभा का घोषणापत्र (1928), असेम्बली बम केस के दौरान भगतसिंह और बटुकेश्वर दत्त द्वारा अदालत के सामने दिया गया बयान (1929), कांग्रेस के लाहौर अधिवेशन के समय बाँटा गया हिन्दुस्तान समाजवादी प्रजातंत्र संघ का घोषणापत्र (दिसम्बर 1929) और बम का दर्शन (जनवरी 1930) उस युग के सर्वश्रेष्ठ प्रतिनिधि दस्तावेज़ हैं। इन दस्तावेज़ों के आधार पर हम कह सकते हैं कि 'हिन्दुस्तान समाजवादी प्रजातंत्र संघ' (हिसप्रस) का पहला आगे बढ़ा हुआ कदम था मार्क्सवाद को सिद्धांत के रूप में और समाजवाद को अंतिम उद्देश्य के रूप में स्वीकार करना। बंगाल में भी आन्दोलन का रुख यही था; हालाँकि गति अपेक्षाकृत धीमी थी। जिस समय हिसप्रस ने समाजवाद को डंके की चोट पर अपना अंतिम उद्देश्य घोषित कर दिया था, उस समय बंगाल के लगभग सभी क्रांतिकारी दल और प्रमुख पार्टियाँ इस सवाल पर अनिश्चितता की स्थिति में थे।

समाजवाद को ध्येय के रूप में स्वीकार करने के अलावा इस दौर के क्रांतिकारी मनुष्य द्वारा मनुष्य के और एक राष्ट्र द्वारा दूसरे राष्ट्र के शोषण से मुक्त वर्गहीन समाज के पक्ष में थे। उन्होंने ऐलान किया कि उनकी लड़ाई सिर्फ़ ब्रिटिश साम्राज्यवाद के ख़िलाफ़ ही नहीं है, बल्कि विश्व साम्राज्यवादी व्यवस्था के ख़िलाफ़ है। उनके दिलों में सोवियत यूनियन के प्रति प्रगाढ़ आदर और अपनापन था। उनका विश्वास था कि क्रांति के बाद जो सरकार बनेगी उसका रूप एक प्रकार की सर्वहारा वर्ग की तानाशाही का होगा। उन्होंने ईश्वर धर्म और रहस्यवाद से पूरी तरह छुटकारा पा लिया था। वे धर्मनिरपेक्षता में विश्वास करते थे और उनका दृष्टिकोण घोर सांप्रदायिकतावाद विरोधी था।

असेम्बली बम काण्ड के बाद हिन्दुस्तान समाजवादी प्रजातंत्र संघ के अधिकांश साथी गिरफ़्तार कर लिये गये। उन्होंने अपने मुक़दमे की सुनवाई के दौरान अपने दृष्टिकोण को प्रचारित करने समाजवाद के विचारों को लोकप्रिय बनाने और क्रांतिकारी पार्टी के उद्देश्यों तथा प्रयोजनों को जनता के सामने रखने के लिए अदालत को मंच के रूप में जमकर इस्तेमाल किया।

उनकी यह रणनीति कामयाब हुई। इसके बारे में एस.एन. मजूमदार ने लिखा है–"हिन्दुस्तान सोशलिस्ट रिपब्लिकन एसोसिएशन की तमाम गलतियों और कमजोरियों के बावजूद समूचे राष्ट्रीय आन्दोलन में और तरुण क्रांतिकारियों को साम्यवाद की ओर आकर्षित करने में इस पार्टी के योगदान की उपेक्षा नहीं की जा सकती है।"[42]

जी.एस. देओल के अनुसार–"क्रांतिकारी आन्दोलन का कार्यक्षेत्र चाहे जितना सीमित रहा हो, उसने भारतीय राष्ट्रीय आन्दोलन की गति को एक दूसरी धारा के

माध्यम से और तेज किया। बेशक यह कहा जा सकता है कि उनके (भगतसिंह और उनके साथियों के) कार्यकलापों ने भारतीय राष्ट्रीय कांग्रेस के लिए दिसम्बर 1929 के लाहौर अधिवेशन में पूर्ण स्वतंत्रता की माँग करने और पूर्ण स्वराज्य का प्रस्ताव पास करने का पथ प्रशस्त किया।"[43]

"देओल के अनुसार क्रांतिकारियों के कार्यकलापों और संघर्षों ने देश में अत्यन्त विस्फोटक स्थिति पैदा कर दी थी, जिसके कारण कांग्रेस 1930 का असहयोग आन्दोलन शुरू करने के लिए मजबूर हो गयी थी।" यह आन्दोलन भगतसिंह और उनके साथियों के उग्र आन्दोलन के विकल्प के रूप में शुरू किया गया था। इस मत की पुष्टि महात्मा गांधी द्वारा 2 मार्च, 1930 को वायसराय को लिखे गये एक पत्र के इस अंश से होती है; 'हिंसावादी पार्टी अपनी जगह बनाती जा रही है और उसने अपने अस्तित्व का एहसास कराना शुरू कर दिया है।' उन्होंने आगे स्पष्ट किया था कि वे जिस तरह का अहिंसक आन्दोलन शुरू करना चाहते हैं, उससे न सिर्फ़ ब्रिटिश हुकूमत की हिंसक शक्ति का, बल्कि उभरते हुए हिंसावादी दल की संगठित हिंसक शक्तियों का भी प्रतिरोध किया जा सकेगा।"[44]

वैज्ञानिक समाजवाद की ओर

'हिन्दुस्तान समाजवादी प्रजातंत्र संघ' के अधिकांश प्रमुख नेता 1929 के मध्य तक गिरफ़्तार करके जेलों में बन्द कर दिये गये थे, जहाँ उन्हें पढ़ने और विचार-विमर्श करने का भरपूर मौका मिला। इससे उनके अन्दर जो नयी समझ पैदा हुई थी, उसके आधार पर उन्होंने अपने पूरे अतीत को खासकर वैयक्तिक कार्यकलापों और शौर्य प्रदर्शन के आदर्श को नये सिरे से जाँचा-परखा और अपनी अब तक की कार्य-प्रणाली को छोड़कर समाजवादी क्रांति का रास्ता अपनाने का निश्चय किया। गहन अध्ययन और बोर्स्टल जेल में दूसरे साथियों से लम्बे विचार-विमर्श के बाद भगतसिंह इस निर्णय पर पहुँचे कि यहाँ-वहाँ कुछ भेदियों और सरकारी अफसरों की वैयक्तिक हत्याओं से लक्ष्य की प्राप्ति नहीं हो सकती है।

भगतसिंह ने 19 अक्टूबर, 1929 को पंजाब स्टूडेंट्स की कांग्रेस के नाम एक संदेश भेजा था, जिसमें उन्होंने कहा था-"आज हम नौजवानों को बम और पिस्तौल अपनाने के लिए नहीं कह सकते।...इन्हें औद्योगिक क्षेत्रों की गन्दी बस्तियों में और गाँवों की टूटी-फूटी झोंपड़ी में रहने वाले करोड़ों लोगों को जगाना है।"

2 फरवरी, 1931 को उन्होंने 'युवा राजनीतिक कार्यकर्ताओं के नाम' एक अपील लिखी थी, जिसमें उन्होंने जनसाधारण के बीच काम करने के महत्त्व को

बारम्बार रेखांकित किया था। उन्होंने कहा था–"गाँवों और कारख़ानों में किसान और मज़दूर ही असली क्रांतिकारी सैनिक हैं।"

इसी अपील में भगतसिंह ने बलपूर्वक इस बात से इनकार किया था कि वे आतंकवादी हैं। उनका कहना था–"मैंने एक आतंकवादी की तरह काम किया है लेकिन मैं आतंकवादी नहीं हूँ। मैं तो ऐसा क्रांतिकारी हूँ, जिसके पास एक लम्बा कार्यक्रम और उसके बारे में सुनिश्चित विचार होते हैं। मैं पूरी ताकत के साथ बताना चाहता हूँ कि मैं आतंकवादी नहीं हूँ और कभी था भी नहीं कदाचित उन कुछ दिनों को छोड़कर, जब मैं अपने क्रांतिकारी जीवन की शुरुआत कर रहा था। मुझे विश्वास है कि हम ऐसे तरीकों से कुछ भी प्राप्त नहीं कर सकते हैं।" उन्होंने नौजवान राजनीतिक कार्यकर्ताओं को सलाह दी कि वे मार्क्स और लेनिन का अध्ययन करें उनकी शिक्षा को अपना मार्गदर्शक बनाएँ, जनता के बीच जाएँ, मजदूरों, किसानों और शिक्षित मध्यवर्गीय नौजवानों के बीच काम करें, उन्हें राजनीतिक दृष्टि से शिक्षित करें, उनमें वर्ग-चेतना उत्पन्न करें, उन्हें यूनियनों में संगठित करें आदि। उन्होंने नवयुवकों से यह भी कहा कि यह सारा काम तब तक संभव नहीं है, जब तक जनता की एक अपनी पार्टी न हो। वे किस तरह की पार्टी चाहते थे इसका खुलासा करते हुए उन्होंने लिखा था–"हमें पेशेवर क्रांतिकारियों की जरूरत है, यह शब्द लेनिन को बहुत प्रिय था, पूर्णकालिक कार्यकर्ताओं की जिनकी क्रांति के सिवा और कोई आकांक्षा न हो और न जीवन का कोई दूसरा लक्ष्य हो। ऐसे कार्यकर्ता जितनी बड़ी संख्या में एक पार्टी के रूप में संगठित होंगे, उतनी ही तुम्हारी सफलता की सम्भावनाएँ बढ़ जायेंगी।"

उन्होंने आगे कहा–"व्यवस्थित ढंग से आगे बढ़ने के लिए आपको जिसकी सबसे अधिक आवश्यकता है, वह है एक पार्टी, जिसके पास जिस टाइप के कार्यकर्ताओं का ऊपर ज़िक्र किया जा चुका है, वैसे कार्यकर्ता हों। ऐसे कार्यकर्ता जिनके दिमाग साफ हों और समस्याओं की तीखी पकड़ हो और पहल करने और तुरन्त फैसला लेने की क्षमता हो। इस पार्टी का अनुशासन बहुत कठोर होगा और यह जरूरी नहीं है कि वह भूमिगत पार्टी हो। पार्टी को अपने काम की शुरुआत अवाम के बीच प्रचार से करनी चाहिए। किसानों और मजदूरों को संगठित करने और उनकी सक्रिय सहानुभूति प्राप्त करने के लिए यह बहुत जरूरी है। इस पार्टी को कम्युनिस्ट पार्टी का नाम दिया जा सकता है।"

यहाँ भगतसिंह खुल्लम-खुल्ला मार्क्सवाद, साम्यवाद और एक साम्यवादी पार्टी की वकालत करते दिखाई देते हैं।

क्रांति की परिभाषा

क्रांति के संबंध में भगतसिंह के विचार बहुत स्पष्ट थे। निचली अदालत में जब उनसे पूछा गया कि क्रांति शब्द से उनका क्या मतलब है, तो उत्तर में उन्होंने कहा था–"क्रांति के लिए खूनी संघर्ष अनिवार्य नहीं है और न ही उसमें व्यक्तिगत प्रतिहिंसा का कोई स्थान है। वह बम और पिस्तौल की संस्कृति नहीं है। क्रांति से हमारा अभिप्राय यह है कि वर्तमान व्यवस्था, जो खुलेतौर पर अन्याय पर टिकी हुई है, बदलनी चाहिए।" अपनी बात को और भी स्पष्ट करते हुए उन्होंने कहा था–"क्रांति से हमारा अभिप्राय अंततः एक ऐसी सामाजिक व्यवस्था की स्थापना से है, जिसको इस प्रकार के घातक खतरों का सामना न करना पड़े और जिसमें सर्वहारा वर्ग की प्रभुसत्ता को मान्यता हो तथा एक विश्वसंघ मानव जाति को पूँजीवाद के बंधन से और साम्राज्यवादी युद्धों में उत्पन्न होने वाली बरबादी और मुसीबतों से बचा सके।"

समाजवाद की दिशा में भगतसिंह की वैचारिक प्रगति की रफ्तार बहुत तेज थी। उन्होंने 1924 से 1928 के बीच विभिन्न विषयों का विस्तृत अध्ययन किया था। लाला लाजपत राय की द्वारकादास लाइब्रेरी के पुस्तकालयाध्यक्ष राजाराम शास्त्री के अनुसार उन दिनों भगतसिंह वस्तुतः "किताबों को निगला करता था।" उनके प्रिय विषय थे रूसी क्रांति, सोवियत संघ, आयरलैण्ड, फ्रांस और भारत का क्रांतिकारी आन्दोलन, अराजकतावाद और मार्क्सवाद। उन्होंने और उनके साथियों ने 1928 के अंत तक समाजवाद को अपने आन्दोलन का अंतिम लक्ष्य घोषित कर दिया था और अपनी पार्टी का नाम भी तद्नुसार बदल दिया था। उनकी यह वैचारिक प्रगति उनके फाँसी पर चढ़ने के दिन तक जारी रही।

ईश्वर और धर्म के बारे में

ईश्वर, धर्म तथा रहस्यवाद पर भगतसिंह के विचारों के बारे में कुछ शब्द कहे बग़ैर यह भूमिका अधूरी रह जायेगी। यह इसलिए भी जरूरी है कि आज हर तरह के प्रतिक्रियावादी, रूढ़िवादी और सांप्रदायिकतावादी लोग भगतसिंह तथा चन्द्रशेखर आज़ाद के नाम और यश को अपनी निज की राजनीति और विचारधारा के पक्ष में इस्तेमाल करने की कोशिश कर रहे हैं।

अपने आपको नास्तिक बताते हुए–"भगतसिंह ने शुरू के क्रांतिकारियों के तरीके और दृष्टिकोण के लिए पूरा सम्मान प्रदर्शित किया है और उनकी धार्मिकता के स्रोतों की पड़ताल की है। वे संकेत करते हैं कि अपने स्वयं के राजनीतिक कार्यों की वैज्ञानिक समझ के अभाव में उन क्रांतिकारियों को अपनी आध्यात्मिकता की

रक्षा करने, वैयक्तिक प्रलोभनों के विरुद्ध संघर्ष करने अवसाद से उबरने, भौतिक सुखों और अपने परिवारों तथा जीवन तक को त्यागने का सामर्थ्य जुटाने के लिए विवेकहीन विश्वासों एवं रहस्यवादिता की आवश्यकता थी। एक व्यक्ति जब निरन्तर अपने जीवन को जोखिम में डालने और दूसरे सारे बलिदान करने के लिए तत्पर होता है, तो उसे प्रेरणा के गहरे स्रोत की आवश्यकता होती है। शुरू के क्रांतिकारी, आतंकवादियों की यह अनिवार्य आवश्यकता रहस्यवाद और धर्म से पूरी होती थी। लेकिन उन लोगों को ऐसे स्रोतों से प्रेरणा लेने की जरूरत नहीं रह गयी थी, जो अपने कामों की प्रकृति को समझते थे, जो क्रांतिकारी विचारधारा की दिशा में आगे बढ़ चुके थे, जो कृत्रिम आध्यात्मिकता की बैसाखी लगाये बिना अन्याय के विरुद्ध संघर्ष कर सकते थे, जो स्वर्ग और मोक्ष के प्रलोभन और आश्वासन के बिना ही विश्वास के साथ और निर्भीक भाव से फाँसी के तख़्ते पर चढ़ सकते थे, जो दलितों की मुक्ति और स्वतंत्रता के पक्ष में इसलिए लड़े क्योंकि लड़ने के अलावा और कोई रास्ता ही न था।"[46]

असेम्बली बम काण्ड के केस की अपील के दौरान लाहौर हाई कोर्ट में बयान देते हुए भगतसिंह ने विचारों की महत्ता पर बल देते हुए कहा था–"इंकलाब की तलवार विचारों की सान पर तेज की जाती है," और उसके आधार पर उन्होंने यह सूत्र प्रस्तुत किया कि आलोचना और स्वतंत्र विचार किसी क्रांतिकारी के दो अपरिहार्य गुण हैं, और यह कि जो आदमी प्रगति के लिए संघर्ष करता है, उसे पुराने विश्वासों की एक-एक बात की आलोचना करनी होगी, उस पर अविश्वास करना होगा और उसे चुनौती देनी होगी। इस प्रचलित विश्वास के एक-एक कोने में झाँककर उसे विवेकपूर्वक समझना होगा। उन्होंने दृढ़ता के साथ कहा था कि निरा विश्वास और अन्धविश्वास खतरनाक हैं, इससे मस्तिष्क कुण्ठित होता है और आदमी प्रतिक्रियावादी हो जाता है।

भगतसिंह स्वीकार करते थे कि "ईश्वर में कमजोर आदमी को जबर्दस्त आश्वासन और सहारा मिलता है और विश्वास उसकी कठिनाइयों को आसान ही नहीं, बल्कि सुखकर भी बना देता है।" वे यह भी जानते थे कि आँधी और तूफान में अपने पाँवों पर खड़े रहना कोई बच्चों का खेल नहीं है। लेकिन वे सहारे के लिए किसी भी बनावटी अंग के विचार को दृढ़तापूर्वक अस्वीकार करते थे। वे कहते थे–"अपनी नियति का सामना करने के लिए मुझे किसी नशे की जरूरत नहीं है।" उन्होंने ऐलान किया था कि "जो आदमी अपने पाँवों पर खड़े होने की कोशिश करता है और यथार्थवादी हो जाता है, उसे धार्मिक विश्वास को एक तरफ

रखकर, जिन-जिन मुसीबतों और दुखों में परिस्थितियों ने उसे डाल दिया है, उनका एक मर्द की तरह बहादुरी के साथ सामना करना होगा।"

ईश्वर, धार्मिक विश्वास और धर्म को यह तिलांजलि भगतसिंह के लिए न तो आकस्मिक थी और न ही उनके अभिमान या अहम् का परिणाम थी। उन्होंने बहुत पहले 1926 में ईश्वर की सत्ता को अस्वीकार कर दिया था। उन्हीं के शब्दों में "1926 के अंत तक मुझे इस बात पर यकीन हो गया था कि सृष्टि का निर्माण, व्यवस्थापन और नियंत्रण करने वाली किसी सर्वशक्तिमान परम सत्ता के अस्तित्व का सिद्धांत एकदम निराधार है।"

भावना कभी नहीं मरती

वह जुलाई, 1930 का अंतिम रविवार था। भगतसिंह लाहौर सैन्ट्रल जेल से हमें मिलने के लिए बोर्स्टल जेल आये थे। वे इस तर्क पर सरकार से यह सुविधा हासिल करने में कामयाब हो गये थे कि उन्हें दूसरे अभियुक्तों के साथ बचाव के तरीकों पर बातचीत करनी है। तो उस दिन हम किसी राजनीतिक विषय पर बहस कर रहे थे कि बातों का रुख फैसले की तरफ मुड़ गया, जिसका हम सबको बेसब्री से इंतजार था। मजाक-मजाक में हम एक-दूसरे के ख़िलाफ़ फैसले सुनाने लगे सिर्फ़ राजगुरु और भगतसिंह को इन फैसलों से बरी रखा गया। हम जानते थे कि उन्हें फाँसी पर लटकाया जाना निश्चित है।

"राजगुरु और मेरा फैसला? क्या आप लोग हमें बरी कर रहे हैं?" मुस्कराते हुए भगतसिंह ने पूछा।

किसी ने कोई जवाब नहीं दिया।

"असलियत को स्वीकार करते डर लगता है?" धीमे स्वर में उन्होंने पूछा। चुप्पी छाई रही।

हमारी चुप्पी पर उन्होंने ठहाका लगाया और बोले—"हमें गर्दन से फाँसी के फंदे से तब तक लटकाया जाये जब तक कि हम मर न जायें। यह है असलियत। मैं इसे जानता हूँ। तुम भी जानते हो। फिर इसकी तरफ से आँखें क्यों बन्द करते हो?"

अब तक भगतसिंह अपने रंग में आ चुके थे। वे बहुत धीमे स्वर में बोल रहे थे। यही उनका तरीका था। सुनने वालों को लगता था कि वे उन्हें फुसलाने की कोशिश कर रहे हैं। चिल्लाकर बोलना उनकी आदत नहीं थी। यही शायद उनकी शक्ति भी थी।

वे अपने स्वाभाविक अन्दाज़ में बोलते रहे—"देशभक्त के लिए ये सर्वोच्च पुरस्कार है और मुझे गर्व है कि मैं यह पुरस्कार पाने जा रहा हूँ। वे सोचते हैं कि

मेरे पार्थिव शरीर को नष्ट करके वे इस देश में सुरक्षित रह जायेंगे। यह उनकी भूल है। वे मुझे मार सकते हैं, लेकिन मेरे विचारों को नहीं मार सकते। वे मेरे शरीर को कुचल सकते हैं, लेकिन मेरी भावनाओं को नहीं कुचल सकेंगे। ब्रिटिश हुकूमत के सिर पर मेरे विचार उस समय तक एक अभिशाप की तरह मँडराते रहेंगे जब तक वे यहाँ से भागने के लिए मजबूर न हो जायें।"

भगतसिंह पूरे आवेश में बोल रहे थे। कुछ समय के लिए हम लोग भूल गये कि, जो आदमी हमारे सामने बैठा है वह हमारा सहयोगी है। वे बोलते जा रहे थे– "लेकिन यह तसवीर का सिर्फ़ एक पहलू है। दूसरा पहलू भी उतना ही उज्ज्वल है। ब्रिटिश हुकूमत के लिए मरा हुआ भगतसिंह जीवित भगतसिंह से ज्यादा खतरनाक होगा। मुझे फाँसी हो जाने के बाद मेरे क्रांतिकारी विचारों की सुगंध हमारे इस मनोहर देश के वातावरण में व्याप्त हो जायेगी। वह नौजवानों को मदहोश करेगी और वे आज़ादी और क्रांति के लिए पागल हो उठेंगे। नौजवानों का यह पागलपन ही ब्रिटिश साम्राज्यवादियों को विनाश के कगार पर पहुँचा देगा। यह मेरा दृढ़-विश्वास है। मैं बेसब्री के साथ उस दिन का इंतजार कर रहा हूँ, जब मुझे देश के लिए मेरी सेवाओं और जनता के लिए मेरे प्रेम का सर्वोच्च पुरस्कार मिलेगा।"

भगतसिंह की भविष्यवाणी एक साल के अन्दर ही सच साबित हुई। उनका नाम मौत को चुनौती देने वाले साहस, बलिदान, देशभक्ति और संकल्पशीलता का प्रतीक बन गया। समाजवादी समाज की स्थापना का उनका सपना शिक्षित युवकों का सपना बन गया और 'इंकलाब जिन्दाबाद' का उनका नारा समूचे राष्ट्र का युद्धनाद हो गया। सन् 1930-32 में जनता एक होकर उठ खड़ी हुई। कारागार, कोड़े और लाठियों के प्रहार उसके मनोबल को तोड़ नहीं सके। यही भावना, इससे भी ऊँचे स्तर पर, 'भारत छोड़ो' आन्दोलन के दौरान दिखाई दी थी। भगतसिंह का नाम होंठों पर और उनका नारा अपने झण्डों पर लिये हुए किशोरों और बच्चों ने गोलियों का सामना इस तरह किया मानो वे मक्खन की बनी हुई हों। पूरा राष्ट्र पागल हो उठा था। और फिर आया 1945-46 का दौर जब विश्व ने एक सर्वथा नये भारत को करवटें बदलते देखा। मजदूर, किसान, छात्र, नवयुवक, नौसेना, थलसेना, वायुसेना और पुलिस तक–सब कड़ा प्रहार करने के लिए आतुर थे। निष्क्रिय प्रतिरोध की जगह सक्रिय जवाबी हमले ने ले ली। बलिदान और यातनाओं को सहन करने की जो भावना 1930-31 तक थोड़े से नौजवानों तक सीमित थी, अब समूची जनता में दिखाई दे रही थी। विद्रोह की भावना ने पूरे राष्ट्र को अपनी गिरफ़्त में जकड़ लिया था। भगतसिंह ने ठीक ही तो कहा था–"भावना कभी नहीं मरती।" और उस समय भी वह मरी नहीं थी।

सन्दर्भ

1. Quoted in the Sedition Committee (Rowlatt) Report 1919, P-3.
2. वही, पृ. 2.
3. वही, पृ. 2.
4. मन्मथनाथ गुप्त : भारतीय क्रांतिकारी आन्दोलन का इतिहास, दूसरा संस्करण, 1960, पृ. 44.
5. तारिणी शंकर चक्रवर्ती : भारत में सशस्त्र क्रांति की भूमिका, क्रांतिकारी प्रकाशन, मिर्जापुर, पृ. 142.
6. Budhadeva Bhattacharya (ed-) Freedom Struggle & Anushilan Samiti, P-48.
7. वही, पृ. 68.
8. J- C- Car : Political Troubles in India 1907-1917, Preface, 1973 P-XIII.
9. Quoted in Sedition Committee Report P-7.
10. तारिणी शंकर चक्रवर्ती : पृ. 93.
11. G. Adhikari : Challenge, PPH, New Delhi, Jan. 1984 P-3.
12. Tridib Chaudhary : Freedom Struggle and Anushilan Samiti, Introduction P–XVI&XVII.
13. अमेरिका के भारतीय क्रांतिकारियों की गतिविधियों के बारे में अधिकतर सामग्री एल.पी. माथुर की पुस्तक Indian Revolutionary Movement in United States of America से ली गई है। यह पुस्तक एस. चाँद एण्ड कं., नयी दिल्ली से 1970 में प्रकाशित हुई थी।

14. Paraphrased from Ghadar Weekly Vol. 1, No. 3 (Dec. 30, 1913) by Sohan Singh Josh, Hindustan Ghadar Party, A Short History. P-160.
15. वही, पृ. 189.
16. वही, पृ. 175.
17. वही, पृ. 192.
18. वही, पृ. 177.
19. वही, पृ. 193.
20. वही, पृ. 193.
21. L.P. Mathur, op. Cit. P-23.
22. वही, पृ. 29.
23. Presidential Address to Special (Calcutta) Session of the Indian National Congress, Sep. 1920. Quoted by R.P. Dutt. India Today; P-280.
24. वही, पृ. 284.
25. देखिए परिशिष्ट नं. 12.
26. शचीन्द्रनाथ सान्याल की पुस्तक 'बन्दी जीवन' से विश्वमित्र उपाध्याय द्वारा शचीन्द्रनाथ सान्याल और उनके युग में उद्धृत पृ. 195.
27. वही, पृ. 156.
28. S. N. Mazumdar, In Search of a Revolutionary Theory and a Revolutionary Program. P-178.
29. वही पृ. 177.
30. वही पृ. 178.
31. वही, पृ. 154.
32. वही, पृ. 181-2.
33. वही पृ. 183.
34. Jawaharlal Nehru, An Autobiography, John Lane the Bodley Head, London, 1936. P-164-165.
35. Quoted by Pratima Ghosh, Meerut Conspiracy Case & the Left-Wing in India. P-47.
36. वही, पृ. 53.

37. यह बिल सदन में बहस के लिए 21 मार्च को पेश किया गया। लेकिन अध्यक्ष ने उसे 2 अप्रैल, 1929 तक के लिए स्थगित कर दिया। 2 अप्रैल को उन्होंने निर्णय दिया कि चूँकि बिल का आधार और मेरठ षड्यंत्र केस में अभियुक्तों के ख़िलाफ़ लगाये गये अभियोग एक-जैसे हैं, इस स्थिति में बिल पर जो बहस होगी उससे अभियुक्तों के बचाव पर असर पड़ेगा। इन कारणों से उन्होंने बिल पर बहस की अनुमति नहीं दी। 4 अप्रैल को भारत सरकार ने उसे फिर सदन के सामने पेश किया और बहस की अनुमति माँगी। 11 अप्रैल को अध्यक्ष ने सरकार की अपील ठुकरा दी और अपना निर्णय बरकरार रखा। 13 अप्रैल को वायसराय ने उसे अध्यादेश के रूप में लागू कर दिया।
38. Quoted by G. Adhikari in an Article in Mainstream, April 29, 1981.
39. G. Adhikari (ed.), Documents of the History of the Communist Party of India, Vol. II P-443.
40. वही, पृ. 442.
41. वही, पृ. 473.
42. S. N. Mazumdar, op. Cit. 176.
43. G. S. Deol, Sardar Bhagat Singh.
44. वही, पृ. 113.
45. Bipan Chandra, Introduction to Why I am an Atheist? Sardar Bhagat Singh Research Committee, New Delhi-1979.
46. वही।

परिशिष्ट–2

भगतसिंह विचारधारा और उसकी प्रासंगिकता

–हंसराज रहबर

'आतंकवाद सम्पूर्ण क्रांति नहीं और क्रांति भी आतंकवाद के बिना पूर्ण नहीं।'

उन्नीस सौ अट्ठाइस–उनतीस के दो वर्ष हमारे इतिहास में क्रांतिकारी उभार के वर्ष थे। इन दो वर्षों में हमारी राजनीति और विचार में जो गुणात्मक परिवर्तन आया, उसे आज तक समझा नहीं गया, न समझने से राष्ट्र का भारी अनिष्ट हुआ और अब भी हो रहा है और अधिक अनिष्ट से बचने के लिए इस गुणात्मक परिवर्तन को समझ लेना जरूरी है। लेकिन इसे कांग्रेस इतिहास के अध्ययन से नहीं क्रांतिकारी आंदोलन के इतिहास, विशेषकर भगतसिंह के दस्तावेज़ों से ही समझा जा सकता है।

मैं इसे अपना राष्ट्रीय दायित्व समझकर यह अध्ययन प्रस्तुत कर रहा हूँ और आशा करता हूँ कि देश की युवा पीढ़ी इस पर विशेष ध्यान देगी।

8 अप्रैल, 1929 को भगतसिंह और बटुकेश्वर दत्त ने केंद्रीय असेम्बली में दो बम फेंके थे और साम्राज्यवाद मुर्दाबाद! इंकलाब जिन्दाबाद! और दुनिया भर के मजदूर एक हो जाओ! के नारे लगाते हुए एक पर्चा हॉल में फेंका था। इस पर्चे का पहला वाक्य था–"बहरों को सुनाने के लिए धमाके की जरूरत होती है।" और देश की जो स्थिति थी उसे इसमें यों चित्रित किया गया था–

"पिछले दस बरसों में ब्रिटिश सरकार द्वारा शासन सुधार के नाम पर इस देश का अपमान करने की कहानी दोहराने की आवश्यकता नहीं है। न ही हिन्दुस्तानी पार्लियामेंट कही जाने वाली इस सभा द्वारा हिन्दुस्तानी राष्ट्र के सिर पर पत्थर फेंक-फेंक कर

हमें अपमानित करने के उदाहरणों की याद दिलाने की आवश्यकता है। सब सुपरिचित और स्पष्ट है। आज फिर, जबकि जनता साइमन कमीशन से कुछ सुधारों के टुकड़ों की आशा में आँख फैलाए हुए है, और उन टुकड़ों के लोभ में आपस में झगड़ रही है। विदेशी सरकार सार्वजनिक सुरक्षा (पब्लिक सेफ्टी) और औद्योगिक विवाद (ट्रेड डिस्प्यूट) क़ानूनों के रूप में अपने दमन को और भी सख़्त कर रही है। इनके साथ ही अगले अधिवेशन में अख़बारों द्वारा राजद्रोह के क़ानून (प्रेस सेडीशन) जनता पर कस दिए जाने की धमकी दी जा रही है। सार्वजनिक काम करने वाले मजदूर नेताओं की अंधाधुंध गिरफ़्तारियाँ स्पष्ट कर देती हैं कि सरकार का रवैया क्या है।"

विदेशी सरकार अपने दमन को क़ानूनी शक्ल दे रही थी। लेकिन जहाँ दमन है वहाँ प्रतिशोध भी है, क्रांति उसकी स्वाभाविक प्रतिक्रिया है। अतएव पर्चे के तीसरे पैरे में यह प्रतिक्रिया यों व्यक्त हुई है–

"राष्ट्रीय दमन और अपमान की इस उत्तेजनापूर्ण परिस्थिति में अपने उत्तरदायित्व की गंभीरता का अनुभव करके हिन्दुस्तान समाजवादी प्रजातंत्र संघ ने अपनी सेना को यह कदम उठाने की आज्ञा दी है। इस कार्य का प्रयोजन यह है कि क़ानून के नाम पर किए जाने वाले इस प्रहसन को समाप्त कर दिया जाए। विदेशी सरकार और नौकरशाही, जो चाहे कहे परंतु उसकी वैधानिकता की नकाब फाड़ देना आवश्यक है।"

अंतिम पैरे में इस प्रक्रिया का और क्रांति का, जिसने इस घटना को जन्म दिया, ध्येय इन शब्दों में स्पष्ट किया गया है–

"हम मनुष्य के जीवन को पवित्र समझते हैं। हम ऐसे उज्ज्वल भविष्य में विश्वास रखते हैं, जिसमें प्रत्येक व्यक्ति को पूर्ण शांति और स्वतंत्रता का अवसर मिल सके। हम मानव रक्त बहाने के लिए अपनी विवशता से दुखी हैं, परंतु क्रांति द्वारा सबको समान स्वतंत्रता देने और मनुष्य द्वारा मनुष्य के शोषण को समाप्त कर देने के लिए क्रांति के अवसर पर कुछ-न-कुछ रक्तपात अनिवार्य है।"

यह एक ऐतिहासिक घटना थी, जो इससे पहले की आतंकवादी घटनाओं से इस मायने में भिन्न थी कि बम किसी व्यक्ति पर नहीं संविधान पर काले क़ानूनों पर फेंके गए थे। यही इस घटना का वास्तविक महत्त्व है।

भगतसिंह और बटुकेश्वर दत्त ने 6 जून को अदालत के सामने 'हमने बम क्यों फेंके' जो बयान दिया था, उसमें अपने ध्येय इस घटना के महत्त्व और राजनीति में आए गुणात्मक परिवर्तन की व्याख्या इन शब्दों में की थी–

"हमने उन लोगों की ओर से प्रतिरोध प्रकट करने के लिए असेम्बली के फर्श पर बम फेंके, जिनके पास अपनी हृदय विदारक व्यथा की अभिव्यक्ति का कोई दूसरा साधन नहीं रह गया है। हमारा एकमात्र ध्येय यह था कि बहरों को अपनी आवाज़ सुनाएँ और समय की चेतावनी उन लोगों तक पहुँचाएँ, जो उसकी अपेक्षा कर रहे हैं। दूसरे लोग भी हमारी ही तरह सोच रहे हैं और यद्यपि भारतीय जाति ऊपर से एक शांत समुद्र की तरह दिखाई दे रही है, तथापि भीतर-ही-भीतर एक तूफान उफन रहा है। हमने उन लोगों को खतरे की चेतावनी दी है, जो सामने आने वाली गंभीर परिस्थितियों की चिंता किए बिना सरपट दौड़े जा रहे हैं। हमने उस काल्पनिक अहिंसा की समाप्ति की घोषणा की है, जिसकी अनुपयोगिता के बारे में नई पीढ़ी के मन में किसी प्रकार का संदेह नहीं बचा है। हमने ईमानदारीपूर्ण सद्भावना तथा मानव जाति के प्रति अपने प्रेम के कारण उन भयंकर खतरों के विरुद्ध चेतावनी देने के लिए यह मार्ग चुना है, जिनका पूर्वाभास हमें भी देश के करोड़ों लोगों की भाँति स्पष्ट रूप से हुआ।

"हमने पिछले पैरे में 'काल्पनिक अहिंसा' शब्द का प्रयोग किया है। हम इसकी व्याख्या करना चाहते हैं। हमारी दृष्टि में बलप्रयोग उस समय अन्यायपूर्ण होता है, जब वह आक्रामक नीति से किया जाए और वह हमारी दृष्टि में हिंसा है। परंतु जब शक्ति का प्रयोग किसी विहित (समाज सम्मत) उद्देश्य की पूर्ति के लिए किया जाए, तो वह नैतिक दृष्टि से न्यायसंगत हो जाता है। बल प्रयोग का पूर्ण बहिष्कार काल्पनिक भ्रान्ति है। इस देश में एक नया आंदोलन उठ खड़ा हुआ है, जिसकी पूर्व सूचना हम दे चुके हैं। यह आंदोलन गुरु गोविंदसिंह और शिवाजी, कमाल पाशा और रजाखाँ, वाशिंगटन और गैरी बाल्डी तथा लफायते और लेनिन के कार्यों से प्रेरणा ग्रहण करता है।"

यह भगतसिंह और बटुकेश्वर दत्त दो व्यक्तियों की आवाज़ नहीं उन करोड़ों भूखे तथा दरिद्र देशवासियों की आवाज़ थी, जिन्हें उनके मौलिक अधिकारों और आर्थिक हित के एकमात्र साधन से वंचित कर दिया गया था। यह उत्पीड़ित शोषित तथा अपमानित राष्ट्र की आवाज़ थी। यह शोषण और अन्याय के विरुद्ध संघर्षरत परंपरा की आवाज़ थी। इस आवाज़ में नए आंदोलन की नई चेतना व्यक्त हुई थी, इसलिए इसका स्वर नया था, इतना नया कि पचपन बरस बाद भी नया है और आगे भी नया बना रहेगा।

इस नए आंदोलन का, जिसका प्रतिनिधित्व हिंदुस्तान समाजवादी प्रजातन्त्र दल कर रहा था, स्वरूप राष्ट्रीय और अंतर्वस्तु अंतरराष्ट्रीय थी।

इंकलाब जिंदाबाद का नारा देश की राजनीति में पहली बार बुलन्द हुआ और उसने "वन्दे मातरम्" का स्थान ग्रहण किया। 2 अक्टूबर, 1931 को फाँसी की काल कोठरी से भेजे गए 'क़ौम के नाम संदेश' में भगतसिंह ने इस नारे की यानी क्रांति की व्याख्या इन शब्दों में की थी–

"जब आप नारे लगाते हैं, तो मैं समझता हूँ कि आप लोग वस्तुतः जो पुकारते हैं, वही करना भी चाहते हैं। असेम्बली बम केस के समय हमने क्रांति शब्द की यह व्याख्या की थी–'क्रांति से हमारा अभिप्राय समाज की वर्तमान प्रणाली और वर्तमान संगठन को पूरी तरह उखाड़ फेंकना है।' इस उद्देश्य के लिए हम पहले सरकार की ताकत को अपने हाथ में लेना चाहते हैं। इस समय शासन की मशीन धनियों के हाथ में है। सामान्य जनता के हितों की रक्षा के लिए तथा अपने आदेशों को क्रियात्मक रूप देने के लिए, अर्थात समाज का नए सिरे से संगठन-कार्य कार्ल मार्क्स के सिद्धांतों के अनुसार करने के लिए हम सरकार की मशीन को अपने हाथ में लेना चाहते हैं। हम इसी उद्देश्य के लिए लड़ रहे हैं, परंतु इसके लिए हमें साधारण जनता को शिक्षित करना चाहिए।"

पुराने समाज के स्थान पर कार्ल मार्क्स के सिद्धांतों के अनुसार एक नए समाज का गठन इस नए आंदोलन की नई अंतर्वस्तु थी। यह निश्चय ही गुणात्मक परिवर्तन था। लेकिन इस परिवर्तन को भली-भाँति समझने और उसके सारतत्व को आत्मसात कर लेने के लिए हमें उस पुराने आंदोलन पर भी एक नज़र डालनी होगी, जिसका इस नए में रूपान्तरण हुआ। भगतसिंह ने 'ड्रीमलैंड' की भूमिका में लिखा है–

"राजनीतिक क्षेत्र में 'ड्रीमलैंड' का स्थान महत्त्वपूर्ण है। वर्तमान परिस्थिति में वह आंदोलन की एक महत्त्वपूर्ण रिक्तता को भरती है। वास्तव में हमारे देश के सभी राजनीतिक आंदोलनों में, जिन्होंने हमारे आधुनिक इतिहास में कोई-न-कोई महत्त्वपूर्ण भूमिका निभाई है, उसमें आदर्श की कमी रही है। एक गदर पार्टी को छोड़कर, जिसने अमरीकी प्रणाली की सरकार से प्रेरित होकर स्पष्ट शब्दों में कहा था कि वह मौजूद सरकार की जगह गणतांत्रिक ढंग की सरकार कायम करना चाहती है, अपनी तमाम कोशिशों के बावजूद एक भी ऐसी क्रांतिकारी पार्टी नहीं मिली, जिसके सामने यह विचार स्पष्ट हो कि वह किसलिए लड़ रही है। सभी पार्टियों में केवल ऐसे लोग थे,

जिनके पास केवल एक विचार था कि उन्हें विदेशी शासकों के विरुद्ध संघर्ष करना है। यह विचार पर्याप्त रूप से सराहनीय है। लेकिन इसे एक क्रांतिकारी विचार नहीं कहा जा सकता। हमें यह स्पष्ट कर देना चाहिए कि क्रांति का अर्थ मात्र उथल-पुथल या रक्तरंजित संघर्ष नहीं है। क्रांति में मौजूदा हालात (यानी सत्ता) को पूरी तरह से ध्वस्त करने के बाद एक नए और बेहतर स्वीकृत आधार पर समाज के सुव्यवस्थित पुनर्निर्माण का कार्यक्रम अनिवार्य रूप से अंतर्निहित रहता है।"

अतीत वर्तमान में और वर्तमान, भविष्य में जीवित रहता है। अतएव वर्तमान और भविष्य को समझने के लिए अतीत को समझ लेना जरूरी है। इसी का नाम परंपरा है। कुछ भी एकदम नया नहीं होता। हर नई वस्तु पुरानी वस्तु का विकसित तथा परिवर्तित रूप होती है। न पुराना आंदोलन आकाश से टपका था और न ही नया आंदोलन आकाश से टपका। पुराने आंदोलन का जन्म देश की विशिष्ट परिस्थिति से हुआ था और जब इस परिस्थिति ने नया रूप धारण किया तो पुराने आतंकवादी आंदोलन ने इस नए क्रांतिकारी आंदोलन का रूप धारण किया। पुराने का नया रूप धारण करना अनिवार्य था, जो समाज की विकास प्रक्रिया के अनुरूप था। इस विकास प्रक्रिया का उल्लेख 'बम का दर्शन' दस्तावेज़ में, जिसे 26 जनवरी, 1930 को सारे देश में गुप्त रूप से बाँटा गया था, इस प्रकार किया गया है–

"आज की तरुण पीढ़ी को, जो मानसिक गुलामी तथा धार्मिक रूढ़िवादी बंधन जकड़े हैं और उनसे छुटकारा पाने की तरुण समाज की जो बेचैनी है, उसी में प्रगतिशीलता के अंकुर देख रही है। नवयुवक जैसे-जैसे मनोविज्ञान आत्मसात करता जायेगा वैसे-वैसे राष्ट्र की गुलामी का चित्र उसके सामने स्पष्ट होता जायेगा तथा देश को स्वतंत्र करने की उसकी इच्छा प्रबल होती जायेगी। और उसका यह काम तब तक चलता रहेगा, जब तक कि युवक न्याय, क्रोध और क्षोभ से ओतप्रोत अन्याय करने वालों की हत्या न प्रारम्भ कर दें। इस प्रकार देश में आतंकवाद का जन्म होता है। आतंकवाद सम्पूर्ण क्रांति नहीं और क्रांति भी आतंकवाद के बिना पूर्ण नहीं। यह तो क्रांति का एक आवश्यक अंग है और अवश्यम्भावी अंग है। इस सिद्धांत का समर्थन इतिहास की किसी भी क्रांति का विश्लेषण कर किया जा सकता है। आतंकवाद आततायी के मन में भय पैदा कर पीड़ित जनता में प्रतिशोध की भावना जाग्रत कर उसे शक्ति प्रदान करता है। अस्थिर भावना वाले लोगों की इससे हिम्मत बँधती है तथा उनमें आत्मविश्वास पैदा होता है। इससे दुनिया के सामने क्रांति

का वास्तविक उद्देश्य स्पष्ट हो जाता है। क्योंकि ये किसी भी राष्ट्र की स्वतंत्रता की उत्कट महत्त्वाकांक्षा का विश्वास दिलाने वाला प्रमाण है। जैसे दूसरे देशों में होता आया है, वैसे ही भारत में भी आतंकवाद क्रांति का रूप धारण कर लेगा और अंत में क्रांति से ही देश को सामाजिक, राजनीतिक तथा आर्थिक स्वतंत्रता मिलेगी।"

मतलब यह कि इस नई परिस्थिति में आतंकवादी आंदोलन क्रांतिकारी आंदोलन में परिवर्तित हुआ, जिसका ध्येय अन्याय पर आधारित वर्तमान व्यवस्था को ध्वस्त करके मार्क्सवादी सिद्धांत के अनुसार नए समाज का संगठन करना था।

राजनीति में यह गुणात्मक परिवर्तन आया तो उसका विचार और चिंतन में आना भी अनिवार्य था। यह परिवर्तन भगतसिंह के "मैं नास्तिक क्यों हूँ" लेख में देखा जा सकता है। लेख 26 जनवरी, 1930 को लाहौर के अंग्रेज़ी साप्ताहिक 'पीपुल' में प्रकाशित हुआ था। क्रांतिकारी युवकों में भगतसिंह पहले व्यक्ति थे, जो आस्तिक से नास्तिक बने। ऐसा सहज में नहीं हो गया। उन्हें लम्बी विकास प्रक्रिया से गुजरना पड़ा और साथियों का विरोध भी सहना पड़ा। साथियों ने उन्हें अहंवादी कहा और तानाशाह होने का आरोप लगाया। संस्कारगत रूढ़िवादी विचारों को त्यागने और नए विचार ग्रहण करते समय अपनों ही से उलझना पड़ता है।

भगतसिंह ने लिखा है कि कोई आस्तिक अपने अहं के ही कारण नास्तिक बन जाये यह संभव नहीं। परिवर्तन की विकास-प्रक्रिया को समझने के लिए यह लेख अत्यन्त महत्त्वपूर्ण है।

भगतसिंह ने लिखा है कि–"मैं बहुत ही शर्मीले स्वभाव और भविष्य में उलझे रहने वाला लड़का हुआ करता था। मैं अपने दादा के प्रभाव में बड़ा हुआ। वे पक्के आर्यसमाजी थे, पिता भी उदार धार्मिक दृष्टिकोण वाले आर्यसमाजी थे। उनकी शिक्षा के कारण ही मैंने अपना जीवन आज़ादी के आदर्श के लिए समर्पित किया। प्राथमिक शिक्षा पूरी करके मैं डी. ए. वी. स्कूल में दाखिल हुआ और बोर्डिंग हाउस में रहने लगा। वहाँ सुबह शाम की प्रार्थनाओं के अलावा घंटों गायत्री मन्त्र का जाप किया करता था। असहयोग आंदोलन के दिनों में मैं नेशनल कॉलेज में दाखिल हुआ। वहाँ मैंने ईश्वर तथा धार्मिक समस्याओं के बारे में सोचना और विचार-विमर्श करना शुरू किया। लेकिन ईश्वर के अस्तित्व में मेरा दृढ़-विश्वास था।

फिर मैं क्रांतिकारी दल में शामिल हो गया। सबसे पहले में जिस नेता से मिला वह पूरी तरह सजग होने पर भी ईश्वर के अस्तित्व से इनकार का साहस नहीं कर

सका था। मैं ईश्वर के बारे में पूछता तो वह कह देता–"जब तुम्हारा मन करे ईश्वर का ध्यान कर लिया करो।" नास्तिकता के सिद्धांत को मानने के लिए जो साहस चाहिए, वह उस साहस के बिना नास्तिक था। जिस दूसरे नेता से मैं मिला, उसका ईश्वर में दृढ़-विश्वास था। मैं आपको उसका नाम बताता हूँ, माननीय कामरेड शचीन्द्रनाथ सान्याल। उनकी प्रसिद्ध पुस्तक 'बंदी जीवन' में पहले पृष्ठ से ही ईश्वर की शान का जबर्दस्त महिमा-गान है। इस खूबसूरत किताब के दूसरे भाग के अंतिम पृष्ठ पर उनके वेदान्तवाद के कारण ईश्वर की आध्यात्मिक महिमा उनके विचारों का सार है।" इस्तगासे के अनुसार जो क्रांतिकारी पत्र 28 जनवरी, 1925 को पूरे भारत में बाँटा गया था वह उन्हीं के दिमाग की उपज है। ऐसा होता ही है कि भूमिगत गतिविधियों में कोई प्रसिद्ध नेता अपने वे विचार प्रकट करता है, जो उसे बेहद प्रिय होते हैं और दूसरे कार्यकर्ताओं को मतभेद के बावजूद उनसे सहमत होना पड़ता है।

"उस पत्र में एक पूरा पैरा सर्वेश्वर और उसकी लीलाओं के विषय में था। यह रहस्यवाद है। मैं कहना यह चाहता हूँ कि तब क्रांतिकारी दल में ईश्वर के अस्तित्व से इनकार करने का विचार पैदा भी नहीं हुआ था।"

"उस समय तक मैं सिर्फ़ रोमांटिक क्रांतिकारी ही था। तब तक हम सिर्फ़ अनुयायी ही थे। फिर पूरी जिम्मेदारी अपने कंधों पर लेने का समय आया। कुछ समय तक दल के अटल विरोध के कारण उसका अस्तित्व ही खतरे में था। जोश में भरपूर न सिर्फ़ कामरेड, बल्कि नेता भी हमारा मजाक उड़ाने लगे। कुछ दिन मुझे भी संदेह रहा कि किसी दिन मुझे भी अपने दल के कार्यक्रम की निष्फलता का यकीन हो जायेगा। यह मेरे क्रांतिकारी जीवन में आया बहुत बड़ा क्रांतिकारी मोड़ था। अध्ययन करने के अहसास की तरंग मेरे अन्दर उमड़ती रही। "अध्ययन करो ताकि तुम अपने विरोधियों के तर्कों का जबाव देने के योग्य बन सको। अपने सिद्धांत के पक्ष में अपने को तर्कों से लैस करने के लिए अध्ययन करो।" विस्तृत अध्ययन का ब्यौरा देकर लिखा है–"1926 के अंत तक मेरा यह विश्वास दृढ़ हो चुका था कि ब्रह्माण्ड का सर्जनकार, पालने वाले और सर्वशक्तिमान के अस्तित्व का सिद्धांत निराधार है। मैंने इस विषय पर दोस्तों से बहस करना शुरू कर दी। मैं घोषित नास्तिक बन चुका था। लेकिन नास्तिक होने का मतलब मैं नीचे दे रहा हूँ।"

मई 1927 में भगतसिंह लाहौर में गिरफ़्तार हुए और उन्हें एक महीना रेलवे पुलिस जेल में रखा गया। इस दौरान पुलिस ऑफीसरों ने उन्हें धमकाया-फुसलाया

कि तुम क्रांतिकारियों के ख़िलाफ़ बयान देकर वादामाफ गवाह बन जाओ तो न सिर्फ़ यह कि तुम क़ैद और फाँसी की सज़ा से बच जाओगे, बल्कि तुम्हें पुरस्कार भी मिलेगा और तुम्हें अदालत में भी पेश नहीं किया जायेगा। पुलिस ऑफीसरों ने उन्हें ईश्वर का नाम लेने और प्रार्थना करने को भी प्रेरित किया। लिखा है कि मेरे लिए यह परख की घड़ी थी। मैं उस परख में सफल रहा। मैंने कभी प्रार्थना न की। मैंने कभी एक पल के लिए भी अपनी जान बचाने की नहीं सोची। उस परख में खरा उतरना आसान बात नहीं थी। विश्वास मुश्किलों को न सिर्फ़ कम करता है, बल्कि ख़ुशगवार भी बना देता है। आँधी और तूफान में सही-सलामत रहना बच्चों का खेल नहीं है। ऐसे परख के समय किसी में बचे हुए अहं को भी काफूर कर देता है। अगर वह साहस करता है, तो कहना होगा कि उसमें सिर्फ़ अहं के अलावा कोई और भी ताकत होगी।

भगतसिंह दूसरी बार गिरफ़्तार हुए तो लाहौर साजिश केस चला। अतएव लिखा है–"अब बिलकुल यही हालत है। पहले ही अच्छी तरह मालूम है कि (हमारे मुक़दमे का) फैसला क्या होगा। एक हफ्ते के अन्दर ही फैसला सुना दिया जायेगा, मुझे अपना जीवन आदर्श के लिए कुर्बान करना है, इस विचार के अलावा मुझे और किस चीज़ का धैर्य है। किसी आस्तिक हिन्दू को तो अगले जन्म में राजा बनने की आशा हो सकती है, कोई मुसलमान या ईसाई कुर्बानियों के बदले में स्वर्ग के मजों की कल्पना कर सकता है। लेकिन मैं किस बात की आशा करूँ। मुझे पता है कि जिस क्षण पैरों के नीचे से तख़्ते खींचे जायेंगे, वही मेरा अंतिम क्षण होगा। मेरा या वेदों की शब्दावली में कहा जाये, तो मेरी आत्मा का खात्मा हो जायेगा। अगर मैं पुरस्कार के दृष्टिकोण से देखने का साहस करूँगा तो शानदार अंत वाला जद्दोजहद भरा जीवन ही अपने आप में (मेरा) पुरस्कार होगा। इससे ज्यादा कुछ नहीं।"

लेनिन का मत है–"मनुष्य को एक ही जीवन रहने को मिलता है। वह इस प्रकार जिये कि मरते समय मन में यह खेद न उत्पन्न हो कि मैंने उसे व्यर्थ खो दिया।"

भगतसिंह को 23 वर्ष की तरुण अवस्था में फाँसी का फंदा चूमना पड़ा और वह उन्होंने हँसते-हँसते चूमा। उनके मन में किसी प्रकार का खेद नहीं था। कारण यह कि उन्होंने लोक-परलोक के हर स्वार्थ को मन से निकाल दिया था। आदर्श पर मर मिटने का संकल्प ही शेष रह गया था। धार्मिक पिता से देशभक्ति की जो

भावना विरासत में मिली थी, उसे उन्होंने विशुद्ध वैज्ञानिक चिंतन में ढालकर क्रांति का रूप दे दिया था और बचपन में वह जिस भविष्य में उलझे रहते थे वह अपना या परिवार का भविष्य न रहकर राष्ट्र का भविष्य बन गया था। राष्ट्र के भविष्य को उज्ज्वल बनाना ही उनका महान आदर्श था, जिससे उनमें फाँसी के फंदे को हँसते-हँसते चूम लेने का उत्कट साहस पैदा हुआ और जिससे प्रेरित होकर ब्रिटिश साम्राज्यवादियों को चेतावनी देने और देशवासियों को जाग्रत करने के लिए बम फेंकने की योजना बनाई गई। नव-वैज्ञानिक चेतना जनित उनका यह उत्कट साहस दस्तावेज़ों के शब्द-शब्द से मुखारित है।

"इस आदर्श से प्रेरणा ग्रहण करके हमने एक सुनिश्चित और काफी जोरदार चेतावनी दी है। यदि इसकी भी उपेक्षा कर दी जाती है और वर्तमान व्यवस्था नवोदित प्राकृतिक शक्तियों के मार्ग को अवरुद्ध रखने का काम जारी रखती है, तो एक भीषण संघर्ष उत्पन्न होना निश्चित है, जिसके परिणामस्वरूप समस्त बाधिक तत्त्वों को उठाकर फेंक दिया जायेगा तथा सर्वहारा अधिनायकत्व स्थापित होगा, जिससे क्रांति के लक्ष्य की उपलब्धि की जा सके। क्रांति मानव जाति का जन्मजात अधिकार है। स्वतंत्रता सभी मनुष्यों का ऐसा जन्मसिद्ध अधिकार है, जिसे किसी भी स्थिति में छीना नहीं जा सकता। श्रमिक वर्ग मानव समाज का वास्तविक आधार है।

लोक-प्रभुता ही श्रमिकों का अंतिम ध्येय है। इन आदर्शों तथा इस व्यवस्था के लिए हम उन सब कष्टों का स्वागत करेंगे, जो हमें न्यायालय द्वारा दिये जायेंगे। क्रांति की इस वेदी पर हम अपना यौवन धूपबत्ती की भाँति जलाने के लिए प्रतिबद्ध हैं। इस महान ध्येय के लिए कोई भी बलिदान बड़ा नहीं माना जा सकता। हम क्रांति के उत्कर्ष की संतोषपूर्वक प्रतीक्षा करेंगे।" (हमने बम क्यों फेंके-अदालत में बयान)

उन्नीसवीं सदी के उत्तरार्ध में यूरोप और अमरीका में ऐसे बहुत से बुद्धिजीवी पैदा हो गये थे, जो डार्विन के विकासवाद हरबर्ट स्पेंसर के अज्ञेयवाद तथा विज्ञान के नए आविष्कारों से प्रभावित थे। जो संदेहवादी मुक्तिवादी एवं नास्तिक थे। जो धर्म तथा धर्म के सभी कार्यों को ठगी तथा कुसंस्कार कहकर नकारते थे। ये लोग अमरीका में स्वाधीन चिन्तन दल के सदस्य थे और फ्रांस में "इन्साइक्लोपीडिस्ट" कहलाते थे, लेकिन ये लोग अपने अकीदे पर कायम नहीं रह सके और सदी के अंत तक उनके संगठन बिखर गये। कारण यह कि उनकी नास्तिकता एक प्रकार के अन्धविश्वास के बजाय दूसरी प्रकार का अन्धविश्वास थी। अथवा यों कहिए कि

आध्यात्मिक कठमुल्लावाद की जगह भौतिकवादी कठमुल्लावाद था। लेनिन ने 'धर्म पर विचार' पुस्तक की भूमिका में लिखा है–"हम यहाँ यह बता दें कि अनीश्वरवाद मार्क्सवाद के बिना अपूर्ण तथा अनिश्चित है। इस तर्क की पुष्टि पूँजीवाद के स्वतंत्र विचारकों के आन्दोलन की अवनति से होती है। विज्ञान का भौतिकवाद जहाँ भी ऐतिहासिक भौतिकवाद अर्थात मार्क्सवाद में विकसित नहीं हो पाता, वहीं उसका अंत भाववाद में होता है।"

भगतसिंह धर्म और धर्म के सभी कामों को कुसंस्कार कहकर नकारने वाले कठमुल्लावादी नास्तिक नहीं थे। भगतसिंह ने मार्क्सवाद पढ़ा ही नहीं, उसे आत्मसात भी किया था और भारतीय जनता के क्रांतिकारी व्यवहार से जोड़कर उसे राष्ट्रीय रूप दिया था। दस्तावेज़ों के अध्ययन से यह बात सिद्ध हो जाती है कि उनकी चिंतन पद्धति ऐतिहासिक भौतिकवादी थी।

'ड्रीमलैंड' रामसरन दास की काव्यकृति थी, जिसकी भगतसिंह ने भूमिका लिखी। रामसरन दास 1908 में क्रांतिकारी बने और उसके बाद बराबर क्रांतिकारी आन्दोलन से जुड़े रहे और गदर पार्टी में शामिल हो गये। सन् 1915 में उन्हें फाँसी की सज़ा हुई, जो बाद में आजीवन कारावास में बदल दी गई। यह कविता उन्होंने दक्षिण की किसी जेल में उस समय लिखी जब उनके बहुत से साथी आश्वासन (अंडरटेकिंग) देकर चले गये थे। उस परिस्थिति से भी कवि ने हिम्मत नहीं हारी, अपने ध्यान को इस रचना कार्य की ओर मोड़ दिया। लेकिन क़ैद की इस लम्बी अवधि में भी रामसरन दास के विचार वही बने रहे, जो पुराने क्रांतिकारियों के थे। जाहिर है कि वह विचार इस रचना का आधार हैं। भगतसिंह भूमिका में लिखते हैं–

"वह (कवि) शुरू में दर्शन की चर्चा करता है। यह दर्शन बंगाल और पंजाब के सभी क्रांतिकारी आंदोलन की रीढ़ है। इस बिन्दु पर मैं लेखक से बहुत व्यापक मतभेद रखता हूँ। उसकी ब्रह्मांड की व्याख्या हेतुवादी और अधिभौतिकवादी है, जबकि मैं एक भौतिकवादी हूँ और इस वस्तु (फेनामन) की मेरी व्याख्या कारण-सम्बद्ध होगी। फिर भी यह रचना देश-काल की दृष्टि से अनुपयुक्त नहीं है, जो सामान्य विचार हमारे देश में मौजूद हैं, वे लेखक द्वारा अभिव्यक्त विचारों के अनुरूप अधिक हैं। अपनी नैराश्यपूर्ण मनोदशा से संघर्ष के लिए उसने प्रार्थना का रास्ता अख़्तियार किया है। यह इस बात से स्पष्ट है कि पुस्तक का प्रारम्भ पूरी तरह ईश्वर, उसकी महिमा के वर्णन और उसकी परिभाषा को समर्पित है। ईश्वर

में विश्वास रहस्यवाद का परिणाम है, जो निराशा का स्वाभाविक प्रतिफलन है। यह विश्वास एक माया, एक स्वप्न या कल्पना है। यह स्पष्ट रहस्यवाद है, जिसे शंकराचार्य ने विकसित किया तथा दूसरे अन्य प्राचीन काल के हिन्दू सन्तों ने जन्म दिया और विकसित किया। लेकिन भौतिकवादी दर्शन में इस चिन्तन-पद्धति के लिए कोई स्थान नहीं है। फिर भी लेखक का यह रहस्यवाद किसी भी तरह से हेय या खेदजनक नहीं है। इसका अपना सौन्दर्य और आकर्षण है। उसके लिए उत्साहप्रद है, उदाहरण के लिए–

"मील के पत्थर बनो, अनजाने-अज्ञात,
और अपने सीने पर बर्दाश्त करो ख़ुशी-ख़ुशी
विशाल भारी-भरकम निर्माण का बोझ,
पालो आश्रय कष्ट सहने में,
मत करो ईर्षा शीर्ष पर जड़े पत्थर से
जिस पर उँड़ेली जाती है सारी लौकिक प्रशंसा।"

किसी भी चीज़ को सम्पूर्णतः नकारना अथवा सम्पूर्णतः स्वीकारना आकारवाद है। इसके विपरीत देश-काल के सन्दर्भ में वैज्ञानिक विश्लेषण करना द्वंद्वात्मक भौतिकवाद है। भगतसिंह की विश्लेषण-पद्धति द्वंद्वात्मक भौतिकवादी थी। आगे देखिए–"अंत में उसकी कविता का सर्वाधिक महत्त्वपूर्ण हिस्सा आता है। जहाँ उसने उस भावी समाज के बारे में लिखा है, जिसकी रचना करने के लिए हम सभी लालायित हैं। लेकिन मैं शुरू-शुरू में ही एक बात स्पष्ट कर देना चाहता हूँ, 'ड्रीमलैंड' दरअसल एक यूटोपिया है। लेखक ने इस बात को शीर्षक में स्वयं स्वीकारा है। वह इस विषय पर कोई वैज्ञानिक शोध-प्रबंध लिखने का दावा नहीं करता। लेकिन निस्संदेह यूटोपिया की सामाजिक प्रगति में महत्त्वपूर्ण भूमिका होती है। सेन्ट साइमन फूरिये, राबर्ट ओवेन और उनके सिद्धांतों के अभाव में वैज्ञानिक मार्क्सवादी सिद्धांत भी न होता। लाला रामसरन दास की 'यूटोपिया' का भी उसी तरह महत्त्व है। जब हमारा कार्य अपने आंदोलन के दर्शन को व्यवस्थित रूप देने और वैज्ञानिक दृष्टिबोध अपनाने के महत्त्व को समझेगा, उस समय उसके लिए यह पुस्तक बहुत ही उपयोगी साबित होगी।"

मार्क्सवादी के लिए समाज को, इतिहास के विकास-क्रम को समझ लेना जरूरी है। दस्तावेज़ों से पता चलता है कि भगतसिंह ने अपने विस्तृत अध्ययन से समाज

और इतिहास के विकास-क्रम को समझा था और अधिक समझने का प्रयास जारी था, पर समय ने उन्हें इस बात की मोहलत नहीं दी। "मैं नास्तिक क्यों हूँ" लेख की ओर वापस आइए। लिखा है–

"मानवीय प्रगति के हर समर्थक को लाजिमी तौर पर हर पुराने विश्वास की हर बात की आलोचना करनी पड़ेगी। इसमें अविश्वास प्रकट करना होगा और इसके हर पक्ष को चुनौती देनी होगी। प्रचलित विश्वास की एक-एक बात को तर्कसहित परखना, छाँटना होगा। अगर कोई तर्क के साथ किसी सिद्धांत या दर्शन में विश्वास करने लगता है, तो उसका विश्वास सराहनीय है। उसका तर्क गलत या एकदम बे-बुनियाद हो सकता है, लेकिन उसे रास्ते पर लाया जाना चाहिए क्योंकि तर्कशीलता उसके जीवन का ध्रुवतारा होती है। लेकिन सिर्फ़ विश्वास और अन्धविश्वास खतरनाक हैं, ये दिमाग को कुन्द बना देते हैं। यथार्थवाद का दावा करने वाले प्रत्येक व्यक्ति को समूचे पुरातन विचार को चुनौती देनी होगी। अगर यह विश्वास तर्क के आगे न टिक सका, तो चकनाचूर हो जायेगा। फिर उस व्यक्ति का पहला काम पुरातन विश्वास को तबाह करके नए दर्शन के लिए ज़मीन तैयार करना होगा। यह नकारात्मक पक्ष है। उसके बाद ऐसा सकारात्मक काम शुरू होता है, जिसमें कई बार पुराने विश्वास की कुछ सामग्री पुनर्निर्माण के लिए इस्तेमाल की जा सकती है। जहाँ तक मेरा सवाल है, मैं पहले ही स्वीकार करता हूँ कि मैं इस बारे में ज्यादा अध्ययन नहीं कर पाया। एशियाई दर्शन के अध्ययन की मेरी बड़ी इच्छा थी लेकिन मुझे इसके लिए वक़्त या मौका नहीं मिल पाया। लेकिन जहाँ तक नकारात्मक पक्ष का संबंध है मुझे इस हद तक यकीन है कि मैं पुरातन विचार के पुख्ता होने पर प्रश्नचिह्न लगा सकता हूँ। मेरा दृढ़-विश्वास है कि प्रकृति को चलाने वाली परमात्मा जैसी कोई सजग सत्ता नहीं। हमारा प्रकृति पर विश्वास है और समुचित प्रगति का लक्ष्य मनुष्य का प्रकृति के ऊपर अपनी सेवा के लिए क़ब्ज़ा करना है। इसके पीछे कोई सजग चालक शक्ति नहीं है। यही हमारा दर्शन है।"

एंगेल्स ने लिखा है–"पुराने मिथ्या विश्वास का क्रमशः ध्वंस अथवा उसके स्थान पर नए लेकिन कुछ उन्नत मिथ्या विश्वास को लाने का इतिहास ही विज्ञान का इतिहास है।" (कनार्ड के नाम पत्र–मार्क्स की चुनी हुई कृतियाँ, पहला खण्ड, पृष्ठ–383)

भारत में भी विचार का क्रमशः विकास इसी तरह हुआ है। पुरातन विचार के पुख्ता होने पर भगतसिंह ने ही प्रश्नचिह्न नहीं लगाया, यह प्रश्नचिह्न इससे तीस-बत्तीस वर्ष पहले हमारे राष्ट्रीय पूँजीवाद के प्रवक्ता विवेकानन्द ने भी लगा दिया था–

"धर्म जो भी दावा करता है तर्क की कसौटी पर उन सबकी परीक्षा करना आवश्यक है। धर्म यह दावा क्यों करता है कि वह तर्क द्वारा परीक्षित होना नहीं चाहता, यह कोई नहीं बतला सकता। तर्क के मापदण्ड के बिना किसी भी प्रकार का यथार्थ निर्णय धर्म के बारे में भी नहीं दिया जा सकता। धर्म कुछ वीभत्स करने की आज्ञा दे सकता है।" (विवेकानन्द साहित्य, अष्टम खण्ड, पृष्ठ-43)

विवेकानन्द ने हमारे देश में हेगल की भूमिका अदा की और आदर्शवाद को भौतिकवाद के दहलीज़ पर ला खड़ा किया। मार्क्स और एंगेल्स ने हेगल के सर के बल खड़े तथा द्वंद्ववाद को पाँव के बल खड़ा किया उसी प्रकार भगतसिंह ने विवेकानन्द के सर के बल खड़े और द्वंद्ववाद को पाँव के बल खड़ा करने की भूमिका अदा की।

मैंने अपनी पुस्तक 'योद्धा संन्यासी विवेकानन्द' में लिखा था कि भारत की इस भूमि पर विवेकानन्द के बाद इतना बड़ा विचारक पैदा नहीं हुआ। कारण यह कि मैंने तब तक भगतसिंह के दस्तावेज़ों का अध्ययन नहीं किया था। अब मैं खुले मन से कह सकता हूँ कि भगतसिंह ने विवेकानन्द की तर्क पद्धति को विकसित किया, वह 23 बरस की अवस्था में ही बहुत बड़े विचारक थे। आज़ादी की वेदी पर हज़ारों नौजवान शहीद हुए, उन सब में भगतसिंह शहीद-ए-आजम इसीलिए हैं कि उन्होंने क्रांतिकारी आंदोलन के पिछले पच्चीस बरस के अनुभव को मार्क्सवाद के क्रांतिकारी सिद्धांत से लैस किया और उसे राष्ट्रीय रूप दिया। मतलब यह कि मार्क्सवाद के भारतीय रूप का नाम ही भगतसिंह विचारधारा है। अब हम इसकी प्रासंगिकता पर विचार करेंगे।

तीसरे दशक के अंत में मुख्य रूप से दो ही राजनीतिक पार्टियाँ थीं–'इंडिया सोशलिस्ट रिपब्लिकन पार्टी' और 'इण्डियन नेशनल कांग्रेस'। कांग्रेसी नेताओं के मुक़ाबले भगतसिंह और उनके साथियों का प्रभाव कहीं ज्यादा था। कारण यह कि उनकी पार्टी परिस्थितिजन्य क्रांतिकारी शक्तियों तथा नई चेतना का प्रतिनिधित्व कर रही थी।

1925 से भारतीय कम्युनिस्ट पार्टी भी अस्तित्व में आ चुकी थी और उसके कुछ नेता मेरठ साजिश केस में गिरफ़्तार हुए थे, पर उसका प्रभाव इतना नगण्य था कि भगतसिंह के दस्तावेज़ों में उसका ज़िक्र तक नहीं! 'हिन्दुस्तान समाजवादी

लोकतंत्र' दल का ध्येय शुरू से ही मुकम्मिल आज़ादी था, जबकि कांग्रेस ने 1927 के मद्रास अधिवेशन में मुकम्मिल आज़ादी का प्रस्ताव पास किया, 1928 के कलकत्ता अधिवेशन में उसे वापस ले लिया, औपनिवेशिक स्वशासन के लिए ब्रिटिश सरकार की दी गई साल भर की अवधि समाप्त हो जाने पर 31 दिसम्बर, 1929 को फिर इसे पास किया। क्रांतिकारियों द्वारा 'बम का दर्शन' दस्तावेज़ में उस पर यह प्रतिक्रिया व्यक्त की गई है–

"उस (कांग्रेस) ने अपना ध्येय स्वराज्य से बदलकर पूर्ण स्वतंत्रता घोषित किया है। इस घोषणा से कोई भी व्यक्ति यह निष्कर्ष निकालेगा कि कांग्रेस ने ब्रिटिश शासन के विरुद्ध युद्ध की घोषणा न कर क्रांतिकारियों के विरुद्ध ही युद्ध की घोषणा की है।"

नमक सत्याग्रह शुरू करने से पहले गांधी ने मार्च 1930 में वायसराय लार्ड लिंलिथगों के नाम अपने खत में लिखा था–

"हिंसक दल की शक्ति और प्रभाव बढ़ता जा रहा है। मेरा उद्देश्य एक तरफ सरकार की संगठित हिंसक शक्ति की ओर, तो दूसरी तरफ हिंसा के इस दल की बढ़ती हुई शक्ति के विरुद्ध इस शक्ति को हरकत में लाना है। हाथ-पर-हाथ धरे बैठे रहने का मतलब दोनों प्रकार की हिंसक शक्तियों को खुली छूट देना होता है।" (आज का भारत, पृष्ठ-240)

इससे 'बम का दर्शन' दस्तावेज़ के कथन की सच्चाई सिद्ध होती है। जैसे गांधीवादी दर्शन क्रांति विरोधी था वैसे ही उसके साधन भी क्रांति विरोधी थे। इस नमक सत्याग्रह ने 1920 के असहयोग आन्दोलन की तरह आज़ादी के लिए लड़ने वाले युवकों को हाथ-पाँव बाँध कर सरकार की संगठित हिंसा को उन पर पिल पड़ने की खुली छूट दे दी। इसी बात को उक्त दस्तावेज़ में यों कहा गया है–

"यह सच है कि अब औपनिवेशिक स्वराज्य के बजाय कांग्रेस के वक्ता जनता के सामने पूर्ण स्वतंत्रता का ढोल पीटेंगे। वे अब जनता से कहेंगे कि जनता को संघर्ष के लिए तैयार हो जाना चाहिए, जिसमें एक पक्ष तो मुक्केबाज़ी करेगा और दूसरा केवल उन्हें सहता रहेगा, जब तक कि यह खूब पिटकर इतना हताश न हो जाये कि फिर न उठ सके। क्या उसे संघर्ष कहा जा सकता है? और क्या उससे देश को पूर्ण स्वतंत्रता मिल सकती है? किसी भी राष्ट्र के लिए सर्वोच्च लक्ष्य की प्राप्ति का ध्येय रखना अच्छा है, परंतु साथ में यह भी आवश्यक है कि इस

लक्ष्य पर पहुँचने के लिए उन साधनों का उपयोग किया जाये, जो योग्य हों और जो पहले उपयोग में आ चुके हों, अन्यथा संसार के सम्मुख हमारे हास्यास्पद बनने का भय बना रहेगा।"

'बम का दर्शन' दस्तावेज़ कांग्रेस आन्दोलन शुरू होने से पहले लिखा गया था और भगतसिंह ने 'क़ौम के नाम संदेश' तब लिखा था जब आन्दोलन एक साल पुराना हो चुका था और वायसराय ने कांग्रेस नेताओं को शासन विधान में परिवर्तन के लिए गोलमेज कॉन्फ्रेंस में निमंत्रित किया था। तब भगतसिंह ने यह भविष्यवाणी की थी–

"कांग्रेस के नेता इस हालत में आन्दोलन को स्थगित कर देने के लिए तैयार दिखाई देते हैं। वे लीग आन्दोलन स्थगित करने के हक में फैसला करें या ख़िलाफ़, यह बात हमारे लिए बहुत महत्त्वपूर्ण नहीं है। यह बात निश्चित है कि वर्तमान आन्दोलन का अंत किसी-न-किसी प्रकार के समझौते के रूप में होना लाजिमी है। यह दूसरी बात है कि समझौता जल्दी हो जाए या देरी से हो।" और यह भी कहा था कि "आन्दोलन का लक्ष्य बहुत ही सीमित है।"

भगतसिंह के शब्दों की स्याही सूखने भी नहीं पाई थी कि गांधी-इर्विन समझौता हुआ, जिसमें भारत के उद्योगपतियों को लाइसेंस और कोटे मिले और बदले में सरकार की यह शर्त मान ली गई कि कांग्रेस विदेशी माल के बायकाट का आन्दोलन आगे कभी नहीं चलाएगी।

भगतसिंह ने अपने उक्त संदेश में इससे भी बड़ी भविष्यवाणी यह की थी कि–"जबकि हमारा दल अंग्रेज़ से सत्ता छीनकर मजदूर-किसान के हाथ में देना चाहता है, कांग्रेस नेता लार्ड हार्डिंग या इर्विन की जगह तेज बहादुर, पुरुषोत्तमदास या ठाकुरदास को लाना चाहते हैं, जिससे आम जनता को कोई लाभ नहीं होगा।" प्रेमचन्द ने 'आहुति' कहानी की नायिका रूपमणि से इसी बात को यों कहलाया है कि अगर यह व्यवस्था ज्यों-की-त्यों बनी रहे, पैसे का शोषण और धर्म और जाति का दमन ज्यों-का-त्यों बना रहे सिर्फ़ जॉन की जगह गोविन्द को बैठा दिया जाए, तो मैं इसे आज़ादी नहीं समझती।

क्या 15 अगस्त, 1947 की आधी रात को यह भविष्यवाणी सही सिद्ध नहीं हुई। क्या जॉन की जगह गोविन्द नहीं बैठा। शोषण पर आधारित जिस समाज व्यवस्था को बदलना था क्या वह ज्यों-की-त्यों नहीं बनी रही?

और देखिए जब काल्पनिक अहिंसा का यह सीमित लक्ष्य पूरा हो गया तो पहले इसके प्रणेता गांधी की हत्या हुई और फिर ख़ुद गोविन्द ने उसकी अनुपयोगिता की घोषणा कर दी। 9 मार्च, 1949 को राजेन्द्र बाबू ने 'सर्वोदय समाज' के सम्मेलन में भाषण देते हुए कहा था–

"मानव की निम्न प्रवृत्तियों, जैसे घृणा अथवा बदले की भावनाओं के सामने झुकना वह (गांधी) कायरता के सामने झुकना मानते थे। जो दूसरे पर प्रहार किये बिना व्यक्ति अथवा राष्ट्र की रक्षा नहीं कर सकता, वह भी इस प्रकार से कायरता के सामने झुकता है। वह मानव में ऐसा साहस चाहते थे, जो विरोधी के बुरे-से-बुरे व्यवहार को विरोधी के प्रति किसी प्रकार की दुर्भावना के बिना सहने का सामर्थ्य प्रदान करे। ऐसे साहस के बल पर मानव विरोधी का अंत तक मुक़ाबला करे और इस प्रयत्न में अपने प्राण भी दे दे, जिसका अर्थ है उसकी विजय क्योंकि विरोधी उसे झुकाने में अपने को असफल पायेगा। जब तक कोई राष्ट्र इस प्रकार के साहस का प्रश्रय नहीं लेता और यह दृढ़-संकल्प करके कि उसे किसी भी अवस्था में प्रतिरक्षात्मक अथवा आक्रमणात्मक किसी प्रकार का युद्ध नहीं लड़ना है, कोई सुनिश्चित युद्ध के विरोधी कार्यक्रम लेकर मैदान में नहीं आता और किसी प्रकार की सेना रखना छोड़ नहीं देता तब तक अहिंसा की लड़ाई जारी है।"

लफ्फाजी! खूबसूरत लफ्फाजी! क्या यह लफ्फाजी गांधीवाद की अनुपयोगिता अव्यावहारिकता को छिपाने में समर्थ है? नहीं! राजेन्द्र बाबू स्वीकारते हैं–

"किसी-न-किसी राष्ट्र को यह साहस दिखाना ही होगा। हम कह नहीं सकते कि वह कौन-सा राष्ट्र होगा। स्पष्ट है कि आज यह काम हम नहीं कर सकते, यद्यपि हम अपने आपको गांधी जी की विचारधारा और उनके उपदेश का उत्तराधिकारी मानते हैं। फिर भी यह काम किसी को करना ही है। मैं आशा करता हूँ कि इस सम्मेलन में हुए विचार विमर्श के परिणामस्वरूप हम यह संदेश संसार के अन्य देशों तक पहुँचा सकेंगे।"

अहिंसा की लड़ाई क्रांति की शक्तियों के ख़िलाफ़ थी। इस रूप में यह लड़ाई अब भी लड़ी जा रही है। इस मतलब के लिए देशी-विदेशी निहित स्वार्थ इसे अब भी खूब इस्तेमाल कर रहे हैं। हाल ही में हमारी सरकार की सहायता से बनी सर चार्ल्स एटनब्रो की खर्चीली महँगी 'गांधी' फिल्म इसका सशक्त प्रमाण है। वरना प्रतिरक्षात्मक अथवा आक्रमणात्मक आणविक शस्त्र तैयार करने और

सैन्यबल बढ़ाने की अंधी दौड़ लगी हुई है। शोषित-उत्पीड़ित जनता को अहिंसा का पाठ पढ़ाने वाले गोविन्द (भारत सरकार) ने ख़ुद चार लड़ाइयाँ लड़ीं, न सिर्फ़ यह कि सैन्यबल बढ़ाया, बल्कि केंद्रीय रिजर्व पुलिस और सीमा सुरक्षा पुलिस का गठन भी किया।

पंचतंत्र के रचयिता विष्णु शर्मा ने लिखा है कि करनी और कथनी में अंतर जितना बढ़ता है विनाश का दिन उतना ही करीब आता है। क्रांति को पे-दर-पे टालने से हमारी यह प्राचीन वर्ण व्यवस्था, जिसे बदलना जरूरी था; इतनी गल-सड़ गई है कि जिस अनुपात से बेगारी, महँगाई और भ्रष्टाचार बढ़ रहा है उसी अनुपात से अपराध बढ़ रहे हैं, हिंसा बढ़ रही है। कहना यह था कि भारत माता देहात में बसती है, पर देहात का बुरा हाल है। गाँव उजड़ रहे हैं। गाँवों से हज़ारों लोग हर महीने रोजी की तलाश में बम्बई, कलकत्ता, दिल्ली, इत्यादि शहरों में आ रहे हैं। परिणाम यह है कि गन्दी बस्तियाँ दिन-ब-दिन बढ़ रही हैं, फैल रही हैं और इन बस्तियों की दलदल में अपराध मक्खी-मच्छर की तरह पलते हैं। आख़िर इन उजड़े लोगों को किसी-न-किसी तरह पेट तो भरना ही है। कवि शिव ओम अंबर के शब्दों में परिणाम यह कि–

पग-पग पे है घात हमारी बस्ती में,
हर पल इक उत्पात हमारी बस्ती में।

'सत्य' और 'अहिंसा' सिर्फ़ शब्द बनकर रह गए हैं वरना 'झूठ' और 'हिंसा' का दौर-दौरा है। शब्द निरर्थक होते जा रहे हैं और मानव मूल्य मिट रहे हैं।

अक्टूबर 1930 में भगतसिंह और उनके साथियों को फाँसी-दंड सुनाया गया। अपराध यह था कि उन्होंने सम्राट जार्ज पंचम के विरुद्ध युद्ध किया। तब उन्होंने युद्ध बंदी के नाते गोली से उड़ाए जाने की माँग की थी और घोषणा की थी–

"हम यह कहना चाहते हैं कि युद्ध छिड़ा हुआ है और यह युद्ध तब तक चलता रहेगा, जब तक कि शक्तिशाली व्यक्ति भारतीय जनता और श्रमिकों की आय के साधनों पर अपना एकाधिकार जमाए रखेंगे। चाहे ऐसे व्यक्ति पूँजीपति अंग्रेज़ शासक या सर्वथा भारतीय ही हों। उन्होंने आपस में मिलकर एक लूट जारी कर रखी है। यदि शुद्ध भारतीय पूँजीपतियों के द्वारा ही निर्धनों का खून चूसा जा रहा हो, तब भी इस स्थिति में कोई अंतर नहीं पड़ता। यदि आपकी सरकार कुछ नेताओं या भारतीय समाज के मुखियाओं पर प्रभाव जमाने में सफल हो जाये, कुछ सुविधाएँ मिल जाएँ

अथवा समझौते हो जायें, उससे भी स्थिति नहीं बदल सकती। जनता पर इन सब बातों का प्रभाव बहुत कम पड़ता है।"

1947 के सत्ता परिवर्तन के बाद भी युद्ध कहाँ रुका? किसी-न-किसी रूप में और देश के किसी-न-किसी भाग में जारी ही रहा। अब उसका भयंकर रूप हमारे सामने है। फर्क सिर्फ़ इतना है कि अंग्रेज़ शासन काल का क्रांतिकारी युद्ध गृहयुद्ध में बदल गया है।

राजेन्द्र बाबू ने कहा कि अहिंसा की लड़ाई जारी रहेगी और क्रांतिकारियों ने भी कहा कि हम रहें-न-रहें हमारा यह युद्ध जारी रहेगा। दोनों जारी हैं। लेकिन किस रूप में और किसके लिए। दोनों का राष्ट्रीय जीवन पर क्या प्रभाव पड़ा और पड़ रहा है। सत्य वचन राजेन्द्र बाबू के भाषण में है या क्रांतिकारियों के वक्तव्य में। सर्वोदय समाज में भाषण देते हुए राजेन्द्र बाबू ने सत्याग्रही के जिस साहस का बखान किया वह साहस खरा है या मौत के सामने खड़े क्रांतिकारियों ने जिस साहस का परिचय दिया, वह खरा है?

इन परस्पर विरोधी विचारधाराओं का सांस्कृतिक पक्ष यह है कि क्रांतिकारी अमल ऊँचा उठता है, तो विचार भी ऊँचा उठता है। गांधी ने हमारे क्रांतिकारी अमल को चर्खे से बाँध कर रखा। परिणाम यह है कि विचार बौना हो गया। जिस राष्ट्र का विचार बौना हो जाये वह राष्ट्र बौना हो जाता है। धूर्तता और अन्धविश्वास को प्रश्रय मिलता है। इससे जो मानसिकता बनती है, उसे भगतसिंह ने यों बयान किया है-

"आप प्रचलित विश्वास का विरोध करके देखें, आप निष्कलंक अवतार समझे जाने वाले किसी नायक, किसी महान पुरुष की आलोचना करके देखें, आपके तर्क का जवाब आपको घमंडी कहकर दिया जायेगा। इसका कारण मानसिक जड़ता है। आलोचना और स्वतंत्र ढंग से सोचना क्रांतिकारी के दो अनिवार्य गुण हैं। 'महात्मा' जो महान हैं, इसलिए उनकी कोई आलोचना न करे। वह उससे ऊपर उठ चुके हैं। इसलिए वह राजनीति या धर्म अर्थशास्त्र या सदाचार के बारे में कुछ भी कहें सही है। आप मानते हों या न मानते हों आपको कहना पड़ेगा, 'हाँ, यह बात ठीक है।' ऐसी मानसिकता हमें न सिर्फ़ प्रगति की ओर जाने से रोकती है, बल्कि यह तो स्पष्टतौर पर प्रतिगामी है।" (मैं नास्तिक क्यों हूँ)।

इस क्षेत्र में भगतसिंह की भूमिका यह है कि विवेकानन्द उन्नीसवीं सदी के अंत तक हमारे विचार को जहाँ तक ले आए थे, वह उसे न सिर्फ़ आगे ले गए, बल्कि

नई स्थिति में नया रूप देकर उसे क्रांतिकारी युद्ध का हथियार बनाया। इसके विपरीत गांधी उसे जानबूझ कर ढाई सौ बरस पीछे ले गया; परिणाम यह कि अंधविश्वासी, जड़बुद्धि सत्याग्रही पैदा हुए। इससे साहित्य और कला की जो क्षति हुई उसका अनुमान आज के सांस्कृतिक स्तर से बखूबी लगाया जा सकता है।

भगतसिंह विचारधारा राष्ट्र के भविष्य को उज्ज्वल बनाने वाली क्रांतिकारी विचारधारा थी और हिन्दुस्तान समाजवादी प्रजातन्त्र दल उसे कार्यान्वित करने वाला क्रांतिकारी संगठन था। देश का दुर्भाग्य यह है कि शत्रु के दोहरे क्रूर प्रहार ने इस क्रांतिकारी संगठन को उसके शैशव काल में ही छिन्न-भिन्न कर दिया। संगठन के अभाव और विरोधी प्रचार के कारण विचारधारा भी उपेक्षित रही।

फिर गांधी का विरोध सुभाष ने किया। वे अहिंसा के बजाय सशस्त्र संघर्ष और छापेमार युद्ध में विश्वास रखते थे। लेकिन सिद्धांत की दृष्टि से वे भारत के लिए सोशलिज़्म और फासिज़्म के मिले-जुले रूप को उपयोगी समझते थे। इसी सैद्धांतिक पिछड़ेपन के कारण वे गांधी, नेहरू और पटेल की बहरूपिया तिकड़ी के राष्ट्र के प्रति छल को नंगा करने के बजाय ख़ुद उनके हाथों पिट गए।

सैद्धान्तिक संघर्ष की भूमिका कम्युनिस्ट पार्टी को निभानी थी, पर वह यह भूमिका तभी निभा सकती थी, जब वह सही कम्युनिस्ट पार्टी होती। हमारे कम्युनिस्ट आंदोलन की सबसे बड़ी खामी यह रही है कि वह अपने प्रारम्भ से ही राष्ट्रीयता को नकार कर अंतरराष्ट्रीय बन गया और अब तक बना हुआ है। भारतीय समाज और इतिहास के अध्ययन की जरूरत ही नहीं समझी। परिणाम यह कि आन्दोलन का नेतृत्व भगतसिंह विचारधारा को जो मार्क्सवाद का राष्ट्रीय रूप थी, समझने तथा स्वीकारने में असमर्थ रहा। परिणाम यह कि आंदोलन खंड-खंड हो गया और साठ बरस के लम्बे संघर्षों और कुर्बानियों के बावजूद सही पार्टी नहीं बन सकी।

मार्क्स, लेनिन, माओ त्से तुङ्ग को पढ़ना-सीखना ठीक है लेकिन राष्ट्रवाद को नकार कर अंतरराष्ट्रीय बनना मुमकिन नहीं।

सही क्रांतिकारी पार्टी वह होगी जो मार्क्सवाद, लेनिनवाद और भगतसिंह विचारधारा को अपना क्रांतिकारी सिद्धांत बनाएगी। वही संकट की वर्तमान स्थिति में उत्पीड़ित जनता को नेतृत्व प्रदान कर पाएगी। विवेकानन्द ने बीसवीं सदी के प्रारम्भ में नए भारत का जो स्वप्न देखा था, वही उसे साकार कर पाएगी।

हिन्दुस्तान समाजवादी प्रजातन्त्र दल का लक्ष्य समाजवादी क्रांति था। लेकिन वस्तुस्थिति यह है कि हमारी क्रांति की मौजूदा मंजिल नव-जनवादी क्रांति है। समाजवादी क्रांति दूसरी मंजिल होगी। भगतसिंह विचारधारा में यह सुधार उसे विकसित करना, समृद्ध बनाना है। भगतसिंह को अगर समय ने मोहलत दी होती तो संभव है कि वह यह सुधार ख़ुद ही कर लेते। वैसे उनके दस्तावेज़ों में कृषि क्रांति की बात भी कही गई है।

हंसराज रहबर

(प्रकाशन काल 1986)

●●●

* 9 7 8 9 3 5 6 8 2 1 3 3 0 *
FCW - #0032 - 061026 - C0 - 197/127/14 - PB - 9789356821330 - Matt Lamination